全过程工程咨询丛书

全过程工程咨询运维阶段

张江波　高腾飞　方钧生　邢红昌　主编

化学工业出版社

·北京·

内容简介

《全过程工程咨询运维阶段》是"全过程工程咨询丛书"的第 8 册。本书系统介绍了全过程工程咨询运维管理的必要性、实施规则、组织，设施管理、资产管理，项目绩效评价、项目后评价，智慧运维管理平台功能等内容，对基于 BIM 可视化运维管理集成的应用、服务系统、ICT 技术应用也进行了阐述。

本书内容翔实，观点前瞻性强，文字通俗易懂，并能应用于实践，可供建设单位、咨询单位、设计单位、施工单位、监理单位、造价咨询单位、运维管理单位的从业人员及相关专业高校在校师生和对工程管理感兴趣的读者阅读参考。

图书在版编目（CIP）数据

全过程工程咨询运维阶段 / 张江波等主编．—北京：化学工业出版社，2022.1
（全过程工程咨询丛书）
ISBN 978-7-122-40174-8

Ⅰ．①全… Ⅱ．①张… Ⅲ．①建筑工程－咨询服务 Ⅳ．① F407.9

中国版本图书馆 CIP 数据核字（2021）第 221885 号

责任编辑：吕佳丽　　　　　　　　　　文字编辑：林　丹　蔡晓雅
责任校对：杜杏然　　　　　　　　　　装帧设计：王晓宇

出版发行：化学工业出版社（北京市东城区青年湖南街 13 号　邮政编码 100011）
印　　装：三河市延风印装有限公司
787mm×1092 mm　1/16　印张 15½　字数 350 千字　2022 年 4 月北京第 1 版第 1 次印刷

购书咨询：010-64518888　　　　　　售后服务：010-64518899
网　　址：http://www.cip.com.cn
凡购买本书，如有缺损质量问题，本社销售中心负责调换。

定　价：69.00 元　　　　　　　　　　　　　　　　　　版权所有　违者必究

丛书编写委员会名单

主　　　任	张江波　王宏毅
副 主 任	杨明宇　谢向荣　顿志林　潘　敏　杨明芬　刘仁轩
	郭嘉祯　白　祯　王孝云　杨宝昆　王瑞镛　铁小辉
主　　　审	韩光耀　上海同济工程咨询有限公司　专家委员会主任
	谭光伟　江西中煤勘察设计总院有限公司　董事长
	顾　靖　浙江上嘉建设有限公司　总工程师
主任单位	中新创达咨询有限公司
	汉宁天际工程咨询有限公司
	晨越建设项目管理集团股份有限公司
	四川开元工程项目管理咨询有限公司
	金中证项目管理有限公司
副主任单位	长江勘测规划设计研究有限责任公司
	中国通信建设集团设计院有限公司
	深圳市昊源建设监理有限公司
	卓信工程咨询有限公司
	中建卓越建设管理有限公司
	泰禾云工程咨询有限公司
	中精信工程技术有限公司
	河南省全过程建设咨询有限公司
	山东德勤招标评估造价咨询有限公司
	云南云岭工程造价咨询有限公司
	江苏启越工程管理有限公司
	浙江中诚工程咨询有限公司
	鲁班软件股份有限公司
	河南理工大学
	青岛理工大学
	西安欧亚学院
	河北建筑工程学院

本书编写人员名单

主　编： 张江波　汉宁天际工程咨询有限公司　总经理
　　　　　高腾飞　深圳市明咨工程顾问有限公司　总经理
　　　　　方钧生　金中证项目管理有限公司　总经理
　　　　　邢红昌　河南科维达工程管理有限公司　总经理
副主编： 易保明　中和金磊工程咨询集团有限公司
　　　　　李兆君　滁州市滁宁城际铁路开发建设有限公司
　　　　　禹志福　昆明东陆工程造价咨询有限公司
　　　　　刘　英　重庆君恩工程造价咨询有限公司
　　　　　王森林　中新创达咨询有限公司
　　　　　牟海军　四川华坤工程咨询有限公司
参　编： 李代强　贵州华信恒基工程项目管理有限公司
　　　　　周文静　深圳市明咨工程顾问有限公司
　　　　　顾国政　山东万事达建筑钢品股份有限公司
　　　　　姜海莹　河南交通职业技术学院
　　　　　张　岩　石家庄铁道大学四方学院

丛书序

2017年2月国务院办公厅发布的《关于促进建筑业持续健康发展的意见》（国办发〔2017〕19号）要求：培育全过程工程咨询。鼓励投资咨询、勘察、设计、监理、招标代理、造价等企业采取联合经营、并购重组等方式发展全过程工程咨询，培育一批具有国际水平的全过程工程咨询企业。制定全过程工程咨询服务技术标准和合同范本。政府投资工程应带头推行全过程工程咨询，鼓励非政府投资工程委托全过程工程咨询服务。在民用建筑项目中，充分发挥建筑师的主导作用，鼓励提供全过程工程咨询服务。

自2018年以来，各级部门通过招标网站发布的全过程工程咨询项目累计超过300个，上海同济工程咨询有限公司中标的"乌梁素海流域山水林田湖草生态保护修复试点工程项目全过程工程咨询服务"中标咨询费为3.7亿元，上海建科、上海同济、浙江江南、中冶赛迪、北京双圆、晨越建管等公司纷纷拿下咨询费用超过1亿元（或接近1亿元）的咨询项目。

我们深刻认识到全过程工程咨询是我国工程咨询业改革的重要举措，是我国工程建设管理模式的一次革命性创举，为此国家发展改革委和住房城乡建设部2019年3月15日推出《关于推进全过程工程咨询服务发展的指导意见》（发改投资规〔2019〕515号），明确全过程工程咨询分为投资决策综合性咨询和工程建设全过程咨询，要求充分认识推进全过程工程咨询服务发展的意义，以投资决策综合性咨询促进投资决策科学化，以全过程咨询推动完善工程建设组织模式，鼓励多种形式的全过程工程咨询服务市场化发展，优化全过程工程咨询服务市场环境，强化保障措施。

2019年10月14日山东省住房和城乡建设厅与山东省发展和改革委员会推出《关于在房屋建筑和市政工程领域加快推行全过程工程咨询服务的指导意见》（鲁建建管字〔2019〕19号），要求：政府投资和国有资金投资的项目原则上实行全过程工程咨询服务。这是全国第一个有强制性要求的全过程工程咨询指导意见，大力推进了山东省开展全过程工程咨询的力度，具有良好的示范效应。

2020年5月6日吉林省住房和城乡建设厅与吉林省发展和改革委员会《关于在房屋建筑和市政基础设施工程领域加快推行全过程工程咨询服务的通知》（吉建联发〔2020〕20号），要求：政府投资工程原则上实行全过程工程咨询服务，鼓励非政府投资工程积极采用全过程工程咨询服务。

2020年6月16日湖南省住房和城乡建设厅《关于推进全过程工程咨询发展的实施意见》（湘建设〔2020〕91号），要求：2020年，政府投资、国有资金投资新建项目全面推广全过程工程咨询；2021年，政府投资、国有资金投资新建项目全面采用全过程工程咨询，社会投资新建项目逐步采用全过程工程咨询；2025年，新建项目采用全过程工程咨询的比例达到70%以上，全过程工程咨询成为前期工作的主流模式，培育一批具有国际竞争力的工程咨询企业，培养与全过程工程咨询发展相适应的综合型、复合型人才队伍。

越来越多的省、市、自治区、直辖市在各地区推进全过程工程咨询的指导意见、实施意见中采用"原则上"等术语来要求政府投资项目全面采用全过程工程咨询的模式开展咨询服务工作。

从国家到地方，各级政府都在大力推进全过程工程咨询，而目前国内专业的全过程工程咨询类人才却十分匮乏。各建设单位、工程咨询、工程设计等企业目前已经开始在为自己储备专业性技术人员。全过程工程咨询并非简单地把传统的设计、监理、造价、招标代理、BIM建模等业务进行叠加，而是需要站在业主的角度对项目建设的全过程进行组织重塑和流程再造，以项目管理为主线、以设计为龙头、以BIM为载体，将传统做法中的多个流程整合为一个流程，在项目起始阶段尽早定义，提高项目管理效率，优化项目结构，大幅降低建造和咨询成本，驱动建筑业升级转型。

在张江波先生的带领下，来自企业、高校近200位专家、学者，历时三年的时间完成了对全过程工程咨询领域的共性问题、关键技术和主要应用的探索和研究，融合项目实践经验，编写出本套系统指导行业发展及实际操作的系列丛书，具有十分深远的意义。本套丛书凝聚了享有盛誉的知名行业专家的群体智慧，力图呈现并解决目前正在开展全过程工程咨询项目或已完成的全过程工程咨询项目在实施过程中出现的各种问题。

丛书紧扣当前行业的发展现状，围绕全过程工程咨询的六大阶段、十大传统咨询业务形态的融合，实现信息集成、技术集成、管理集成与组织集成的目标，总结和梳理了全过程工程咨询各阶段需要解决的关键问题及解决方法。丛书共有十个分册，分别是《全过程工程咨询实施导则》《全过程工程咨询总体策划》《全过程工程咨询项目管理》《全过程工程咨询决策阶段》《全过程工程咨询设计阶段》《全过程工程咨询施工阶段》《全过程工程咨询竣工阶段》《全过程工程咨询运维阶段》《全过程工程咨询投资管控》《全过程工程咨询信息管理》。相较于传统图书，本套丛书主要围绕以下五个方面进行编写：

（1）强调各阶段、各种传统咨询服务的融合，实现无缝隙且非分离的综合型咨询服务，是传统咨询的融合而非各类咨询服务的总包；

（2）强调集成与协同，在信息集成、技术集成、管理集成、组织集成的四个不同层面，完成从数据—信息—知识—资产的升级与迭代，在集成的基础上完成各项服务的协同作业；

（3）强调全过程风险管理，识别各阶段各业务类型的各种风险源，利用风险管理技术手段，有效规避和排除风险；

（4）强调"前策划、后评估"，重视在前期的总体策划，将全过程实施中足够丰富、准确的信息体现在设计文件、实施方案中，在后期实施时，采用"全过程工程咨询评价模型"来评估实施效果，用"全过程工程咨询企业能力评估模型"来评估企业的相关能力；

（5）强调与建筑行业市场化改革发展相结合的方针，将"全过程工程咨询"作为建筑行业技术服务整合交付的一种工程模式。

丛书内容全面，涉及工程从策划建设到运营管理的全过程，在组织模式上进行了较强的创新，体现出咨询服务的综合性和实用性，反映了全过程工程咨询的全貌，文字深入浅出，简洁明了，系统介绍了工程各阶段所需完成的任务及完成策略、方法、技术、工具，能为读者从不同应用范围、不同阶段及技术等角度了解全过程工程咨询提供很好的帮助，具有很高的指导意义和应用价值，必将对推动我国建筑行业的发展起到积极的作用。希望本丛书的出版，能够使建筑行业工作者系统掌握本领域的发展现状和未来发展，在重大工程的建设方面提供理论支撑和技术指导。

由于编者水平有限，书中不当之处在所难免，恳请读者与专家批评指正。

丛书主任：张江波 王宏毅

2021 年 7 月

丛书前言

为深入贯彻习近平新时代中国特色社会主义思想和党的十九大精神，深化工程领域咨询服务供给侧结构性改革，破解工程咨询市场供需矛盾，必须完善政策措施，创新咨询服务组织实施方式，大力发展以市场需求为导向、满足委托方多样化需求的全过程工程咨询服务模式。《国家发展改革委 住房城乡建设部关于推进全过程工程咨询服务发展的指导意见》（发改投资规〔2019〕515号）提出为深化投融资体制改革，提升固定资产投资决策科学化水平，进一步完善工程建设组织模式，提高投资效益、工程建设质量和运营效率，根据中央城市工作会议精神及《中共中央国务院关于深化投融资体制改革的意见》（中发〔2016〕18号）、《国务院办公厅关于促进建筑业持续健康发展的意见》（国办发〔2017〕19号）等要求，对房屋建筑和市政基础设施领域推进全过程工程咨询服务发展给出指导意见。意见指出要遵循项目周期规律和建设程序的客观要求，在项目决策和建设实施两个阶段，着力破除制度性障碍，重点培育发展投资决策综合性咨询和工程建设全过程咨询，为固定资产投资及工程建设活动提供高质量智力技术服务，全面提升投资效益、工程建设质量和运营效率，推动高质量发展。

作为供给体系的重要组成部分，固定资产投资及建设的质量和效率显著影响着供给体系的质量和效率。工程咨询业在提升固定资产投资及建设的质量和效率方面发挥着不可替代的作用。从项目前期策划、投资分析、勘察设计，到建设期间的工程管理、造价控制、招标采购，到竣工后运维期间的设施管理，均需要工程咨询企业为业主方提供有价值的专业服务。但传统工程咨询模式中各业务模块分割，信息流断裂，碎片化咨询的弊病一直为业主方所诟病，"都负责、都不负责"的怪圈常使业主方陷入被动。传统工程咨询模式已不能适应固定资产投资及建设对效率提升的要求，更无法适应"一带一路"建设对国际化工程咨询企业的要求。2017年2月，《国务院办公厅关于促进建筑业持续健康发展的意见》（国办发〔2017〕19号）文件明确提出"培育全过程工程咨询"，鼓励投资咨询、勘察、设计、监理、招标代理、造价等企业采取联合经营、并购重组等方式发展全过程工程咨询，培育一批具有国际水平的全过程工程咨询企业。同时，要求政府投资工程带头推行全过程工程咨询，并鼓励非政府投资项目和民用建筑项目积极参与。

在国家和行业的顶层设计下，全过程工程咨询已成为工程咨询业转型升级的大方向，如何深入分析业主方痛点，为业主方提供现实有价值的全过程咨询服务，是每一个工程咨询企业都需要深入思考的问题。与此同时，咨询企业应借助国家政策，谋划升级转型，增强综合实力，培养优秀人才，加快与国际先进的建设管理服务接轨，更好地服务于"一带一路"倡议。全过程工程咨询是我国工程建设领域的一次具有革命性意义的重大举措，它是建筑工程领域供给侧改革、中国工程建设领域持续健康发展的重要抓手，影响着我国工程建设领域的未来发展。

在全面推进全过程工程咨询的历史时刻，上海汉宁建筑科技有限公司董事长张江波先生与晨越建设项目管理集团股份有限公司董事长王宏毅先生于2018年5月份经过两次深入的交流，决定利用双方在工程咨询领域长期的理论与实践探索，出版一套能够指导行业发展的丛书，这便有了这套"全过程工程咨询丛书"。编写这套丛书的意义在于从行业和产业政策出发，抓住长期影响中国工程建设的"慢变量"，能够从理论和实践两个层面共同破除对全过程工程咨询的诸多误解，引导更多的从业者在正确的理论和方法指引下、在工程实践案例的指导下更好地开展全过程工程咨询。

本书从2018年7月份启动编写，编写过程中邀请了来自全国各地200多位专家学者共同参与到这套丛书的编写与审核，参与者们都是来自工程咨询一线、具有丰富理论知识和实践经验的专家，经过将近一年时间的写作和审核，形成了一整套共10个分册的书稿。编写委员会希望本丛书能够成为影响全过程工程咨询领域开展咨询工作的标杆性文件和标准化手册，指引我国工程咨询领域朝着持续、健康的方向发展。

感谢编委会全体成员以及支持编写工作的领导、同仁和朋友们在本书写作、审核、出版过程中给予的关心，正是你们的支持才让本书的论述更加清晰、有条理，内容才能更加丰富、多元。

由于图书编写工作量十分巨大，时间比较紧张，难免有不足之处，欢迎广大读者予以指正。

前　言

《全过程工程咨询运维阶段》是"全过程工程咨询丛书"的第 8 册。在全过程工程咨询的诸多内容中，大多数读者对前期的可研、策划、设计、施工、竣工验收阶段等工作比较熟悉，但对运维阶段往往不能够非常清晰地了解全过程工程咨询究竟需要做什么工作，能够为客户带来什么价值，可以参考的范本或案例有哪些。因而本书竭力弄清以下几个问题：

第一，全过程工程咨询运维阶段的工作究竟是从哪个时间段开始的？实际上从前期的设计阶段就要引入运维管理的理念，也就是说要把可能在项目中遇到的运营维护管理的问题，提前反馈到项目的设计阶段，让物业管理中的空间管理、设施管理、资产管理、流程管理、应急管理、信息管理自设计初期就得到一个准确的定义。同时也便于运维阶段的工作能够充分合理地节约成本，达到人们对物业智能化、智慧化、信息化、数据化的管控目的。值得关注的是，建筑全生命周期中建设期的时间往往是 3～5 年，而运营维护期高达 5～50 年甚至更长。运营维护期间占全生命周期资源消耗量的 50%～70%，随着国内改革开放 40 年的发展，我们国家很多基础设施已经由建设期转为运营期，必须关注运营管理对项目保值增值带来的作用。

第二，全过程咨询运维阶段的费用包括哪些？运维阶段有三个层面的费用开支：其一，在竣工验收完成后的安保、保洁的服务；其二，全过程物业顾问，业主聘请物业顾问在可研、策划、定位、设计、施工、竣工等全过程各阶段进行物业运维咨询；其三，业主聘请物业管理公司直接接管运营维护，可以是前期设计阶段到运营维护阶段，也可以是前期阶段到竣工验收持续一段时间（一般为 1～3 年）的运营维护阶段，往往从竣工验收阶段到持续一段时间的运营维护阶段是大多数政府项目采纳的方式。

在当代社会数字化、物联网、可视化等技术的不断融合发展下，采用先进的管理理念和后期运维手段，会让建筑对象更加智慧、安全、环保、节能。

全书共 14 章，编写工作的具体分工如下：

张江波、高腾飞、方钧生、邢红昌主编并负责统稿，易保明、李兆君、禹志福、刘英、王森林、牟海军担任副主编。由高腾飞主持编写第 1、2、3 章，张江波主持编写第 4、5、6 章，方钧生主持编写第 7、8、9 章，邢红昌主持编写第 10、11、12 章，易保明参与第 1、

2、3 章编写，李兆君参与第 4、5、6 章编写，禹志福参与第 7、8、9 章编写，刘英参与第 10、11、12 章编写，王森林、牟海军参与第 12、13、14 章编写。李代强、周文静、顾国政、姜海莹、张岩等人参与了资料收集和过程编写，提出了宝贵意见，对编写工作有很大的帮助。

  本书较为系统地介绍了全过程工程咨询运维阶段所需开展的工作及工作程序，可供大家在工作中借鉴参考。由于编者水平有限，书中的不足之处在所难免，恳请读者与专家批评指正。

编者
2021 年 7 月

目 录

第 1 章　项目运维管理的必要性及需求　001
1.1　应用背景　001
1.2　应用现状　002
1.3　需求　003
　　1.3.1　行业需求　003
　　1.3.2　系统需求　003
1.4　总体目标　004

第 2 章　运维管理的实施规划　006
2.1　运维管理规划的策划　006
　　2.1.1　相关概念　006
　　2.1.2　设计目标　006
　　2.1.3　规划阶段　007
　　2.1.4　驱动因素　007
　　2.1.5　内容框架　007
2.2　运维管理规划实施　008
　　2.2.1　实施步骤　008
　　2.2.2　过程模型　008
　　2.2.3　流程应用　008
　　2.2.4　实施体系（设施运营质量体系）　009
2.3　运维管理规划评价　010
　　2.3.1　管理体系　010
　　2.3.2　服务绩效　010
　　2.3.3　基准比较　010
　　2.3.4　设施服务　011

2.3.5　计算评估　　　　　　　　　　　　　　　　　　　013

第 3 章　运维管理的组织　　　　　　　　　　　　　　　014

3.1　运维管理利益相关方及其治理　　　　　　　　　　　　014
3.2　运维总体架构　　　　　　　　　　　　　　　　　　　015
　　3.2.1　运维参与方关系　　　　　　　　　　　　　　　015
　　3.2.2　运维参与方作用　　　　　　　　　　　　　　　015
　　3.2.3　运维参与方管理内容　　　　　　　　　　　　　018
3.3　运维管理组织模式　　　　　　　　　　　　　　　　　019
　　3.3.1　简单组织模式　　　　　　　　　　　　　　　　019
　　3.3.2　项目组织模式　　　　　　　　　　　　　　　　020
　　3.3.3　公司组织模式　　　　　　　　　　　　　　　　020
　　3.3.4　集团组织模式　　　　　　　　　　　　　　　　020
3.4　运维管理组织制度体系　　　　　　　　　　　　　　　021
　　3.4.1　经理能力　　　　　　　　　　　　　　　　　　021
　　3.4.2　部门设置　　　　　　　　　　　　　　　　　　022
　　3.4.3　管理制度　　　　　　　　　　　　　　　　　　022
　　3.4.4　业务流程　　　　　　　　　　　　　　　　　　023

第 4 章　硬件设施配置　　　　　　　　　　　　　　　　024

4.1　硬件设施基础配置及作用　　　　　　　　　　　　　　024
　　4.1.1　建筑运维管理的硬件概述　　　　　　　　　　　025
　　4.1.2　智能化是运维管理的基础　　　　　　　　　　　025
　　4.1.3　从智能化到智慧化的过程　　　　　　　　　　　025
　　4.1.4　数据驱动运维管理的作用　　　　　　　　　　　026
4.2　硬件设施全生命周期管理　　　　　　　　　　　　　　028
　　4.2.1　全生命周期成本概述　　　　　　　　　　　　　028
　　4.2.2　全生命周期成本分析　　　　　　　　　　　　　028
　　4.2.3　全生命周期成本分解　　　　　　　　　　　　　029
　　4.2.4　全生命周期财务评价　　　　　　　　　　　　　031

第 5 章　设施管理　　　　　　　　　　　　　　　　　　037

5.1　设施管理的内容　　　　　　　　　　　　　　　　　　037
　　5.1.1　空间管理　　　　　　　　　　　　　　　　　　038

	5.1.2　租赁管理	042
	5.1.3　维保管理	046
	5.1.4　家具和设备	047
	5.1.5　工作场所管理	048
	5.1.6　物业服务	049
	5.1.7　环境与风险管理	050
	5.1.8　其他系统与运维系统的数据交换管理	051
5.2	设施管理的特点	052
5.3	设施管理与物业管理的区别	053
5.4	国内设施管理的现状及其存在的问题	054
5.5	中国设施管理的未来发展	054

第 6 章　资产管理　　055

6.1	资产管理介绍	055
	6.1.1　资产管理内容	055
	6.1.2　资产管理的主要类型	055
	6.1.3　国内外资产管理经验借鉴	056
	6.1.4　资产管理未来发展的广度与深度	057
	6.1.5　资产管理发展对物业管理行业的影响	057
6.2	资产管理的工作内容	057
	6.2.1　资产的保值和增值	057
	6.2.2　运营安全分析和策划	058
	6.2.3　项目的运营资产清查和评估	058
	6.2.4　项目的招商策划和租赁管理	058

第 7 章　项目绩效评价　　059

7.1	绩效管理及绩效评价	059
	7.1.1　项目绩效管理	059
	7.1.2　项目绩效评价	059
	7.1.3　绩效评价目的、对象与内容、原则及依据	060
	7.1.4　评价等级	061
7.2	绩效目标与绩效指标	061
	7.2.1　绩效目标	061
	7.2.2　绩效指标	062

7.3 绩效评价组织与实施 … 064
    7.3.1 评价方法 … 064
    7.3.2 实施 … 066
7.4 报告、反馈及应用 … 067
    7.4.1 绩效自评报告 … 067
    7.4.2 绩效评价报告 … 068
    7.4.3 绩效评价成果的应用 … 069

第8章 项目后评价 … 071

8.1 项目后评价的概述 … 071
    8.1.1 项目后评价的概念和演变过程 … 071
    8.1.2 项目后评价的基本内容 … 072
    8.1.3 项目后评价的类型 … 073
    8.1.4 项目后评价的实施 … 073
    8.1.5 项目前评估与项目后评价 … 074
    8.1.6 项目后评价的步骤和方法 … 074
    8.1.7 项目后评价的意义 … 076
8.2 项目管理后评价和绩效评价制度 … 076
    8.2.1 项目后评价与项目管理后评价 … 076
    8.2.2 绩效评价制度 … 080
8.3 项目运营阶段的评价和管理 … 082
    8.3.1 项目管理和运营管理 … 082
    8.3.2 项目运营阶段的总结评价 … 083
8.4 设施和资产管理工作 … 084
    8.4.1 设施和资产管理的概述 … 084
    8.4.2 资产管理种类 … 085
    8.4.3 设备与资产管理工作的相关职责 … 086

第9章 智慧运维管理平台功能 … 089

9.1 系统平台总体功能结构 … 089
    9.1.1 平台总体架构 … 089
    9.1.2 平台技术路线 … 090
    9.1.3 可视化平台特点 … 091
    9.1.4 可视化平台管理功能 … 091

9.2　数据采集方式　092
    9.2.1　数据采集及处理　092
    9.2.2　传输网络选择　093
    9.2.3　传输路径　093
    9.2.4　通信协议　093

9.3　智慧运维管理功能描述　094
    9.3.1　平台首页　094
    9.3.2　设备管理　094
    9.3.3　空间管理　094
    9.3.4　安防管理　094
    9.3.5　消防管理　095
    9.3.6　实时监控　095
    9.3.7　应急管理　095
    9.3.8　绿化管理　095
    9.3.9　统计分析　095
    9.3.10　指挥中心　096
    9.3.11　公共服务　096

9.4　智慧运维管理的好处　096

9.5　基于 BIM 智慧运维管理的费用　097
    9.5.1　BIM 运维管理的取费参考（以建筑工程和市政项目为例）　097
    9.5.2　运维管理的报价参考（以建筑工程和市政项目为例）　097

第 10 章　基于 BIM 可视化运维管理集成的应用　100

10.1　项目总览系统　100
    10.1.1　空间信息　100
    10.1.2　模型信息　101
    10.1.3　室外环境　102
    10.1.4　地下管网　102
    10.1.5　图纸文档　103

10.2　物业管理系统　103
    10.2.1　物业管理　103
    10.2.2　房屋租赁　106
    10.2.3　车位管理　107

	10.2.4	车辆管理	107
	10.2.5	门禁管理	108
	10.2.6	报警管理	108
10.3	能源管理系统		108
	10.3.1	电力监控	108
	10.3.2	照明管理	109
	10.3.3	室内环境	109
	10.3.4	电梯监控	110
	10.3.5	风系统设备	110
	10.3.6	水系统设备	110
10.4	安防管理系统		110
	10.4.1	视频监控	110
	10.4.2	楼宇门禁	111
	10.4.3	周界报警	111
	10.4.4	电子巡更	111
	10.4.5	人脸识别	111
	10.4.6	车辆管理	111
10.5	消防管理系统		111
	10.5.1	火灾报警	111
	10.5.2	自动控制	112
	10.5.3	消防设备	112
	10.5.4	避难诱导	112
	10.5.5	应急管理	112
10.6	资产管理系统		113
10.7	环境监测系统		113
	10.7.1	绿色建筑分析	113
	10.7.2	环境管理	114
	10.7.3	健康管理	115
	10.7.4	安全管理	115

第 11 章　针对入驻小业主或客户服务系统　116

11.1	客户感知		116
	11.1.1	客户感知系统包括的内容	116
	11.1.2	客户感知达到的目的	119

11.2 收益提醒 ... 120
    11.2.1 移动端费用内容 ... 120
    11.2.2 移动端提醒的规则 ... 120
11.3 远程控制 ... 120
    11.3.1 办公或使用环境控制 ... 120
    11.3.2 访客或巡查控制 ... 121

第 12 章 运维管理中的 ICT 技术应用 ... 123
12.1 主流运维平台 ... 123
    12.1.1 基于 BIM 的轻量化运维平台 ... 124
    12.1.2 基于 BIM+GIS 的运维平台 ... 127
    12.1.3 基于 BIM+UINTY 3D 的运维平台 ... 129
    12.1.4 基于 BIM+CE3 的运维平台 ... 129
12.2 存储系统 ... 130
    12.2.1 存储结构设计 ... 130
    12.2.2 存储设计原则 ... 131
    12.2.3 存储可靠性设计 ... 131
    12.2.4 存储设备设计 ... 131
    12.2.5 存储空间计算 ... 132
    12.2.6 存储数据分析及前景 ... 132
12.3 监控中心 ... 133
    12.3.1 监控中心的设计标准 ... 133
    12.3.2 监控中心的装饰标准 ... 136
    12.3.3 监控中心的管理标准 ... 142
12.4 无人巡检系统 ... 143
    12.4.1 高低压配电室巡检机器人 ... 143
    12.4.2 综合管廊巡检机器人 ... 144

第 13 章 项目案例 ... 145
13.1 某超高层建筑运维平台介绍及展示 ... 145
    13.1.1 项目概述 ... 145
    13.1.2 平台方案策划 ... 147
    13.1.3 数据建设 ... 164
    13.1.4 开发周期 ... 165

　　　　13.1.5　项目经费初步估算　　166
13.2　某电子产业园 BIM+GIS 平台介绍　　168
　　　　13.2.1　项目概述　　168
　　　　13.2.2　系统总体方案策划　　170
　　　　13.2.3　数据建设　　181
　　　　13.2.4　开发周期　　182
　　　　13.2.5　项目经费初步估算　　183
13.3　某综合管廊运维管理平台介绍　　186
　　　　13.3.1　产品概述　　186
　　　　13.3.2　架构说明　　195
　　　　13.3.3　数据库建设　　196
　　　　13.3.4　功能简介　　199

第 14 章　国内外咨询及认证机构介绍　　211

14.1　世界五大行介绍　　211
　　　　14.1.1　仲量联行　　211
　　　　14.1.2　第一太平戴维斯　　212
　　　　14.1.3　世邦魏理仕　　212
　　　　14.1.4　戴德梁行　　212
　　　　14.1.5　高力国际　　213
14.2　国内外商业运营认证介绍　　213
　　　　14.2.1　LEED 认证的简介及发展　　213
　　　　14.2.2　WELL 认证的简介及内容　　215
　　　　14.2.3　BOMA 认证的简介及内容　　216
14.3　物业全过程服务内容参考表　　217

参考文献　　227

第 1 章

项目运维管理的必要性及需求

1.1 应用背景

根据《国务院办公厅关于促进建筑业持续健康发展的意见》(国办发〔2017〕19号)和《国家发展改革委 住房城乡建设部关于推进全过程工程咨询服务发展的指导意见》(发改投资规〔2019〕515号)的文件精神,同时结合《工程咨询行业管理办法》(2017年第9号令)和《建设项目全过程造价咨询规程》(CECA/GC 4—2017)的规定,中国工程全过程咨询在决策、实施和运维三大阶段展开。

运维阶段是项目全寿命周期中时间最长、费用最高的阶段。统计资料表明,工程项目设计和建造阶段时间一般需要 3 ~ 5 年,项目运行和维护时间一般为 5 ~ 50 年,甚至更长;项目全寿命周期费用中,建设费用占总费用的 41%,而运营和维护费用等占总费用的 59%。

在运维阶段,需要对建设项目的决策和实施进行评价和总结,需要对建设项目进行运维管理,通过运维管理,检验其决策是否科学有效。从运维管理角度看,建设项目需要进行资产管理、运营管理和拆除预案策划,通过运营和监管合同的履行,确保建筑物的全生命周期成本最优。

本书将从项目后评估、设施管理、资产管理、智慧运维等方面,结合建筑信息模型(BIM)、大数据、物联网等现代信息技术来论述工程项目运维阶段的管理工作。

1.2 应用现状

我国工程项目运维管理发展比较晚，但是运维管理的实践和运作从 20 世纪 90 年代就已经开始了。随着大量的外资企业、事业机构进入我国市场，高端运维管理服务需求不断扩大，国外专业运维管理组织以全球战略合作伙伴关系的身份纷纷进入我国，积极开拓我国本土运维管理市场。

我国运维管理市场潜力巨大，且根据不同的服务要求，形成了多层次的运维管理服务空间，截至 2009 年初，在我国承担运维服务外包的跨国企业共计超过 100 多家，运维管理外包总面积约为 600 多万平方米，占全球市场份额的 1%～2%。

在 20 世纪 90 年代末，中国内地运维管理的客户群体主要为欧美的金融机构，如摩根大通、花旗银行等；之后客户群体的重心偏向了高科技大型跨国企业，如诺基亚、朗讯等；现在客户群体在不断扩大，并向制造、商业、生物科技等领域多向发展。除了欧美等外资大型企业机构，我国内地企业也发现了专业化高水平的运维服务所能带来的显著效益，实施或准备实施运维服务外包的策略，如华为科技、联想等高新科技企业。

当前，在我国内地提供高端运维服务的综合资产管理或专业化服务企业利用其人才、技术、信息等社会资源以及专业经验优势，承担了相当一部分的外资企业、事业机构运维管理的外包业务，提供前期可研、融资、规划设计、建造、日常运行管理等一系列全生命周期的运维管理，以及保安、清洁、绿化、搬运、会议、餐饮、办公支持、灾害防治、垃圾管理和回收再利用、前台接待、邮件管理等专业服务。

虽然近些年来我国的运维工作有了飞跃的发展，但我们也必须承认，我国工程项目运维管理方式还存在以下不足。

（1）对项目运维管理的认识不足。尽管近年随着国家的改革开放，国际专业协会、企业采用各种形式进行了积极宣传和推广，企业间运维管理专业人才流动和国际化趋势促进了运维管理理念的传播。但运维管理模式的应用，还是局限在外资企业、部分大型外向型民企。国有单位（如医院、学校、工业园区等），由于领导体制、管理组织、人才队伍等方面的原因，推行项目运维管理阻力较大，其主要原因是人们对工程项目运维管理的认识不足。

（2）运维管理专业人才缺乏。一方面，运维管理专业人士大多要求有全面的专业知识、丰富的工作实践经验和综合的专业能力，但传统的房产管理、设备维护管理企业在工程项目运维管理业务转型和升级过程中，人员知识结构普遍不合理，没有经过专业的项目运维管理训练，且学习积极性不高，造成专业人士严重缺乏；另一方面，我国高校没有设立专门的运维管理专业，其他工程相关专业的毕业生年龄小、经验不足，尤其缺乏实战经验。

（3）传统体制的约束。企业要推行运维管理，一定要大量引进现代管理理念、方法和流程，需要从战略层面彻底改革现有的传统管理模式，实施流程再造。据调查，我国企业现有项目运维管理的职能分布在房地产资产、设备、基建、财务、保卫、行政等各专业部门，没有形成独立的综合性运维管理部门，业务范围较为分散。而要冲破传统体制束缚，对于国有企业会有很大的难度。

（4）专业工具利用程度不高。随着科学技术的进步和发展，出现了 BIM、云计算、大数据、物联网、移动端、存储器等新技术，但各传统运维管理部门，由于前期投资、管理流程和制度不匹配等问题，对上述新技术的应用少，利用程度较低。

1.3 需求

1.3.1 行业需求

工程运维管理是组织中相当关键的商业职能，它不仅影响组织的收入和成本，影响品牌和形象，而且对组织核心业务的生产或服务、员工生活质量、健康和安全、工作环境，尤其是在员工的招募和保留上起着越来越重要的作用，当工程运维管理能够推动或支持组织最终产品或服务时，其战略重要性则会进一步提升。工程运维管理的行业需求体现在以下四个方面：

（1）提供和保持高品质的工作空间。运维管理部门需通过提供的安全、健康、环保和人性化的工作场所，协助人力资源部门吸引人才、留住骨干员工，并帮助员工提高工作效率。

（2）降低全生命周期运行成本。有统计表明，企业工作场所空间成本是除人力资源成本之外的第二大成本。在当前企业投资回报、经营效益越来越低，成本越来越大的经济形势下，企业需要根据自身发展战略和投资战略，选择在哪里买地，是自己买地建设、还是租赁。另外，企业的存量建筑规模越来越大，几百万甚至几千万平方米的建筑面积，分布在全国各地甚至世界各地，如何充分利用好现有存量建筑资产，合理配置有限的资源，提高运行效率，从全生命周期角度发挥运维管理的最佳经济效益，显得非常重要。

（3）支持组织的发展战略和核心业务。近几年来，越来越多的组织高层管理者意识到，运维管理对于支持组织战略和核心业务发展的意义和重要性，运维管理者也越来越多地参与组织战略决策过程，为制定发展战略提供运维管理方面的支持；同时运维管理者根据组织发展战略制定合适的运维管理战略计划，以促进组织战略和核心业务的发展，履行社会责任要求，推动可持续发展。

（4）保证突发事件下的业务持续性。一些重大的突发性社会事件，譬如地震、火灾、大风、暴雨、爆炸，或者玻璃幕墙坠落、广告牌倒塌等，不仅使人员伤亡并造成一定的财产损失，可能还会引起生产和经营业务过程的中断，造成较大的社会影响。如何在突发事件发生的情况下运用业务持续管理（BCM）的理念，保证业务连续，及时应对和处理，也是运维管理者需要面对的一个非常重要的问题和新的挑战。

1.3.2 系统需求

运维管理的重要程度随着宏观经济的增长、萎缩而波动起伏，呈现一定程度上的相关性，未来一段时间内，运维管理将呈现下列七个方面的系统需求。

（1）组织战略运维管理与组织的核心商业战略紧密联系，组织的运维在决定生产率、支持技术革新、提高工作效率、雇员满意度和组织的公众理解等方面能够发挥巨大的作用。运维管理专业人员通过充分理解组织的长期经营战略，有机会使运维管理职能部门成为企业运维战略的一个关键参与方，并最终使运维管理能力与企业核心战略保持一致。

例如，针对空气质量改善的暖通空调系统改造项目往往被视为一项基本的成本开支，但它能够减少员工的病假天数,以及由此导致的工作效率的提高,就会给组织带来直接的经济效益,这就证明了运维管理强有力的战略性作用。

(2)紧急情况的准备。紧急情况的准备包括但不限于安全保卫、恐怖行动、自然灾害、工作场所暴力、化学和生物事件、流行疾病和数据保护,需紧紧围绕可能影响组织及其员工的事件这个主题。预先的计划和准备对于减少事故、迅速恢复是非常重要的。运维管理专业人员的主要任务有分析弱点、制定和实施保护性战略、预先制定快速反应计划、保持与所有相关者的沟通、落实人力和资金资源、实施培训和实际训练。

(3)变化管理。变化管理的内容包括业务变化、建筑物的扩展、提高效率的持续需求和经常性的变化。变化总是不可避免的,数字化和技术革命步伐的加快,给运维管理提出了更加复杂的要求。组织核心业务中的程序变化、政策法律的变化、经营环境的变化,都需要运维管理做出明显和快速的反应,运维管理专业人员要与客户密切联系,尽可能早地发现变化,制定及时的投资效率高的反应和决策系统,提供组织运维,制定搬迁、空间变化(增加或扩展)过程中节约时间和费用的预案及战略,可保持建筑物的机动性和组织灵活性。

(4)可持续性。可持续性包括环境责任、能源管理、高效系统的投资、室内空气质量等问题,随着工业化的发展,环境资源的消耗越来越受到人们的关注,对于运维管理专业人士来说,能源的节约仍然是节约有限资源的最长期方法,高性能建筑对于工作场所环境具有明显的影响,室内空气质量将受到更广泛的关注。

(5)新技术应用。客户需求和科学技术的变化,将会逐步形成基于云计算、物联网(IOT)、图像识别、虚拟现实、机器人、大数据、无人机、智能电网、建筑信息模型(BIM)、集成工作场所管理系统(IWMS)等一批运维管理新技术和工具,为运维管理向精细化、标准化、数字化方向转变,为创建科技、服务和工作环境相融合的高效工作环境提供了有力的技术手段。在这个逐渐由数据驱动的商业环境下,运维管理者可利用新兴技术解决方案来捕获实时数据,并通过模型建立和数据挖掘,做出更加明智的预测与决策。

(6)国际化。由于市场扩展和竞争领域的扩大,组织地理位置的分布越来越国际化,带来了各国团队之间文化、语言、法律、制度、标准和教育背景等方面的差异,运维管理专业人士需要针对广阔的外部环境提供无缝的工作流,应对不同发展阶段、地理障碍、文化差异和环境变化。

(7)既有建筑。随着我国大规模建设周期的结束,既有建筑存量规模越来越大,运维管理专业人员将更多地面临既有建筑的维护、更新和改造等艰巨任务,运维管理专业人员要决定运维投资回报,进行再投资或替换的决策,需要提高在既有建筑、结构和维护技术方面的知识,掌握技术经济综合分析能力。

运维管理的理论发展和实践运用,将会给传统的运维管理模式带来根本性变革,形成一种新的发展理念。

1.4 总体目标

运维管理要求采用系统理论和方法,达到工程项目全生命期经营费用与使用效率的最优结合,在资产保值增值的基础上,为各类组织带来更多的社会、经济和生态效益。

智能化的建筑、小区更需要与之相匹配的信息化的物业服务，利用庞大的数据库，为每台设备建立信息档案；利用强大的管理系统，建立准确无误的标准化管理流程；利用智能化的管理软件，实现对所有设备的全面管理。通过上述业务的实施，带来高品质、高效率、智能化的运维服务，满足客户对运维服务不断提升的需求，由此提高客户对运维服务企业的满意度。

第2章 运维管理的实施规划

运维阶段设施管理事务繁多,设施管理者忙于响应各种各样的请求、命令,或遵从法规、期限等,常常处于被动反应式运作模式,越来越多的设施经理意识到其工作的前瞻性和规划性非常重要。同时,精细化的设施管理迫切需要将工程运营与组织核心业务战略相结合。本章将介绍运维管理实施规划的概念并阐述其制定、实施以及评价的全过程。

2.1 运维管理规划的策划

2.1.1 相关概念

管理规划企业战略是确定企业长远发展目标,以及实现长远目标的策略和途径。企业战略涉及长期的过程,所确定的目标必须与企业的宗旨和使命相一致。运维管理规划是围绕组织自有和租赁工程项目,制定中长期的全面运维管理计划。

2.1.2 设计目标

工程项目运维的目标是确保提供安全、可靠、经济的设施系统运行与维护服务,能按预期使用设备设施,甚至延长设备设施的使用寿命、提升其价值。具体目标如下:

(1)保证设备设施的正常运行,满足用户的使用需求;
(2)采取恰当的运维措施,保障运行,防止设备设施及其系统和部件过早出现问题;
(3)在保证必要可靠性的基础上,按最经济的方式维护和使用设备设施;
(4)合理安排维护周期和流程,减少维护次数,降低总维护费用;

（5）预测或指派所需人员，满足正常运行或突发事件的需要；
（6）采用高效可行的工程解决方案来处理维修问题；
（7）通过设备设施的高效运维，为整个设备设施的保值与增值提供支持；
（8）通过精益思想在运维中的运用，为建筑运维整体消除浪费，降低运维成本，达到精益运维管理。

为达到上述运维管理的目标，需要提升运维管理的综合水平。现代设施运维管理的发展趋势主要表现为"六化"，即专业化、精细化、集约化、智能化、信息化和定制化，设施管理人员通过这六个方面提高运维管理的效率，增强设施全寿命周期的管理。

2.1.3 规划阶段

规划是制定长期目标，并将其付诸实施的过程。工程运维规划可分为规划制定、规划实施和规划评价三个阶段。工程运维规划各阶段任务如下：

（1）规划制定阶段，制定设施管理愿景和任务内容。
① 实施内部分析；
② 实施外部分析；
③ 建立长期目标，制定、评价和选择战略。
（2）规划实施阶段。
① 战略实施管理问题；
② 战略实施——运行、维护、财务及管理信息系统问题。
（3）规划评价。包括度量和评价设施管理。

2.1.4 驱动因素

设施经理在设立设施管理方向和目标时有其自身的价值观和抱负，但是不得不考虑外部环境和设施管理团队的整体特征。因此，最终确定的设施战略绝非个人或单一部门的愿望，而是受多因素影响，满足多方面诉求的折中。设施经理必须首先确定影响企业整体发展的因素，特别是了解这些因素对设施及其管理可能产生的影响。影响企业发展的因素有：

（1）组织内部：组织价值观和政策；组织未来使命；业务部门计划和期望；组织财政状况和前景；组织内部结构；客户界面；现有设施状况；主要资源；采购政策；可持续性发展和环境、政策及安全；外包、合作的影响；员工数量的变化。

（2）组织外部：政府政策；行业法规和标准；外部运作环境的变化；合作者的战略和行动。

2.1.5 内容框架

设施战略规划最终需形成文本，以备评估、审批和参照执行，具体内容如下：

（1）战略规划的目的和期望。说明为什么要有设施战略规划，如何适应其他规划和企业业务流程。

（2）企业宗旨、目标和核心业务的驱动因素。明确企业使命、愿景和价值观，确定企业目标（内部和外部），识别可能影响设施的业务驱动因素。

（3）企业的财务状况。识别企业总体的财务状况，预测财政前景，了解设施方面的财务决策（如投资、预算、现金流等）。

（4）企业设施现状与期望值的差距。审查了解企业当前的设施性能状况，了解设施的需求和期望，分析设施现状与企业要求间的差距，研究缩减和消除差距的方法。

（5）设施管理宗旨和目标（5～10年）。明确设施管理的长期目标，设施利用和管理的总体方法；辨别设施管理过程中的关键议题；阐述如何有助于企业总体目标的实现。

（6）关键成功因素。分析设施管理成功的关键因素；确定设施管理绩效衡量的基础。

（7）达到目标的方法。确定设施管理系统的需求；确定设施管理关键议题的优先次序；阐述达到设施管理目标的方式方法；再次进行差距分析。

（8）实现战略目标所需的资源。明确建设、改造投入资金，日常运行维护费用，信息系统、人员储备、总体采购战略和方法以及获得管理层的支持等。

（9）绩效管理。建立一套收集、处理和监控绩效数据的管理流程和系统；比较分析历史趋势和当前绩效水平。

（10）设施管理组织安排。确立设施管理架构和职责；梳理与利益相关者的关系；建立设施管理流程体系；开发或购买CAFM系统、WMS系统；提升个人能力和团队能力。

（11）战略行动和里程碑。在下一年要采取的实现战略目标的主要行动，包括：发展战略的行动；实现变化的行动（如新建、改造、搬迁等）；支持企业变革的行动。

2.2 运维管理规划实施

2.2.1 实施步骤

在选择了一组相互协调、旨在实现目标和提高绩效的战略之后，下一步的工作是战略实施，包括在公司层、职能层和业务层执行战略规划。

设施战略规划实施的内容包括：发起设施服务改善项目，改变设施运作流程，向不同的客户群体提供相应服务，通过新建和购买扩大设施规模，或通过关闭和出售缩小设施规模。设施管理战略规划实施还包括设计合适的组织结构、组织文化和控制系统，从而将战略落实为行动。

2.2.2 过程模型

执行力是当前众多组织面临的最大问题。将战略、人员与运营流程三个要素有效结合起来，并得到有力执行，决定了组织设施管理最终成功的可能性。

在整个战略实施过程中需要通过设计恰当的组织结构、建设团队文化，在设施管理人员之间分配角色和职责、分配资源，以及应用设施管理信息系统等来促使战略、人员与运营流程的有效结合。

战略规划通常展望5～10年的发展阶段，且每年进行相应的更新或递进调整。如有些组织每年会进行一次战略规划过程，多数只是对现有战略和结构的修改与肯定；在许多组织里，年度战略规划过程的结果被用于来年预算过程，以确定组织内部的资源配置。

2.2.3 流程应用

根据设施战略规划过程模型，可建立设施战略规划的输入输出流程。本输入输出流程也是一个监控、报告、修正的过程。

(1) 设施战略规划的输入信息。输入信息包括组织的使命、目标、政策、战略实施的评估结果、设施服务绩效的审核结果、行业规范标准、利益相关者的需求和公众期望等。

(2) 设施战略方向和规划。公司整体战略、业务部门计划以及设施服务的总体实施战略是设施战略规划的方向。在具体的规划方案中，要有详细的人力资源计划、信息技术计划、财务计划、环境管理计划以及包含设施运行与维护、资产处置等在内的资产运作计划。

(3) 设施战略规划的输出。设施战略规划的输出包括具体的设施服务的实施，如预防性维护、响应性维修、空间管理、能源管理、环境健康安全管理、清洁、绿化等，包括基本的建设工程，如新建项目、更新改造项目等。设施战略规划的输出还包括基准比较和分析的结果、各类服务标准、各类评估审核报告等。

2.2.4 实施体系（设施运营质量体系）

质量管理的目标是确保服务满足要求、流程得到优化、质量不断得到提高。质量管理体系（quality management system，QMS）指的是企业内部建立的、为保证产品质量或质量目标所必需的、系统的质量活动。

(1) 设施运维质量评估。设施运维的质量是至关重要的，需要必要的方法（如知识、流程、工具等）来定义运维质量，并且确保所提供的服务能满足需求，达到企业和组织对设施管理方面的要求。

设施运营质量的指标，如表 2-1 所示。这些指标被分为硬性指标和软性指标，硬性指标通常可以通过测量得到，不需要人主观判断；软性指标则是调查的结果，是客户意见、感知和感官的度量，两类指标相互作用从而获得对质量的评估。

表 2-1 设施运营质量指标

指标	定义
有形性	指有形的建筑物、设备、人员等。有形的环境条件是运维人员对客户细致的照顾和关心的有形表现
响应性	指帮助客户并能迅速提供服务的能力。出现运维方面问题时，迅速解决问题，减少客户无意义的等待
经济性	指能在保证满足运维需求的情况下，尽量节省开支，为客户提供经济的服务
可靠性	指可靠、准确履行服务承诺的能力。可靠的服务行动是客户所希望的，意味着服务以相同的方式，无差别准确完成
移情性	指设身处地为客户着想，给予客户特别的关注。要求运维人员能够具有接近客户的能力、敏感性，努力理解客户的需求
保证性	指运维人员表达出的自信和可信的知识、礼节和能力。其中包括完成工作的能力、对客户的礼貌和尊重、与客户有效沟通、将客户的要求放在心上

(2) 设施运维质量保证。质量管理的进程所遵循的科学程序，称为 PDCA 循环，即计划—实施—检查—调整循环，目标是为了达到规定的质量体系标准与客户和企业的需求，在相互关联的进程中不断提升服务的质量。

设施运维质量管理系统，整个过程以客户需求为导向，通过服务与运维流程、实施、监督和衡量，数据行为评估，质量管理计划几个部分，实现设施管理的不断优化。

（3）设施运维质量改进。设施运维质量还需要保证持续的改进，改进的目的是保证设施运维能时刻达到供应与需求的匹配，确保客户与服务供应商目标的一致性，达到资源的优化节约等。通过定期评估和适当措施，使得设施服务的质量能够得到改进和提升（如最大化效率、最大化灵活性、避免重复工作等）。持续改进是十分重要的过程，尤其是持续改进能通过主要流程、决策准备和变更管理等方面向战略层面提供反馈，影响企业需求。

另一个需要进行设施运维质量改进的重要原因是在收集客户需求过程中的沟通、服务水平的确定、交付的过程以及人员对服务的感知和体验等方面都会出现偏差。因此，需要通过不断改进和改善运维质量减少偏差。客户和服务供应商运维质量的改进过程，同样需要进行PDCA循环，实现运维质量改进系统架构。

2.3 运维管理规划评价

2.3.1 管理体系

运维服务管理体系规定了运维活动涉及的各类实体，以及这些实体间的相互关系。相关的实体按照运维服务管理体系进行有机组织，并协调工作，按照服务协议要求提供不同级别的运维服务。

2.3.2 服务绩效

设施管理服务评价与审核是设施管理过程中的关键环节。设施管理服务评价侧重对设施管理服务供应商服务水平的评价，设施管理审核是对组织的现有设施资产以及设施管理服务进行的评价，范围广泛。设施管理服务评价体系，为组织获得良好的设施管理服务，为实现业务稳定运营提供有力保障。

这一部分主要对绩效的测量和绩效报告的提交进行规定。绩效的测量主要对绩效指标和评分标准进行描述和列示；绩效报告的提交依据对设施管理服务供应商向客户提供绩效报告的周期和内容作出规定。

2.3.3 基准比较

实现设施管理服务供应商绩效的合理评价，还需要明确其评价基准和选择相应的评价方法。合理选择绩效评价基准和评价方法不仅可以为客户提供决策支持，还能帮助服务供应商寻找和改进自己的不足。

2.3.3.1 KPI的评价基准

在对设施管理的KPI进行评价时，通常采用以下基准。

（1）历史基准。它是指以组织以前年度的业绩状况，作为评价设施管理的基准。基于历史基准的设施管理绩效评价是一种判断设施管理绩效改进程度的方法。它可以针对设施绩效表现的改进进行评价，从而显现出设施管理服务供应商的管理效果和水平，但是缺乏设施管理行业间的可比性。

（2）行业基准。它是指以行业的KPI基准作为参考，从而制定的评价基准。它是以一定时期、一定范围内的同类组织为样本，采取一定的方法，对相关数据进行测算从而得出的基准值。这种方法要求组织具有比较敏锐的市场触觉,具有较好的外部信息敏感性,能够通过科学、可靠的方法和渠道收集同类组织的相关信息并具备较强的信息处理能力。

(3)经验数据基准。它是指根据服务供应商为各种设施提供服务所得到的经验数据,经过识别目标设施和客户的类型,并根据客户的要求对经验数据加工和调整后得到的评价基准。

(4)计划基准。它是指以事先制定好的年度计划、预算或预期达到的目标作为参考要素而制定评价基准。这样得到的评价基准可能主观性比较强、人为因素比较大。但如果服务供应商能够清晰地对年度计划或者预期达到的目标进行阐述,并且和客户达成共识,那么其质量和效果还是相当理想的。例如,计划设定预防性维护完成率100%的目标,如果设施管理服务供应商能够清晰地阐述预防性维护的措施以及计划,那么该项指标便可以成为一项有效的KPI。

2.3.3.2 KPI的评价方法

对于能够用数量表示的KPI,可以采用百分比率法、调控评分法、强制性标准对照法、加减分考核法和等级评价量表法进行评价。

(1)百分比率法。它是用KPI的实际完成值除以事先确定的标准值,然后再乘以权重系数,就得到该KPI的实际考核值,这是一种比较精确的计算方法。

(2)调控评分法。这是一种常用的KPI计分方法,其原则是结合工作性质和实际要求,在评分时由低向高设置N个绩效区间;然后根据设施管理绩效落入的区间,将权重乘以相应区间对应的得分。调控评分法的分值和得分计算如表2-2所示。

表2-2 KPI计分

KPI区间	0% ~ 50%	50% ~ 70%	70% ~ 80%	80% ~ 90%	90% ~ 100%	100% ~ 120%
分值						
得分						

(3)强制性标准对照法。对于一些设定的强制性标准,例如消防系统合法性,KPI评价的结果只有达到和没有达到两种。对照设定的强制性标准,绩效评估要么是满分,要么是零分,不可能有其他选择。

(4)加减分考核法。采用加减分的方式确定指标标准,一般适用于目标任务比较明确、技术比较稳定的情况。在加减分考核法的基础上,有时也采用负分考核法。这是一种只对标准分进行扣减,而不加分的KPI评价方法,没有发现问题时,KPI得分为满分;当发现KPI在完成过程中,出现异常情况时,按照一定的标准进行扣分。例如,当预防性维护完成率为100%时,该KPI为100分,完成率每减少1%,扣5分。

(5)等级评价量表法。它是将指标的绩效水平都划分成一个七级或九级的量表,由客户或者相关人员根据自己对服务的感知进行评价的方法。

2.3.4 设施服务

运维设施管理的职能范畴覆盖面甚广,对其服务范围也有多种说法。针对各类组织中内容庞杂的运维设施管理,做好服务范围的界定和管理是至关重要的。本节引入项目管理中较为成熟的范围管理理论,对范围管理计划、工作分解结构及变更控制等展开论述,介绍运维设施管理服务说明书的内容组成和作用。

2.3.4.1 服务范围规划

"范围"一词通常是指工作或服务的周边界限，即工作或服务中应包含的内容及其功能、特征，确定服务范围就是定义服务的工作边界、确定服务的目标和主要的可交付成果。确定服务范围是开展管理工作的第一步。服务范围规划具体表现为需求识别、服务范围界定两个部分，需求识别需要服务供应商充分利用自验和专业知识，引导和帮助客户清晰准确地表达需求。

（1）需求识别。需求识别是一个过程，客户通常在收集需求之初会给出某种愿望和期待，这些愿望和期待一般是个范围，属于高层级的需求，然后通过收集整理信息和资料、展开调研等途径将需求信息进行逐步明确量化。只有可量化的、可跟踪的、完整的、相互协调的，且主要参与方愿意认可的需求，才能作为基准。需求识别除了与各利益相关者的沟通之外，还可以使用专业的需求识别方法技术。

需求识别过程的输出是需求文件。需求文件的格式多种多样，既可以是一份按主要参与方和优先级分类列出全部需求的简单文件，也可以是一份包括内容提要、细节描述和附件等的详细文件，经过科学的需求识别得到记录完好的需求文件，将在服务展开后对于批准的服务范围偏离进行调整。需求文件的主要内容包括：

① 业务需求。可跟踪的业务目标和服务目标；执行组织的业务规则；组织的指导原则。

② 参与方需求。对组织其他领域的影响；对执行组织内部或外部团队的影响；参与方对沟通和告知需求。

③ 解决方案需求。功能和非功能需求；技术和标准合规性需求；支持和培训的需求；质量需求；报告需求。

④ 项目需求。服务水平、绩效、安全和合规性等需求；验收标准。

⑤ 过渡需求。

⑥ 与需求相关的假设条件、依赖关系和制约因素。

（2）服务范围界定。服务范围界定就是确定范围，并编制服务说明书的过程。根据项目启动过程中确认的主要可交付成果、假设条件和制约因素，来编制服务说明书。

服务范围界定是一项非常严密的分析、推理和决策工作，因此需要采用一系列的逻辑推理的方法和分析识别的技术。范围界定中常用的技术方法有专家判断法、产品分析法、备选方案识别法。

2.3.4.2 工作分解结构

工作分解结构（work breakdown structure，WBS）方法是将全部服务工作内容分解成易于管理的层级关系和组成部分，以确保识别出工作范围所需要的所有工作要素。在工作分解结构的最底层是完成服务所必需的全部工作包。WBS 是按照工作发展的规律、依据一定的原则和规定进行系统化的、相互关联和协同的层次分解技术，当 WBS 的细度足够具体、层次足够清晰，即可以作为组织实施具体工作所依据的重要文件。常用的 WBS 方法有类比法、自上而下法、自下而上法、思维导图法。

2.3.4.3 服务说明书

服务说明书（statement of work，SOW）是服务范围界定的结果，是对所要提供的产品或服务的叙述性描述，在合同管理和采购管理中有着至关重要的作用，是实现设施管理部门的科学管理和绩效评估的基础。在设施管理领域无论是软性服务，还是对硬件设施的维修维护均可理解为服务，故服务说明书的描述范围包含设施管理中的软性和硬性服务。

2.3.5 计算评估

设施运维全生命周期费用分析（life cycle cost，LCC）是一种重要的经济风险评估方法，它通过分析设施全生命周期内可能发生的全部费用来评价和选择设施初始设计方案。LCC所涉及的是设施全生命周期过程中所有的相关费用。根据美国建筑师协会（American Institute of Architects，AIA）的定义，LCC组成包括：初始建造费用、保险及利息费用、运营及维护费用、翻新改造费用、建筑修缮费用、其他功能性费用以及设施残值七个方面。

生命周期成本计算遵循下列步骤：

（1）定义分析需要；

（2）建立分析方法；

（3）选择方便评估过程的模块；

（4）生成适当的信息；

（5）评估可选项；

（6）推荐解决方案。

具体LCC经济评价方法可以采用多种方法，如内部收益率分析、现值分析、风险和回报率分析、净资产回报率分析等。

生命周期评估方法（life cycle assessment，LCA）相对于生命周期成本计算（LCC）或完全成本计算方法更全面、更具整体眼光，其扩大了审视设施或项目系统的边界。生命周期评估方法包括了对环境和整个工业生态的设计含义，包括了环境管理体系标准ISO14001系列，是财务分析的最前沿方法。LCA鼓励组织了解整个范围的环境成本，并将其整合到基本决策过程之中。

生命周期评估的总目标是在设施设计和运作中做出在环境方面更加可靠的决策。设施管理者要把目光投放到即时资产边界以外，从而对其设施、正在使用的资源有更加真实的了解。进行设施生命周期评估的基本步骤是：

（1）明确评估目标和范围；

（2）进行生命周期清单分析；

（3）评估设施生命周期影响；

（4）评估和实施改进措施。

第3章

运维管理的组织

通常情况下,"组织"一词有两方面的含义。从静态意义上理解,组织是为了达到某些特定的目标,在分工合作的基础上构成的人的集合体;从动态意义上理解,组织是使用某种方法安排和分配组织的工作给组织成员,使之能通过工作达到特定的目的。由于工程运维管理自身的特性,决定了在运维管理实施过程中组织管理的特殊性。本章将分析运维管理相关方在组织运维管理中的影响,从组织规模和组织核心职能两个角度划分运维管理组织模式,阐述运维经理、部门设置、管理制度和业务流程等方面的组织制度。

3.1 运维管理利益相关方及其治理

运维管理相关方是指能够影响运维管理活动或被运维管理活动所影响的组织或个人,不同的利益相关方对运维管理的需求和作用是不同的,对运维管理的影响力也是有差异的。运维管理利益相关方是运维管理系统的一部分,与运维管理部门存在密切的互动关系。

联合国全球治理委员会(CGG)对治理的概念进行了界定,认为"治理"是指"各种公共的或私人的个人和机构管理其共同事务的诸多方法的总和,是使相互冲突的或不同利益得以调和,并采取联合行动的持续过程",这既包括有权迫使人们服从的正式制度和规则,也包括各种人同意或符合其利益的非正式制度。

运维管理中的治理常被看作是一种决策机制,利益相关方是该决策机制的成员。当日常的运维管理不足以解决问题时,治理为利益相关方管理提供新的解决方向。

运维管理相关方可以分为内部相关方和外部相关方。运维管理相关方可以是运维的拥有者或使用者,如政府机构、企业、企事业单位等;可以是承担专业运维管理的企业及有关各类咨询单位,如运维管理规划、设计、更新改造和运行维护的设计单位、施工方、物资供应商;也可以是组织的股东、高级管理层、业务部门和具体负责实施运维管理的职能部门。

3.2 运维总体架构

组织设计是以企业组织结构为核心的整体设计工作,是建立或变革组织的过程。组织设计通过对组织结构、流程、职权、绩效和激励机制等模块的设计和整合,使组织最终获得最佳绩效。

所谓的组织结构,即组织内部的构成方式,广泛来说是组织协调整合的机制之一。组织结构是组织的全体成员为实现组织目标,在管理工作中进行分工协作,在职务范围、责任、权利方面所形成的结构体系。战略决定组织,战略选择是决定组织结构的关键变量。

在企业组织结构设计时,必须紧扣企业的发展战略和目标,充分考虑内部环境和外部环境,谋求企业内外部资源的优化配置,平衡现有的人力资源状况以及未来需求。

组织设计可以运用顶层设计的系统方法,从全局的角度,对某项任务或者某个项目的各方面、各层次、各要素统筹规划,以集中有效资源,高效快捷地实现目标。

3.2.1 运维参与方关系

在项目的运维过程中,参与运维管理的内部及外部利益相关方的关系如下:

(1)运维管理内部利益相关方。运维管理内部利益相关方包含组织的股东、高级管理层、业务部门(含核心业务部门和非核心业务支持部门)等。内部利益相关各方与运维管理组织是支持与服务的关系。他们为组织内部的群体提供快速反应和优质的运维管理服务,使运维管理者面临日益增多的挑战。

(2)运维管理外部利益相关方。运维管理外部利益相关方包括直接利益相关方和间接利益相关方。

直接利益相关方包括设计机构、运维性能评价、能源审核、第三方检测、人力资源、培训、信息系统等各类咨询单位,运维服务供应商,材料供应商,施工方等组织外部群体。他们在承接组织运维管理业务时,需与组织签订合同,他们与运维管理组织有着契约关系,是开展运维活动必不可少的参与者,能够对组织运维管理活动产生重要的绩效影响。当然,直接利益相关方与运维管理的关系除了契约关系以外,还有合作关系,他们与运维管理组织一起共同提高组织的绩效。

间接利益相关方是指与组织的运维管理具有间接利益关系的社会公众、媒体以及政府机构等。社会公众、媒体、政府机构关注的是运维的社会形象、公共安全和环境责任,对企业运维管理活动具有引导、监督和约束等影响。

3.2.2 运维参与方作用

运维参与方在管理过程中发挥的作用是由运维参与方所处的地位决定的,地位不同,作用也不一样。

3.2.2.1 股东、高级管理层

股东是股份制公司的出资人(投资人),是企业存在的基础,是企业的核心要素,股东作

为出资者按其出资数额（股东另有约定的除外），享有分享收益、重大决策和选择管理者等权利，对企业承担相应的义务，并通过董事会这一业务执行机关，负责企业业务经营活动的指挥与管理。

高级管理层是指挥组织全部活动的领导者，包括组织的总经理、副总经理等人员。这些高级管理人员受聘于董事会，拥有组织事务的管理权和代理权，负责处理组织的日常经营事务。大多数组织的高层管理者都是具有很高领导水平和专业化水平的职业经理人，靠职权及自己的影响力和专业能力来发挥对组织运维管理的影响作用。

股东、高级管理层与运维管理的关系主要体现在以下几个方面：

（1）运维管理高效的服务作用。运维管理提供的是一种增值服务，是通过保持高品质的活动空间，提高设备运维的整体价值，进而支持组织核心业务。股东、高级管理层可以将运维管理作为提高组织利润的有效管理方式和途径。

（2）股东、高级管理层对运维管理的支持作用。运维管理的正常运行离不开组织的股东、高层管理者的决策支持和指导，他们对组织运维管理战略活动起着决定性的作用。

3.2.2.2 组织内部业务部门

组织内部业务部门是指除运维管理组织以外的所有组织部门。业务部门是运维管理服务的重要对象之一，但同时这些业务部门又为运维管理提供支持。例如，财务管理部门提供资金、成本核算业务支持，人力资源部门提供人员支持等。

按照组织核心业务的内容和主要利润来源，可以将业务部门分为核心业务部门和非核心业务支持部门。

（1）核心业务部门与运维管理。核心业务部门是承担组织核心业务的管理部门。该类部门是投入资源最多、高级管理层最为关注、具有关键性作用的业务部门，也是利润的主要来源部门。核心业务部门往往是开展组织擅长的、能创造高收益和高附加值、有发展潜力和市场前景的业务部分。核心业务部门所开展的核心业务具有如下特征：

① 对客户所看重的价值有重大的贡献；
② 对最终产品或服务的档次和质量起决定作用；
③ 对组织战略目标有决定性影响；
④ 决定组织发展前景；
⑤ 对组织的持续竞争优势有突出贡献。

运维管理组织为组织核心业务部门提供针对性的服务。运维管理组织对这些业务部门服务的重点在不同的组织中是不同的。

（2）非核心业务支持部门与运维管理。非核心业务支持部门是为核心业务提供支持性服务的部门。相对核心业务部门来说，非核心业务支持部门在关注程度、资源投入方面较少。例如，财务部门、人力资源部门、后勤管理部门、IT 部门等，运维管理部门本身也是对组织核心业务提供支持的部门。

运维经理可以通过对组织业务部门进行详细的调查研究，制定各业务部门信息备忘录，掌握每个业务部门的信息，如提供的产品情况或服务、部门结构、与其他部门的关联性、使用的关键管理工具和技术、部门内协调状况、人力配置等，从而有计划地对这些业务部门提供有效的服务。

3.2.2.3 运维咨询方

运维咨询方为运维管理提供专业化的服务，满足运维管理特殊的需求，运维咨询方包括设计机构、运维性能评价机构、能源审核机构、第三方检测机构等。

（1）设计机构。选择合格的设计单位，对新建或改建项目的成功有很大的影响。设计方案既要满足国家的法律法规和技术规范要求，还要受投入资源的约束。从整体规划到部件选择，从适用经济、美观高效到持续发展等各个方面把握住运维的品质和性能，包括功能性、安全性、舒适性、耐久性和经济性等，通过设计师的智慧和全局能力所体现的附加值非常重要。

（2）运维性能评价机构。运维性能评价是指针对运维生命周期的每一个环节，为了满足客户需求，判断和认识运维技术性能、管理水平而开展的审核和评价活动，包括建筑物、设备、环境和运维管理现状等多项内容。运维性能评价可以由组织内部业务部门承担，也可以委托第三方机构独立进行。

（3）能源审核机构。能源审核机构是指对运维耗能设备和系统能源利用状况的分析和评估的机构。通过能源审核，掌握运维高耗能部位、能源浪费原因，从而提出节约能源、提高能效的对策。能源审核机构可审核某项耗能设备和系统的能源消耗记录、探究耗能设备和系统各个部件利用能源的方式，找出低效率之处，或可减少耗能的地方，并找出改善的方法。

能源审核是一项有效的能源管理工具，通过鉴定和实施可达到提高能源效益和节约能源的目标，不但可成功节约能源，更可延长设备和系统的使用寿命。在运维管理领域，能源审核机构的工作内容有：总能源消耗量计算；楼面面积、使用率、室内温度及照明水平检查；暖通空调装置检查；照明系统检查等。

（4）第三方检测机构。第三方检测，是由处于买卖利益之外的第三方（如专职监督检验机构），以公正、权威的非当事人身份，根据有关法律法规、国家或地方标准、合同所进行的商品检验活动，第三方检测机构是指由国家指定的、具有相关检测资质的检测机构。

运维管理中实行第三方检测包含两种情况：第一种情况是国家强制规定该项目必须经过专业资质的检测机构进行检测；第二种情况是运维管理机构本身不具有检测该项目的资质或能力，需请具有专业资质的机构进行检测。在运维管理领域，第三方检测机构检测的内容有生活水质检测，压力容器检测，室内空气质量检测，室内装饰质量检测，装饰材料检测，消防及中央空调系统验收检测，施工中的安全检测、质量检测等。

（5）运维服务供应商。现代组织将运维管理职能全部或部分外包，集中精力发展组织的核心业务，已成为运维管理向专业化发展的趋势，并日趋完善。按照运维管理业务外包的程度，运维服务供应商可以分为运维管理服务代理、运维管理服务承包和全面运维管理服务等类型。

运维服务商服务内容包括：提供与物业有关的各种设备运维的运行、维护及维修服务；提供物业相关设备的咨询、解决方案及应急服务；增值服务；技术培训与设备管理咨询；节能产品及相关方案等。

（6）材料供应商。材料供应商是指为运维管理提供原材料、设备、设备备件、日常易耗品及其他资源的企业，既可以是生产企业，也可以是流通企业。供应商是运维管理所需物资的后勤保障中心和质量、成本控制中心，同时对于组织的设备运维更新有着相当重要的作用。

（7）施工方。施工方是按照招标文件的要求实施工程项目新建、维修和改造施工任务的承担者。在投标过程中，施工方要认真研究所有的工程土地及周边环境信息，进行现场考察，检查进场条件以及当地劳动力和原材料的供应情况。一旦中标，有责任采取一切必要的措施，按照合同规定完成工程的施工任务。

3.2.3 运维参与方管理内容

（1）运维参与方管理是指运维经理为综合平衡各相关方的利益要求而进行的战略性管理活动。具体内容及流程如图3-1所示。

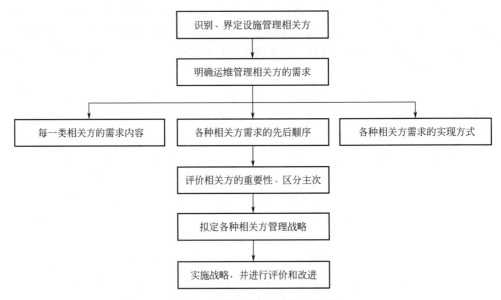

图 3-1 运维管理相关者管理流程

（2）运维相关方管理包括以下步骤：

① 识别运维管理活动中的相关方，对运维管理相关方进行界定；

② 收集运维管理相关方的信息，明确各自在运维管理中的利益、权力和要求，以及运维管理对这些利益造成的潜在影响；

③ 评价运维管理相关方的重要性，区分主要相关方和利益相关方，综合分析运维管理相关方所拥有的核心资源及能力、优势和劣势；

④ 拟定运维管理相关方管理战略，根据不同类型的相关方，制定不同的管理策略；

⑤ 实施制定的运维管理相关方管理战略，并对其进行评价和持续改进。

运维管理相关方管理过程是一个动态的螺旋式上升的过程。既定的运维管理相关方管理战略在实施过程中，可以根据运维管理的实际情况，以及组织所处环境的变化，进行动态的调整、补充和修正。经过这样不断地反馈、改进，运维管理相关方管理的效果会得到持续的改善，进而使运维管理质量和水平不断提高。

运维管理主要业务有：文件管理、工作单管理、环境审核管理、外包管理、建筑能源审核管理、绩效考核管理、采购管理、租赁管理、搬迁管理、运维运营管理、保洁工作管理、绿化工作管理、预防性维护管理、点检管理、日常运行管理、客户服务管理等。

3.3 运维管理组织模式

每个组织都是独一无二的,而且会随着环境的改变而变化。各个组织运维管理所需的资源不一样,在运维决策、购置和资源效率方面有着显著的差异。按照组织规模,运维管理可以分为简单组织模式、项目组织模式、公司组织模式和集团组织模式。

3.3.1 简单组织模式

简单组织模式,是指组织中的办公室等行政部门兼职承担组织运维管理主要职能,而不设立单独的运维管理部门的一种组织形式。简单组织模式如图 3-2 所示。

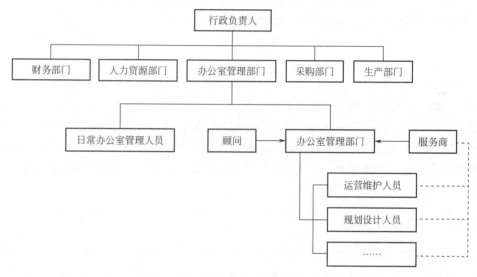

图 3-2 简单组织模式图

在该组织模式中,办公室经理除了承担日常办公事务管理外,还兼管运维规划和运行,适用于在一幢简单的办公建筑中的运维管理。在这种模式中,组织中不设立单独的运维管理部门的原因:一方面,组织的所有员工都在一幢建筑中工作,组织的规模较小,运维管理业务简单;另一方面,组织可能是在租赁的建筑物中办公,组织为了节约人力资源,不希望分配专门的运维管理人员对建筑进行管理。

在简单组织模式中,办公室行使的职能有:
(1)原有办公室管理职能;
(2)运维获取、规划与处置管理;
(3)运维运营与维护管理;
(4)供应商管理。

在该模式中,办公室需要借助外界的运维服务商和顾问来对运维进行管理,使用运维服务供应商和顾问的数量取决于以下因素:运维的数量和使用的频率;运维对组织成员的影响性。对于经常使用或者数量较大的运维,有必要雇佣长期的运维服务商和顾问。

需要注意的是,能够承担运维管理职能的部门不仅仅是企业办公室,IFMA 在 2010 年的调查中显示:被调查的组织当中,42% 的组织运维管理业务是由组织中一个较大的部门来承担的，这些部门通常是行政部门、人力资源部门、财务部门、运营部门、房地产部门等。

3.3.2 项目组织模式

项目组织模式适合大型组织，该类组织在一个地区集中在一处的建筑物中办公。在该模式中，组织拥有建筑物的所有权或者是租赁办公楼，但是由于组织规模比较大，相比简单组织模式，组织要花费更多的时间和预算用于运维管理，需要成立一个独立的部门来管理。单一地点的运维由于只有单一的工作地点，运维管理部门倾向于使用较少的员工，实行一人多责，但却涉及全部运维管理职能。运维管理部门的工作内容包括运维运营与维护管理、财务管理、建筑项目管理、供应商管理、采购管理、能源管理等业务领域。

项目组织模式的运维管理部门的组织原则如下：

（1）存在一个组织机构来接收与协调运维管理工作，即工作接收与协调中心；

（2）有利于相互的交流；

（3）充分地考虑运维的设计；

（4）规划、设计、运作和维护的平衡调节。

在这一模式中，组织会综合运用自管与外包运维服务来管理运维，自管与外包的程度会因企业而异。如在某园区中，有的建筑已经建造二十年了，而有的仅仅建造了几年时间，这些建筑都坐落在同一个园区中，对这些运维的管理很复杂，需要专业部门对这些分门别类进行管理。

3.3.3 公司组织模式

公司组织模式，也称为"一地区多地点"的运维管理组织模式，适合在多个地点拥有建筑物（办公场所），但是这些建筑物都在同一个地区的组织，如大型的汽车产业基地，是一地区多地点的运维管理组织模式。

在这一模式中，需要进行运维管理权力分配、不同地点资源的分配和需求评估等工作，这些工作需要在组织总部中进行。不同地点的运维管理运作方式有以下两类：

（1）设立一个运维经理。该运维经理统一安排组织的运维管理业务，负责制定运维战略规划；在不同的地点设立运维经理助理，负责日常的运维管理业务。

（2）在每一地点都设置一个运维经理。在使用这一模式时，需要有其他的资源来弥补组织分散带来的不利因素。机构越是分散，使用咨询顾问和供应商的频率越高。

不同地点的运维业务需要依赖组织总部来运作，这样会更加经济可行。在一地区多地点的运维管理组织模式中，组织总部提供组织政策、监督、预算控制以及技术上的支持；组织由员工、咨询顾问、供应商结合起来，为各地点提供运维服务。在这一模式下，组织必须加强租赁管理、财务管理、项目管理以及工作的接收和协作管理能力。

3.3.4 集团组织模式

集团组织模式适合分散在广大地域范围内，可能是在全国或全球范围内，组织规模很大，一般以分公司的形式存在的大型组织。它们的下属地区或分公司具有与简单管理模式或公司组织模式相似的运维管理部门。组织总部的运维管理部门主要的职能是分配资源、战略和战术上的规划、房地产获得与处置、政策与标准的制定、技术支持、宏观的空置物业规划、管理和监督。集团组织模式是多地区运维管理组织模式。

在这种模式下，运维经理对一般的行政管理服务没有直接的责任，所有的专业员工并非由运维经理所领导，主要的专业员工在所负责的专门技术范围内具有直接领导权力，地区运维管理部门通过总部的联络负责人与组织保持联系。

同时，组织会大量使用外部的咨询顾问和服务供应商。随着组织规模的扩大，使用的人数会更多，这些咨询主要集中在房地产、规划、设计和建造方面；法律咨询会成为组织总部的日常事务，组织可以聘请一个精通运维事务的法律事务所或者律师作为组织的一员，直接在其职权范围内工作。

3.4 运维管理组织制度体系

运维管理组织制度是指运维管理部门内部各系统、各要素之间相互作用、相互联系、相互制约的形式，及其内在的工作方式。在运维管理组织内部，组织制度是运维经理必须关注的重要环节，通过建立和创新组织制度，能够有效地实现组织目标。

3.4.1 经理能力

运维管理经理人是组织运维管理的领导者，对提供给各类客户的产品或服务负有最终责任。不同组织的运维经理的工作业务差别极大，这主要是因为它们提供的产品或服务不同，银行系统运维经理与医院、学校系统运维经理显然需要不同的专业知识。但运维经理职责是一致的，那就是为组织提供核心业务保障及增值服务。

一个优秀的运维经理应具备的特质：统筹协调各区域资源、确保整体服务水平、技术过硬、成本意识强、熟悉法律法规、善于与人交往、服务取向、行动取向、沉着冷静、具有政治策略、有定量测评能力、有良好的沟通能力、有多任务处理能力。

不同的运维类型为运维经理带来了不同的挑战。为支持一系列的管理任务和功能业务，运维经理所需的技术、人力、经济、管理方面的技能往往是跨专业的，这就需要运维经理是通才，需要具备和掌握涉及战略任务、功能及业务、通用管理和专业运维等各方面的知识，还要具有战略的眼光，能够收集整理、综合分析运维信息，学会与组织中其他部门打交道，确定解决问题所需的资源和行动过程。当运维经理遇到疑难问题时，可调动社会力量邀请专家会诊，协力解决。一个合格的运维管理专业人士应该具备如下的专业素质。

（1）专业精神。专业精神指的是在专业技能的基础上发展起来的一种对工作极其热爱和投入的品质，在工作的时候达到的一种忘我境界。

（2）专业伦理。专业精神是信仰，有了信仰，实际执行上就会遵守专业伦理。一方面要对社会的安全、文明、进步和经济发展负有道德责任，另一方面要遵守个人行为的道德品质，规范个人行为的方式和原则。每一项工作都有其必须遵守的原则与规范，除了明确成文的规则，还有无形的社会伦理约束。

（3）专业能力。专业能力是从事某种职业所特殊需要具备的专业知识、实践经验和工作技能，体现了每个专业人士胜任专业业务的能力。

3.4.2 部门设置

在运维管理实践中,大多数运维从业者依然在各自组织的运作层面操作,而没有从战略高度思考运维管理的作用。在我国大多数组织的部门设置中,没有专门设立运维管理部门。因此,运维管理业务分散在其他各类业务部门中,没有汇集起来,导致了诸如运维规划、空间规划以至于战略规划这样的核心职能没有得到充分的发挥。

在一般项目运维管理中,运维购置的职责分配给基建、采购、后勤等部门;空间规划、分配和管理大多由行政部或人事部负责;租约管理一般属于资产管理、生产科、房产科、行政办公室等部门的职权范围;预算、汇总及经济评价由企划部或财务部承担;安全保卫工作通常外包给保安公司;电信、数据交换、电路和网络管理,通常由信息科技部、信息科的独立部门负责。

不过随着社会的发展,我国有些组织开始逐渐意识到了运维管理的战略意义,从组织结构上首先突破,建立了以首席运营官或首席财务官等高层领导的运维管理组织体系,下设运维经理和专业运维管理部门。在运维经理的领导下,安排运维战略计划、空间管理、职业健康和环境卫生、运行、维护等专业工作岗位。

运维管理的决策、实施和工作成效需要通过多渠道、多环节和多部门的协同工作,因此,需要更大程度的权力集中和统一领导。若工作职责割裂,相互沟通不畅,势必会影响运维管理的总体性、综合性效益。

3.4.3 管理制度

制度是约束人们行为及其相互关系的一套行为规则,是指一个系统或组织制定的要求全体成员共同遵守的办事规程或行动准则,包括组织机构的各种章程、条例、守则规程、程序、办法、标准等。运维管理组织需要制定各种规章制度以及管理流程,规范组织行为,明确组织内部的任务分工、权限、职责、沟通方式和行动规范,保持运维运行有序,提高工作效率。

(1)运维管理组织需要制定各种规章制度。

① 基本管理制度。运维管理组织的基本管理制度是组织其他制度的依据和基础。它是规定运维管理组织形成和组织方式,决定组织性质的基本制度。它主要包括诸如规定组织法律地位、组织章程等方面的制度,以及组织的领导制度和民主管理制度等。

② 岗位责任制度。岗位责任制度是规定组织内部各级部门、各类人员应承担的工作任务、应负的责任以及相应职权的制度,责任制度要明确规定岗位责任、权力、利益三方面的关系。

责任制度是建立完整的专业管理制度体系的出发点。管理制度的建立,要以责任制为中心。责任制度可以按不同组织层次和工作岗位分别设立,如领导人员责任制、职能部门和专业人员责任制、工人岗位责任制等。在全过程项目咨询运维阶段,运维管理组织责任制度有运维经理职责、各专业工程主管岗位职责、各专业工程师岗位职责、各运维管理员岗位职责、员工考核及奖惩制度等。

③ 业务管理制度。运维管理涉及运维各参与方、内部管理部门和每一个员工,需要制定系统的、规范化的组织制度,来统一规划运维管理标准和要求。运维业务管理制度包括设

备系统运行管理制度、财务管理制度、客户服务制度、采购管理制度、环境健康安全管理制度、供应商管理制度、室内环境管理制度、能源管理制度、消防制度、应急事件处理制度、安全保卫制度、员工培训制度、日常运行和点检管理制度、项目管理制度、信息系统管理制度等。

（2）运维管理涉及众多参与方、组织内部管理部门和最终用户，因此需要制定系统、规范的工作制度，统一规划运维管理业务标准和要求。同时，也需编制工作事项的活动流向顺序，包括实际工作过程中的工作环节、步骤和程序，通过应用工作流程图的目的分析、地点分析、顺序分析、人员分析和方法分析，帮助运维管理者了解实际工作活动，消除工作过程中多余的工作环节，合并同类活动，提高工作效率。

（3）制度的构成要素包括正式制约（如法律）和非正式制约（习俗、宗教等）。组织既受到制度的约束，同时也能通过行动改变制度的安排。但组织制度的约束作用并不会一直被组织所支持，当现有制度受到质疑时，制度本身便可以加以改变。一般情况下，新制度的构想会启发组织意识到那些不被现有制度所支持的潜在利益，促使组织重新思考和评价现有制度安排的合理性。为实现上述潜在利益，组织需要打破或改变目前制度，因此组织成为制度变迁的积极推动者，发起一系列围绕新制度建立的探讨。

运维管理任何工作制度都有时效性，需要根据社会的发展、周围环境变化而变化，进行动态的调整。一般情况下人们习惯于已有的工作程序；或为了保持稳定而不主动进行变革。在需要充分提高工作效率、挖掘降低成本的机会，甚至更换运维管理服务供应商时，进行工作制度梳理和流程回顾更新成为一项必要的工作。

3.4.4 业务流程

业务流程是一些有组织的活动，一些相互联系的为客户创造价值的活动。国际标准化ISO9000中指出，业务流程是一组将输入转化为输出的相互关联或相互作用的活动，运维管理主要业务流程有：工单管理流程、采购管理流程、环境审核流程、外包管理流程、文件管理流程、建筑能源审核流程、绩效考核管理流程、租赁管理流程、搬迁管理流程、运维运营流程、保洁工作流程、绿化工作流程、预防性维护管理流程、日常运行流程、点检管理流程、客户服务流程等。

运维业务流程有其历史和组织文化背景，因而任何流程都有其时效性，需要根据周围环境的变化而进行动态的调整。这就要求流程的制定者不断监控和评估流程的执行情况，观察流程制定时的依据是否还存在，预先设定定期审核的时间和触发值。这些都对流程制定者的素质和能力提出了很高的要求。

第4章 硬件设施配置

4.1 硬件设施基础配置及作用

国际设施管理协会（IFMA）将设施定义为服务于某一目的而建造、安装或构建的物件，所包括的范围非常广泛，可以理解为多个层次。一方面，设施可以称为物业，指已经建成并具有使用功能和经济效用的各类供居住或办公的建筑，与之相配套的设备、市政公用设施，以及房屋所在的土地附属的构筑物、庭院等；另一个方面，设施则包括所有的无形资产，不仅包括物业，也包括家具、生产设备、生产工具或建筑配套功能设备等。建筑的硬件设施多指建筑装修、建筑设备、建筑智能化配置、室内外环境等。市政项目硬件配置多指道路、绿化、景观、管廊、地下设施、地面构筑物等。

针对设施的建筑管理对象，本书设施特指服务于生产、生活和运作目的的建筑本体和相关的装饰装修、幕墙、给水、排水、采光、供电、通风、暖气、消防、电气、机电等设备，也包括家具、工器具、设备、办公网络，同时也包括室内外绿化、道路、停车场等构成的物理实体，总之，围绕实体的物理世界所涉及的实物管理统称为建筑的设施管理。

硬件设施是运维管理的基础，没有好的硬件设施作为运维管理的基础，没有统筹的前期设计规划和后期管理的配合，一个项目的运维是达不到理想效果的。所以设施管理应进行前期的统筹规划、设计研究、运维的关注等一系列活动，可以说，所有的前期策划、项目设计、施工实施，都是为后期生产和使用服务的，所以后期运维与前期全过程管理是分不开的。

4.1.1 建筑运维管理的硬件概述

实施管理的对象和范围非常广泛，涉及人们生产和生活的环境，包括地下设施、地上建筑物、构筑物、内外装饰、机电设备、家具物品、能源设施等。

设施管理可分为公共设施管理、工业设施管理和商业设施管理，具体来讲主要包括以下几个方面：

（1）公共设施管理。包括博物馆、图书馆、会展中心、公园、汽车站、火车站、飞机场、医院、学校、体育场馆、住宅小区等。

（2）工业设施管理。包括工业园区、科技园区、物流园区、保税区、工业工厂等的设施管理。

（3）商业设施管理。包括商业写字楼、经营商场、服务酒店、各类宾馆、歌舞厅、洗浴中心等的设施管理。

4.1.2 智能化是运维管理的基础

智能化（intelligent）是指利用现代"4C"技术，由计算机信息技术（communication）、网络技术（computer）、现代控制技术（control）、智能显示技术（CRT）汇集而成的针对某一个方面的应用的智能集合。随着信息技术的不断发展，其技术含量及复杂程度也越来越高，智能化的概念开始逐渐渗透到各行各业以及生活中的方方面面，相继出现了智能住宅小区、智能医院等都以智能化建筑为基点的建筑，因此通常提到的智能化系统，一般指智能化建筑系统。

智能化建筑是对现代建筑的一般统称，但智能化系统所含的内容较多，针对不同建筑功能设置相应的智能化需求。智能化建筑包括信息设施系统、信息化应用系统、建筑设备管理系统、公共安全系统和机房工程。智能建筑是通过配置建筑物内的各个子系统，以综合布线为基础，以计算机网络为桥梁，全面实现对通信系统，建筑物内空调、通风、给排水、变配电、照明、电梯、消防、公共安全等的综合管理。

智能化办公大楼一般包括"5A"系统，所谓 5A 是指智能化 5A，包括：

（1）OA：办公自动化系统，Office Automation 的简写；

（2）CA：通信自动化系统，Communication Automation 的简写；

（3）FA：消防自动化系统，Fire Automation 的简写；

（4）SA：安保自动化系统，Security Automation 的简写；

（5）BA：楼宇自动控制系统，Building Automation 的简写。

城市综合体建筑一般包括消防系统、视频监控、防盗报警、门禁管理、电子巡更、暖通空调、给排水、变配电监控、公共照明、夜景照明、电梯监视、客流统计、停车管理、信息发布、背景音乐、能源管理等 16 项智能化子系统。

我国《智能建筑设计标准》（GB 50314—2015）中定义，智能建筑是以建筑物为平台，基于对各类智能化信息的综合应用，集构架、系统、服务、管理及它们之间的最优化组合，向人们提供一个安全、高效、舒适、便利的建筑环境。

4.1.3 从智能化到智慧化的过程

通过软件集成和物理集成的方式，将所有需要监控的弱电控制子系统集成在一个操作平台上，实现集中管理，从而实现"降低人工成本""保证运行品质""降低运行能耗"的目标。

这就是建筑智能化到智慧化的过程，如图4-1所示。

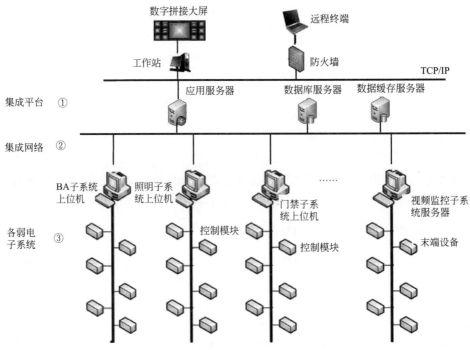

图4-1 智能化管理系统集成平台的整体架构

（1）满足商业管理便捷使用的要求。

① 所有需要监控的弱电子系统集中在一个操作平台上，运行管理人员可在中控机房实现对城市综合体系各机电系统的远程操作或监控；

② 实时监测各个子系统的关键运行数据；

③ 可以通过网络远程访问平台，在多个地点（现场）监控各子系统。

（2）满足商业管理安全监控的要求。

① 实时显示各子系统重要报警信息，出现异常情况时，管理人员可第一时间获取信息；

② 长期记录各子系统运行数据、报警记录等信息，并综合对比，便于管理人员定期对机电系统进行全面诊断。

（3）满足商业管理绿色运营的要求。

① 集成平台对各集成子系统进行统一管理，通过预设的控制逻辑，使机电系统遵循集团的统一标准，实现自动节能运行；

② 集成平台具有能够提供长期运行数据记录、可编辑修改运行模式、可修改具体设备设定参数的功能。集成平台综合汇总各集成子系统信息数据，如图4-2所示，技术人员和高级管理人员定期分析数据，找出能耗漏洞，修正运行参数，达到进一步节能运行的目的。

4.1.4 数据驱动运维管理的作用

我们国家的智能化建筑大体经历了三个阶段。

第一个阶段是1949~1980年，这个阶段的智能化程度非常低，基本上没有智能化的应用，主要是满足建筑基本的功能需要，满足安全、适用、经济的三个原则要求。

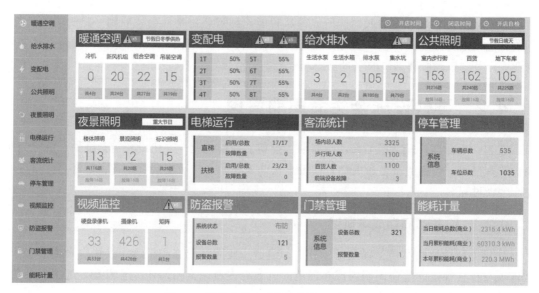

图 4-2 智能化管理系统控制主界面示意图

第二个阶段是 1980～2010 年，称为发展阶段，随着人民生活水平的提高，对建筑功能的需求不断提高，同时建筑物内设施设备增多也给管理带来了一定的要求，智能化建筑得到了快速的发展，尤其是从发达国家引进的设计理念和使用要求，但整体我们国家当时还处于重建设、轻运维的阶段，大部分建筑的智能化仅仅满足日常人们的需要，仅有少量的标志性建筑或高端办公楼有比较先进的智能楼宇管控系统。

第三个阶段是在 2010 年后，随着 BIM、云计算、大数据、物联网、移动端、存储器等的发展，以及房地产项目多项运作的积累，逐渐对智能化系统管理提出了更高的要求。

以万达房地产为例，2017 年万达同时在一个慧云系统内对 197 个广场进行日常管理，每个万达广场用了多少度电、用了多少吨水、有多少人流、有多少交易额、有多少租金都非常清楚，每天产生大致 200 TB 的数据量，如图 4-3 所示，这些数据就是指引万达的招商、

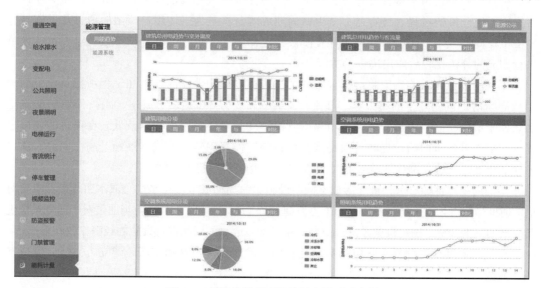

图 4-3 智能化管理系统控制主界面示意图

建设以及后期运营最有力的武器。所以，从智能化到智慧化是社会发展到一定阶段的产物，相关智能化系统配置是智慧建筑的基础，运维数据还可以指导行业发展及投资方向，是今后物业管理及全过程管理难得的宝贵资源。

4.2 硬件设施全生命周期管理

工程全生命期管理是指工程产品前期以策划、规划、设计、建设和运营维护、拆除为对象的管理过程。设施的全生命周期是指设施从购入开始，经历安装、运行、维修直至报废的整个生命过程。

4.2.1 全生命周期成本概述

项目生命周期成本是工程设计、开发、建造、使用、维修和报废等过程中发生的费用，即该项目在其确定的生命周期内或在预定的有效期内所需支付的研究开发费、施工安装费、运行维修费、报废回收费等费用的总和。

在工程生命周期成本中，不仅包括经济意义上的成本，还包括环境成本和社会成本。设施的全生命周期成本是指设施从购入开始，经历安装、运行、维修直至报废的整个生命过程所发生的成本的总和。组织应当追求整体的投资效益，对设施全生命周期成本进行管理，首先是满足设施正常运行，其次需提高设施投入使用后的运行效率，节约运行与维护成本。

4.2.2 全生命周期成本分析

工程项目运维阶段的全生命周期管理就是在满足规定效能的前提下，以全生命周期成本最小为准则，对项目及设施的使用方案、维修方案、环保方案、更新改造方案、延长使用期限方案、报废处置方案以及其他与费用有关的方案等进行比较，从中选择最佳方案。

全生命周期成本分析（life cycle costing analysis，LCCA）是一种重要的投资评估和经济分析技术，是指为了从各可行方案中筛选出最佳方案以有效地利用稀缺资源，而对项目方案进行系统分析的过程。换言之，全生命周期成本分析是为了使用户所用的项目及设施具有经济生命周期成本，在项目及设施开发阶段将生命周期成本作为设计的参数，对项目及设施进行彻底的分析比较后作出决策的方法。

不同的设计和采购方案将会形成不同的项目或设施的性能曲线。在工程项目及设施的全生命周期内，首先发生的是采购、建造（安装）和运营（试运转）成本，刚投入使用的设施性能处于最佳状态，项目的维修费用和运营等年度经常性费用也相对较低。在项目的使用过程中，随着设施折旧的计提和价值递减，项目的维修费用年平均成本逐渐升高。同时，项目的性能年度经营也逐渐劣化，导致项目维修和年度经常性费用增加。

不同的项目性能要求，最终形成不同的设施生命周期成本，年平均总成本曲线最低点所对应的时间坐标为设施经济寿命点。工程咨询人员（设计师和工程师）应当通过对不同方案全生命周期的成本分析，确定设施经济寿命点的年平均总成本，以此进行设施的经济比较和筛选。

全生命周期成本分析步骤包括：确定目标、确定分析内容和方法、建立方案、处理成本和性能数据、方案评价和形成全生命周期成本报告等。

（1）确定目标。在进行全生命周期成本分析时，应当首先对问题进行定义，详细说明全生命周期成本分析目标和分析的约束条件。

（2）确定分析内容和方法。首先确定全生命周期成本的分析内容，再识别分析要求和参数。生命周期成本分析一般分为战略层次、系统层次和项目层次三个层次。首先确定分析层次及成本分解深度，然后确定项目所处生命周期阶段，并明确研究内容，最后确定相关的经济评价、风险分析、敏感性分析等分析方法。

（3）建立方案。在开始全生命周期成本分析之前，应当建立多个方案。这些方案应该能够相互区别，并且都能实现客户的目的，满足客户需求。在进行全生命周期成本分析时，至少准备两个可供比较的项目方案。

（4）处理成本和性能数据。工程项目及设施的全生命周期成本包括建设成本、运营成本、维护成本和残值。在估算全生命周期成本时，应当根据同类项目的成本及构成情况，对以上成本项目和发生时间依次进行估算。为了简化计算，一般将建设成本直接计入全生命周期成本，而运营成本、维护成本和残值则需要经过折现后，计入全生命周期成本。

（5）方案评价。方案评价主要是对估算出的项目初始化建设成本、未来运营成本、维护成本和残值进行加总，计算各类静态和动态财务评价指标，并进行比较。

（6）形成全生命周期成本报告。方案评价完成后，全生命周期成本分析咨询单位应当按照客户的要求，形成全生命周期成本评价报告，并将各方案的财务指标比较结果做成容易理解的形式，以便客户做出抉择。

4.2.3 全生命周期成本分解

工程项目全生命周期成本主要由项目建设成本、运营成本、维护成本以及残值组成。每一项成本在进行具体估算时需要进一步分解。

计算工程项目全生命周期成本时，通常需要先把每种成本（分为一次性和经常性）转化为净现值进行加和运算，然后减去设施研究期结束时的残值的现值。根据国外相关研究的定义，全生命周期成本可用以下公式表示：

$$LCC = C_0 + \sum_{n=0}^{N} O \times PV^n + \sum_{n=0}^{N} M \times PV^n - S \times PV \tag{4-1}$$

式中 LCC——全生命周期成本；

C_0——初始化建设成本，如建设投资、设计及前期运行成本等；

O——未来运营成本，如年度成本包括能源消耗、净化等；

M——维护成本，如日常维修和替换、大修等成本；

S——残值；

N——全生命周期；

n——时间变量；

PV，PV^n——折现系数，$PV = \dfrac{1}{(1+i)^n}$，$PV^n = \dfrac{(1+i)^n - 1}{i(1+i)^n}$；

i——折现率，%。

4.2.3.1 建设成本（C_0）

项目建设成本按照费用性质可以分为硬性成本和软性成本。其中人、机、料成本属硬性成本，而设计费、行政许可费用等属于软性成本；按照费用发生的时间可分为前期工程成本和建设期工程成本。我国一般采用后者的分类方法。

（1）前期工程成本（C_1）。前期工程成本包括工程咨询、决策立项、土地购置、现场"三通一平"等内容。一般来说，通过参考国家或地方收费的标准（或参考值），并套用具体取费系数可以计算出前期工程成本中的各项具体费用。

（2）建设期工程成本（C_2）。建设期工程成本的计算，根据不同阶段，分别采用估算、概算、预算和结算等费用计算方法。在投资决策阶段（包括机会研究和可行性研究阶段），可采用投资估算的方法；在初步设计阶段或扩大初步设计阶段，可采用设计概算方法；在施工图设计阶段，可采用施工图预算方法；在建设期间或建设完成后，可采用实际建设费用结算价格计算。

4.2.3.2 运营成本（O）

运行成本主要包括以下内容：

（1）能源消耗和净化成本（O_1）。具体可以分为加热、冷却、动力和照明能源费用，水消耗费用，污水处理费用等。

（2）日常管理费（O_2）。如物业管理费、洁净费用、保安费用、健康安全管理费、废物管理费用等。

（3）年度监管费（O_3）。如消防检查等。

总运营成本计算公式为：

$$O = O_1 + O_2 + O_3 \tag{4-2}$$

一般能耗费用的估算是由设施团队的机械工程师或者电气工程师负责的，可以利用计算机对建筑运行状态进行模拟，然后确定建筑的能耗。

4.2.3.3 维护成本（M）

维护成本是指为了使设施系统正常运行所发生的费用，它主要包括预防性维护费用、响应性维修费用、计划性维护费用以及递延维护费用。

（1）预防性维护（M_1）。预防性维护是常规的计划性的维护行为，目的是为了让系统保持最优运行状态，防止故障的发生。不管系统是否出现问题，预防性维护都需要进行。替换过滤器、给轴承添加润滑剂等都属于预防性维护的活动。与设备和系统有关的预防性维护费用都应计入生命周期成本。

（2）响应性维修（M_2）。响应性维修是在问题发生后，才进行的维修活动，例如风机皮带断裂，技术人员就需要签发替换皮带的工单，并对相关的损坏进行修复，从而使系统重新运行。

响应性维修是不可预见的。理论上，如果系统运行状态良好，而且所有需要的预防性维护都及时实施，那么响应性维修发生的概率将降到最低。但实际上，不可预见的故障总是会发生，从而经常需要进行响应性维修。

由于预防性维护成本发生的频率相对较高，而响应性维修成本的发生是不可预见的，所以预见它什么时候发生是不可能的。为了简单起见，预防性维护和响应性维修成本一般按年度成本来计算。

（3）计划性维护（M_3）。计划性维护是指不包含在预防性维护范围之内的大型维护活动，计划性维护主要指对于接近使用寿命终点的子系统和设备的替换。例如，如果一个机械系统（热泵）的一个部件在研究期内（例如30年），需要每10年替换一次，那么这些费用应当计入全生命周期费用。

（4）递延维护（M_4）。递延维护是指在计划性维护中由于资金等问题，而被积压延后的维护。一般来说，应当将该类维护活动的发生减少至最低水平，但是在实际中，递延维护往往是存在的，递延维护发生的费用也应计入全生命周期成本。

综上所述，维护成本计算表达式为：

$$M = M_1 + M_2 + M_3 + M_4 \tag{4-3}$$

4.2.3.4 残值（S）

残值是指设施在研究周期末的价值，它可以为正值，也可以为负值。对设施的全生命周期成本进行估算时的残值，实际为预计净残值。预计净残值是指假定固定资产预计使用寿命已满，并处于使用寿命终了时的预期状态，组织从该项资产处置中获得的扣除预计处置费用后的金额。预计净残值是在增加固定资产时确定的预计净残值率与原值的乘积。

4.2.4 全生命周期财务评价

在工程项目设施全生命周期成本中，各类成本按其发生时间可以分为初始化成本和未来成本，初始化成本是在设施获得之前将要发生的成本，包括资本投资成本、购买和安装成本。未来成本是指从设施开始运营到建筑物被拆除这一期间所发生的成本，包括运营成本、维护和修理成本、剩余价值（任何转售或处置成本）。

全生命周期财务评价是指对评价方案计算期内各种有关技术经济因素和方案投入与产出的有关财务、经济资料数据进行调查、分析、预测，对方案的经济效果进行计算、评价，分析比较各方案的优劣，从而确定和推荐最佳方案的过程。

4.2.4.1 全生命周期财务评价指标

为了进行全生命周期设施方案财务指标的动态分析，必须将每个方案的现在成本和未来成本都折算至同一时点。折算方法有两种：用现值法将所有成本折算至现在，或者用年金法将所有成本折算为年金的形式。这两种折算方法都可以对不同设施方案进行比较。

设施全生命周期评价的财务指标有净现值、净节约/净收益、投资回收期、内部收益率等。需要注意的是：在设施管理过程中，设施的日常运营通常只有现金流出，而很少发生现金的流入。在进行方案评价，使用财务评价指标时，要注意设施管理投资方案的这一特性。

（1）净现值（NPV）。净现值是指设施管理投资方案所引起的未来各年净现金流量的折现和。具体地说，净现值是某设施投资项目所引起的未来各年现金流入量的折现和与未来各年现金流出量的折现和的差额。净现值是反映设施投资方案在建设和生产服务年限内获利能力的动态指标。

一般来说，当投资方案净现值大于零时，说明该投资方案具有经济上的可行性。但在对设施管理投资方案进行评价时，由于其投资方案的特性，方案成本净现值越小，投资方案越优。

（2）净节约（NS）/净收益（NB）。净节约（net savings，NS）/净收益（net benefits，NB）是指设施管理新方案与现有方案的全生命周期成本/收益现值的差值，代表了成本节约/收益的程度。当某方案的净节约/净收益为正值时，表示该方案比原有方案经济效益好，可以采用；否则，应该拒绝该新方案。在对设施管理投资方案进行评价时，有时也把净节约当作方案收益，进行计算。净节约/净收益的计算公式为：

$$NS = NPV_A - NPV_B \tag{4-4}$$

式中 NPV_A——A 方案的节约 / 收益净现值；

NPV_B——B 方案的节约 / 收益净现值。

（3）投资回收期（PP）。投资回收期（payback period，PP）是指设施投资方案所引起的资金流入量累计到与投资额相等时所需要的时间，即收回投资所需要的期限。在设施投资方案比较时，可以将运营和处置阶段的成本差值，即节约的成本作为方案收入，将两个方案的投资差额作为方案投资额，计算投资回收期。

当投资项目方案的投资回收期短于其生命周期时，就能够说明设施的投资方案在其生命周期内能够收回，即该项目投资方案是可行的，投资回收期越短的方案越优。

（4）内部收益率（IRR）。内部收益率（internal rate of return，IRR）就是设施投资方案资金流入现值总额与资金流出现值总额相等、净现值等于零时的折现率，内部收益率的经济含义是投资方案占用的尚未回收资金的获利能力。除使用计算机以外，内部收益率一般采用若干个折现率进行试算，直至找到净现值等于零或接近于零的那个折现率。

内部收益率法的优点是能够把设施投资方案全生命周期内的收益与其投资总额联系起来，指出这个方案的收益率，便于将它同行业基准投资收益率对比，确定这个方案是否值得投资。同时，投资方可以通过内部收益率的比较，从多个设施投资方案中进行选择，但内部收益率表现的是比率，必须将内部收益率与净现值结合起来考虑。

4.2.4.2 全生命周期财务评价方法

（1）设施的经济寿命。设施的经济寿命是指设施以全新状态投入生产开始，经过有形损耗和无形损耗，直到年平均总费用最低，经济上不宜继续使用，需要进行更新所经历的时间。对设施经济寿命的管理是制定设施规划的前提条件，并为组织的设施更新提供决策依据。

常见的设施寿命一般分为自然寿命、技术寿命、折旧寿命和经济寿命四种，它们的含义如下：

① 自然寿命。自然寿命又称物理寿命，是指设施以全新状态投入生产开始，经过有形磨损，直到在技术上不能按原有用途继续使用为止的时间。自然寿命和设施维修保养的状态有关，并可通过恢复性修理，延长设施的自然寿命。

② 技术寿命。技术寿命是指设施以全新状态投入生产后，由于新技术的出现，使原有设施丧失其使用价值所经历的时间。其中技术进步越快，技术寿命越短。

③ 折旧寿命。折旧寿命是指按国家有关规定或企业自行规定的折旧率，将设施总值扣除残值后的余额，折旧到接近于零时所经历的时间。折旧寿命的长短取决于国家和企业所采取的技术政策和方针。

④ 经济寿命。经济寿命是指设施以全新状态投入生产开始，经过有形损耗和无形损耗，直到年平均总费用最低，经济上不宜继续使用，需要进行更新所经历的时间，称为设施的经济寿命。设施年平均使用成本指的是设施在使用年限内，每年平均的折旧费用与使用该设施所发生的经营费用之和。超过这个年限，设施在技术上虽然仍可继续使用，但是年平均总费用上升，在经济上不宜再继续使用。

设施经济寿命的确定主要有以下方法：

① 低劣化值法。设施性能低劣化是指设施在使用过程中，由于零部件磨损、疲劳或环境造成的变形、腐蚀、老化等原因，使原有性能逐渐降低的现象。设施性能的低劣化会导致

设施的运营和维修费用的增高。因此，将每年维持设施性能的费用称为低劣化值。

在设施的全生命周期中，设施总使用成本主要由设施的平均每年低劣化值和设施的年度平均使用成本摊销额组成，表现为先下降后上升的一条曲线，如图4-4所示。

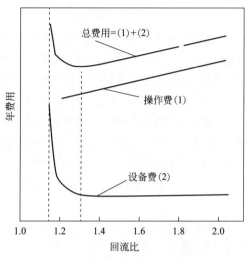

图 4-4　设施年总使用成本费用

平均每年低劣化值设施的经济寿命就是设施年平均使用成本的最低点对应的年限。因此，要计算设施的经济寿命就需要分别计算设施平均每年低劣化值和设施年度摊销额。

a. 平均每年低劣化值。假设设施每年低劣化值的增加额为定值 λ，则第 T 年设施的低劣化值应为 $T\lambda$，T 年中每年平均的低劣化值设备经济寿命应为 $(T+1)\lambda/2$。

b. 设施年度摊销额。假设设施经过使用后的残值为零，并以 K_0 代表设施的原值，T 代表已使用的年数，则设施的年度摊销额为 K_0/T。

平均每年设施使用费可表达为：

$$Y = \frac{\lambda}{2}(T+1) + \frac{K_0}{T} \tag{4-5}$$

式中　Y——设施年平均使用成本；

λ——年低劣化增加值；

T——设施使用年限；

K_0——设施原值。

由式（4-5）可见，设施年平均使用成本 Y 是设施使用年限 T 的函数。为了求得设施年平均使用成本最低时的使用年限，可对式（4-5）求导数，并令其结果等于零，可求出设施的经济寿命 T_0：

$$T_0 = \sqrt{\frac{2K_0}{\lambda}} \tag{4-6}$$

采用式（4-6）计算设施经济寿命时，未考虑资金的时间价值。若考虑资金的时间价值时，设施年度摊销额应为设施原值乘以当年的资金回收系数，即 $K(A/P, i, n)$；而每年平均的低劣化值应为各年低劣化值的现值累计，再乘以当年的资金回收系数。设施年平均成本与年平均低劣化值之和，即为考虑资金时间价值后的设施年平均使用成本。

② 面值法。面值法是一种以账面数据作为基础的经济分析方法。它通过分析和计算同类设施的统计资料，比较设施每年平均总使用费用（Y），得出设施每年平均总使用成本最低的年限即为经济寿命。具体计算公式为：

$$第n年使用费用 = \frac{设施原值 - 第n年残值 + 各年运行成本}{使用年限} \quad (4-7)$$

方案的选择可以分为两种不同的情况：第一种是新设施与旧设施的对比；第二种是一种新设施与另一种新设施之间的对比。在进行方案对比时，要特别注意以下三点：

a. 更新方案对比的共同尺度是设施年度使用费用，即使用该设施一年，需要花费的资金；

b. 对于采用新设施与继续使用旧设施两个方案进行分析时，只应考虑今后发生的现金流量，对以前的现金流量及沉没成本，属于不可恢复的费用，与更新决策无关，都不应再参与计算；

c. 对保留旧设施的分析，要站在第三者立场，第三者不拥有任何设施，故要保留旧设施就得先付出旧设施当时的市场价值，才能取得旧设施的使用权。

设施的更新主要包括不可维修型、技术改进型、性能劣化型和能力不足型。设施的更新方式大致可以分为四种：

a. 用同类型号的新设施代替老设施；

b. 用高效专用设施替换通用设施；

c. 用技术性能更高级的新设施替换老设施；

d. 对一部分老旧设施进行技术改造。

（2）设施的价值工程。

① 价值工程的相关概念。价值工程（value engineering，VE）是以提高产品或作业价值为目的，通过有组织的创造性工作，寻求用最低的寿命周期成本，可靠地实现使用者所需功能的一种管理技术。

价值工程中所述的"价值"是指作为某种产品（或作业）所具有的功能与获得该功能的全部费用的比值。它不是对象的使用价值，也不是对象的经济价值和交换价值，而是对象的比较价值。价值工程的方法是从研究对象的功能与成本两方面考虑，使两者比值提高，以实现价值工程提高产品价值的目的。计算公式如下：

$$V = F/C \quad (4-8)$$

式中　V——价值；

　　　F——功能；

　　　C——成本，即生命周期寿命总成本。

a. 功能。按照不同的分类方法，可以分为必要功能和不必要功能、使用功能和品位功能、不足功能与过剩功能、基本功能和辅助功能。价值工程通过功能分析，可以排除不必要的功能，可靠地实现必要功能。

b. 成本。价值工程中成本指的是生命周期成本（LCC），即产品从产生到报废整个期间的费用总和。在设施管理中，生命周期成本为一个设施系统投资、建设、运行、维护和拆除经折现后的总货币成本。

② 价值工程工作流程。价值工程的工作流程一般可分为准备、分析、创新、方案实施与评价四个阶段十三个步骤。其工作步骤实质上就是针对产品功能和成本提出问题、分析问题和解决问题的过程，详见表4-1。

表 4-1　价值工程工作流程

工作阶段	工作步骤	对应问题
一、准备阶段	对象选择、 组成价值工程工作小组、 制定工作计划	（1）价值工作的研究对象是什么 （2）围绕价值工程对象需要做哪些准备工作
二、分析阶段	收集整理资料、功能定义、 功能整理、功能评价	（1）价值工程对象的功能是什么 （2）价值工程对象的成本是多少 （3）价值工程对象的价值是什么
三、创新阶段	方案创造、方案评价、提案编写	（1）有无其他方法可以实现同样功能 （2）新方案的成本是多少 （3）新方案能满足要求吗
四、方案实施与评价阶段	方案审批、方案实施、成果评价	（1）如何保证新方案的实施 （2）价值工程活动的效果如何

③ 价值工程的功能分析。功能分析是价值工程活动的核心和基本内容。它通过分析信息资料，用动词及名称组的方式简明、正确地表达各对象的功能，明确功能特征要求，并绘制功能系统图，从而弄清楚设施各功能之间的关系，以便于去掉不合理的功能，调整功能间的比重，使设施的功能结构更合理。

④ 价值工程的功能评价。经过功能系统分析明确了对象所具有的功能后，接着要定量地确定功能的目前成本、目标成本，计算功能的价值、成本改进目标和降低幅度等。

a. 功能评价的内容和步骤。功能评价包括相互关联的价值评价和成本评价两个方面。

Ⅰ. 价值评价。它是通过计算和分析对象的价值，分析成本功能的合理匹配程度。

Ⅱ. 成本评价。它是通过核算和确定对象的实际成本和功能评价值，分析、测算成本降低期望值，从而排列出改进对象的优先次序。功能评价值一般又称为目标成本。因此，成本评价的计算公式为：

$$\Delta C = C - C_{目标} \quad (4-9)$$

功能评价的步骤包括：

Ⅰ. 确定对象的功能评价值 F；

Ⅱ. 计算对象功能的目前成本 C；

Ⅲ. 计算和分析对象的价值 V；

Ⅳ. 计算成本改进期望值 ΔC；

Ⅴ. 根据对象价值的高低及成本降低期望值的大小，确定改进的重点对象及优先次序。

b. 功能评价的方法。功能评价的方法有功能成本法和功能指数法，其中又包括了多种具体的计算方法。

Ⅰ. 功能成本法。又称为绝对值法，是通过一定的测算方法，测定实现应有功能所必须消耗的最低成本，同时计算为实现应有功能所耗费的目前成本。经过分析、对比，求得对象的价值系数和成本降低期望值，确定价值工程的改进对象。其计算公式如下：

$$价值系数（V）= 功能评价值（F）/ 功能目前成本（C） \quad (4-10)$$

功能成本法主要包括两个内容，即功能目前成本的计算和功能评价值的推算，其中关键的是功能评价值的推算。

Ⅱ. 功能指数法。又称相对值法，是通过评定各对象功能的重要程度，用功能指数来表示其功能程度的大小，然后将评价对象的功能指数与相对应的成本指数进行比较，得出该评价对象的价值指数，从而确定改进对象，并求出该对象的成本改进期望值。其计算公式为：

$$价值指数（VI）= 功能指数（FI）/ 成本指数（CI） \quad (4-11)$$

功能指数法也包括两大工作内容，即成本指数的计算和功能指数的推算。

第5章 设施管理

设施管理在工程管理中,往往不被项目前期管理方重视,以往工程管理中,往往有"重建设、轻运维"的情况。随着改革开放40多年的飞速发展,我国近20年来交付的物业逐渐被业主重视,特别是高端楼宇的后期管理,可以说物业管理是赋予项目的第二次生命。作为全过程咨询单位,我们怎样从咨询方的角度,看待项目前期设计、中期施工与后期运维的关系呢?

设施管理(facility management,FM)是一门新兴的交叉学科。按照国际设施管理协会(IFMA)的定义,是"以保持业务空间高品质的生活和提高投资效益为目的,以最新的技术对人类有效的生活环境进行规划、整备和维护管理的工作"。

设备不是独立的物,而是综合配套后发挥其综合效能的集合体;设备不是不动产,而是不动产中必不可缺的配置;设施不是单一的设备,而是设备的整个配置和运营系统。

设施管理,通过全面整合、专业设计和精细管控设备与设备、设备与使用人、设备与环境的关系,为设施运行成本控制、效率提升和环境优化提供专业解决方案。同时多方面提升其所属物业的租售行销、资源利用、节能减排、品牌影响等综合价值。

设施管理综合利用管理科学、建筑科学、行为科学和工程技术等多种学科理论,将人、空间与流程相结合,对人类工作和生活环境进行有效的规划和控制,保持高品质的活动空间,提高投资效益,满足各类企事业单位、政府部门战略目标和业务计划的要求。

5.1 设施管理的内容

设施管理的内容特指在民用领域(如商业、办公、住宅、城市民用交通和综合体等,包括工业、农业、军事、国民基础建设等)不动产所属范围,对其中设备与设备之间、设备与设备使用人之间以及设备与环境之间的关系，进行全过程的规划、配置、管控、维护，从而在设施运行成本、设施使用效率和设施与环境协调等方面，全面满足设施所有人和受益人的综合需要。

在全过程咨询管理中，设施管理的咨询人员应了解业主的需求，在设施管理中充当物业的咨询方，就像施工过程中的监理方一样。所以就应该像明确"三控三管两协调"一样，做运维阶段的空间管理、设备管理、资产管理、环境管理、物业管理、数据管理、风险管控和价值管控，其也可叫作物业的"三控三管两协调"。

5.1.1 空间管理

全部有形的设施资产都存在于某个空间之中，基于空间的设施资产管理，不同于财务角度的资产管理。所有的设施资产都有其特定的位置，这一点属性使得设施资产与金融资产的管理完全不同。在金融资产管理中，物理位置不是考虑因素；而在设施管理中，位置是极为重要的考虑因素。

工作空间环境是设施资产管理的直接对象，设施管理通过为员工创造更好的工作环境而提高员工的生产力，进而为企业发展创造价值。所有的设施管理职能都可以通过空间要素进行整合，进而得到更高的管理绩效。

（1）空间的系统性。表现形式如下所述。

① 一个系统化的问题；
② 不同部门的空间需求有冲突；
③ 牵涉到的人员太多，意见和想法不一致；
④ 能满足所有人的需求；
⑤ 各个业务部门人员变换的不确定因素，导致空间管理及调配的被动性；
⑥ 在不影响舒适的前提下，空间使用最大化；
⑦ 空间总是在变化，缺少很好的预测和规划；
⑧ 部门重整后座位调整，资产转移。

（2）空间管理的基本逻辑。根据物业使用方式分类，把物业分为住宅物业和非住宅物业。在建筑空间上通过基本的逻辑关系，把物业分为FM范畴、公共物业范畴和居家范畴。不同领域的空间管理如图5-1所示。

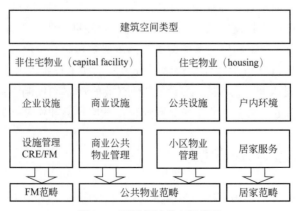

图5-1 不同领域的空间管理

将工作空间、设施资产和服务集成起来进行有效管理，空间是设施管理的载体。企业管理系统和设施系统的逻辑关系如图 5-2 所示。

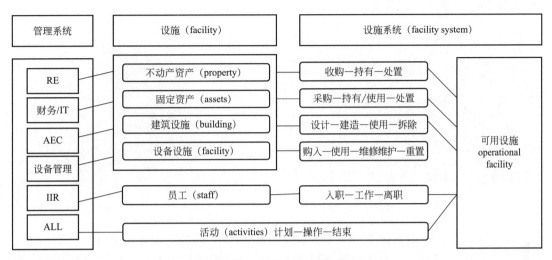

图 5-2　企业管理系统与设施系统的逻辑关系

FM 与 PM 的区别主要在于空间，在有空间管理的环境下，服务面更宽，服务周期会更长，服务内容会更多，如英式管家服务；企业内部在无空间的前提下，出现了企业大管家服务。缺乏空间管理理念的情况下，一般为单项目系统管理理念，如保安、保洁、工程管理等。

（3）空间管理的基本维度。

① 资产。包括不动产资产、租赁资产和固定资产。

② 空间资产。包括库存、分类、标准。

③ 以面积进行计量。

（4）企业空间的精细化管理模式与空间成本管理。办公室的人均服务面积，根据企业规模和性质的不同，可以就办公工位与人员进行最佳配置，随着计算机存储和网络技术的发展，目前很多国际性公司已经没有固定工位的概念，只要有网络，登录自己的企业云账号，随时随地就可以办公。目前国内比较专业的高端写字楼运营商已经在第三代办公空间内引入无固定工位办公空间，由过去每人一个工位的固定办公，改为共享办公。所以在做全过程运维咨询时，也要引入全新的办公理念。

全球人均办公面积呈现不断缩小的趋势，聚焦 10 多年前，平均每位美国员工分配到的办公空间为 250ft^2，2013 年，这一面积已缩减至 190ft^2（1ft^2 = 0.092903m^2）。而在将来的 5 年里，有人预测这一办公空间会进一步缩小到 150ft^2。其他国家也呈现人均办公面积不断减少的趋势。全球企业都面临一个挑战，在人均房地产面积不断缩小的情况下，如何能够通过空间的合理设置提升员工的工作效率和工作体验。如图 5-3 所示为 2013 年各个国家每位员工所占空间。

根据埃森哲企业对员工办公的模式和时间比例划分可以看出（图 5-4），员工在工作时间中，只有 22% 是独自进行且不可中断的工作，而 38% 的工作时间可以中断，更有 36% 的时间是与同事协同工作，甚至是电话视频会议。

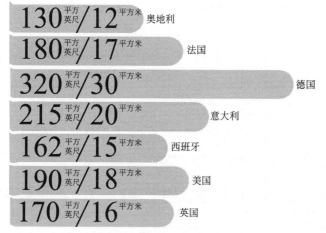

图 5-3　2013 年各个国家每位员工所占空间

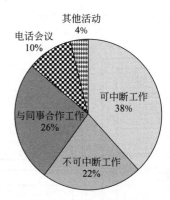

图 5-4　员工工作模式和时间比例划分

在这样的工作时间和模式划分下,埃森哲从 1999 年就开始彻底改革其办公空间。从"分布式""功能高复合"和"归属感营造"三个维度重新设计办公空间的功能划分,如图 5-5 所示。上至公司总裁,下到普通员工,甚至是行政、财务等固定场所办公的人员,均采用移动办公的形式。目前埃森哲整体工位的员工比例已从最初实行移动办公时的 1∶4,进一步扩大为目前的 1∶8。这样的改变,使得埃森哲休斯敦总部的办公面积从 6100m^2 缩减为 2300m^2。

企业	创新做法	创新模式
埃森哲 (上海)	全移动工位设置,并配套设置"Focus room" "Inclosed room"和"meeting room"等多用途房间, 以方便员工私密办公、讨论和培训	■移动办公 ■私密空间 ■复合功能
辉瑞 (北京)	灵活办公区域减少了固定工位,增加了从单人、两人 一直到 16 人的 5 种会议室,办公区域增设 4 人以下办公 室 13 个	■移动办公 ■复合功能
世邦魏理仕 (东京)	■办公空间新增 21 个电话间,20%以上的办公桌无电话 ■办公区域设置 100 个座位的咖啡厅(兼培训)	■私密空间 ■休闲空间 ■复合功能
宝洁 (广州)	■长桌移动工位,cleandesk 管理 ■前台后设置开放区域(兼接待和交流)	■移动办公 ■休闲空间
VIPABC (上海)	设置"太空舱"的环形半包围结构的空间,有可容纳 1 人的写字台和座位	■私密空间
支付宝 (杭州)	增设"focus area"和 9 间"漂浮空间站"的站立式会议室	■私密空间 ■多功能复合
新城集团 (南京)	将原先封闭工位减少到 30%以内,共享工位占到 70%~ 80%,按 3∶1 设置,并增加多个 1~2 人的非正式会议空间	■移动办公 ■复合功能
奇虎 360 (深圳)	办公区内建造"南瓜屋"广场,广场内设置滑梯加吊厢式 洽谈区,办公区按团队布局呈岛岛式,方便团队协作办公	■休闲空间 ■移动办公 ■协作办公空间

图 5-5　利用移动工位办公空间的企业

据此总结未来企业办公空间会呈现三大主要需求的形态:

①需求一:灵动办公。例如埃森哲的办公室改革,或是国际国内其他企业的共享办公工位的设置,根据企业全球化布局和创新业务的发展需求,员工的合作办公和临时团队需求不断增多,见图 5-6。

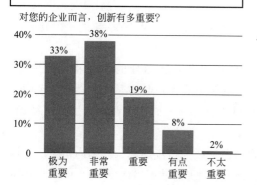

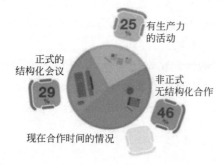

图 5-6　埃森哲研究国际企业办公合作与临时办公统计图

国际企业地产协会的调研显示大多数企业都已经建立起了创新的流程，企业经营策略和创新是密不可分的。在国际企业地产协会调查中显示，在 2/3 的企业中，有 60%～80% 的时间都是用于合作办公的，因为合作办公能够产生丰富而更优深度的结论，契合创造力的工作要求。超过一半的受访者（55%）表示，他们经常会让拥有多元化背景的员工一同参与创新项目的工作。绝大多数企业（85%）都会寻求外部顾问或者专业人士来协助创新，与大部分或者所有项目相比顾问所涉及的通常多为临时的项目（67%），三分之二的企业和外部资源保持着长期合作关系。如图 5-7 所示为灵活办公适配的工作模式。

图 5-7　灵动办公适配工作模式

② 需求二：移动办公。在快速普及和发展的互联网时代下，激发了随时随地办公的需

求,并逐渐形成了企业设置移动办公空间的诉求。2014年思科发布全球互联网使用及IP流量预测显示:

a. 截至2018年,全球网络设备和连接数量从2013年的120亿增长到210亿;

b. 截至2018年,全球固定宽带连接的平均速度将增长2.6倍,从2013年的16 Mbps提高到42 Mbps;

c. 截至2018年,全球IP视频流量在所有流量中的比例将从2013年的66%提高到79%。

互联网蓬勃发展下带来的企业对移动办公的考虑也逐渐成为企业新办公室设计的重中之重。一方面,企业更加明确对共享移动办公工位的设置;另一方面,企业将更加重视视频、网络等多媒体设备在会议空间和办公空间的设置比例。

③ 需求三:服务式办公。这种新型办公需求目前已经成为市场热潮,在国内衍生出遍地开花的众创空间。主要的市场需求仍然是在高企的办公物业成本和逐渐增多的小团队、小企业,驱动市场出现类似酒店式公寓的短租型服务式办公的模式,从而实现空间管理者提供的"工作款待"和多企业的"协同消费"。

新的办公需求,未来仍然会进一步促进办公空间的改革,从而出现更多个性化、人性化和主题化的办公空间。就像谷歌的社区总部给人们留下的深刻印象一样,未来国内也将会出现越来越多的空间节约和成本节约的办公空间。

(5)企业工作空间的全生命周期精细化管理。空间整合管理的价值为将空间管理的概念引入设施管理领域,为设施管理带来了革命性的变化。设施管理的整合特性在空间管理领域表现得淋漓尽致,真正的人员、设施资产和流程融合是借助空间这一重要的介质得以实现的。

5.1.2 租赁管理

物业租赁管理是指按照社会主义市场经济体制的客观要求以及租赁双方签订的租赁契约,依法对物业租赁的主体和客体、租金与契约进行的一系列管理活动。物业租赁管理包括国家相关主管部门依照相关法规对物业租赁活动的行政管理以及物业服务企业对物业管理租赁双方所提供的各种日常管理与服务。

(1)租赁管理的内容。

① 物业租赁主、客体资质管理。物业租赁主、客体资质指的是出租人、承租人、出租房屋应具备法律法规规定的条件。

② 物业租赁营销服务。采取多种形式捕捉潜在租户,促进物业租赁的营销推广。

③ 日常管理与服务。

(2)物业租赁管理程序。物业服务企业实施物业租赁管理一般经过以下几个步骤。

① 捕捉潜在租户。

a. 通过广告捕捉潜在租户。要挖掘和寻找到最好的潜在租户,物业管理者就必须使用广告。广告有多种形式,如做标志牌、在报纸期刊上做宣传,或通过广播电视,或用信函、宣传手册、传单和网址,或通过赞助体育比赛、戏剧、音乐会等形式。关键是用最少的广告成本开支找到最多的潜在租户。由于住宅、工业和商业物业都有着不同的潜在客户群,所以做广告时要考虑到潜在租户的类型。

b. 使用"免费"噱头捕捉潜在租户。物业管理者可采用类似"免费"的噱头来寻找潜在租户，比如物业管理者可以提供一次免费旅行、免费游泳或网球课程、免费使用俱乐部的机会等。为了刺激和吸引更多的潜在租户光顾，广告中还可以声明：前六位签约者可免收第1个月的租金，或在一个特定的时期内有某种优惠，比如从广告刊登的第1～10天为有效期，或在头10天内来光顾物业的客户都有一个小礼品等。

c. 引导参观捕捉潜在租户。物业管理者要通过引导潜在租户参观，使其对待租物业产生兴趣和需求。物业管理者应能够估计潜在租户的爱好，在潜在租户对某地段、某单元感兴趣时，就应该带领参观。千万要注意避免潜在租户在参观现场时失望的情况发生，如发现一些与先前的广告内容截然不同的地方等。因此，物业管理者要注意应从最佳线路带领他们参观，沿途宣传令人愉快的设施和服务。

d. 建立租售中心捕捉潜在租户。对于大型综合住宅和商业物业来说，建立一个组织健全、有专业人员的租售中心是必要的。租售中心要有完整的装修并带有极富吸引力的家具，以使潜在租户看到完成后物业的情况。由于建立租售中心的费用昂贵，因此是否建立取决于租赁的物业数量、希望出租的时间、租赁者期望的租赁额和竞争者的情况等。期望中的租金越高，租售中心的效用就越大，因为使用合适的租售中心会增加潜在租户的询问率，从而提高出租的可能性。但当市场强劲时，一般不需要精心布置这样的租售中心。

② 租户资格审查。

a. 每一个前来咨询或参观物业的潜在租户都要填写一份来客登记表。

b. 潜在租户的身份证明。核对居住或商业物业租赁者的身份证明很重要，尤其是零售性的商业物业，如混合租赁的零售购物中心。因为在商业物业中租户做何种生意是很重要的，它关系到与其他租户能否协调，如有些租户就要求同一个购物中心要限制有竞争性的租户。

c. 租赁经历。为减少风险，应了解潜在租户的过去租赁历史，尽量寻找租赁史稳定可靠的、租赁期较长的租户。

d. 资信状况。物业管理者可通过调查得到所需要的潜在租户的以往信用资料，从租户以往的拖欠记录中了解潜在租户的资信状况。对那些有拖欠赖账史的潜在租户可不予考虑。

③ 合同条款谈判。房屋租赁的一个主要工作就是要签署租赁双方都满意的、公平合理的租约，物业服务企业往往要协助业主完成谈判的全过程。物业管理者在业主和租户的接触过程中，应尽量规避可能出现的冲突。一般的技巧是当谈判快要结束准备签约时，再让双方见面。

a. 讲求谈判妥协。妥协是指业主降低原始条款而给租户的一种优惠，妥协是为了让潜在租户成为真正的租户，达到签约的目的。

租约中几乎所有的条款都有谈判的余地，关键在于双方立场的坚定性和灵活性。任何一点点的妥协都可能引导潜在租户接受并签署租约，成为真正租户。因此，物业管理者在谈判中要考虑的是妥协程度多大时才能打动租户，即妥协的尺度。一般来说，决定妥协程度的因素有三：一是业主的财务和战略目标；二是该地区物业租赁市场竞争的情况；三是租户租赁的紧迫性。

在谈判中不管妥协程度大小，都要让租户感到是业主不情愿的选择，以显业主的诚意。

b. 租金的确定。在租金上作出让步，无疑是最具吸引力的，也是最具负面影响的让步。因此任何时候物业管理者都要分析租价折扣的利弊得失，在保证物业一定租金水平的基础上考虑给予租户短期的租金减免优惠或一定的折扣。

c. 租期的确定。在租户更迭时，业主为寻找新租户要花费广告支出，对新租户的资格审查要花费成本，谈判要花时间和费用，而每次租户搬出搬进都要发生对物业进行清理、重装修和修整等费用，所有这些都要增加业主的租赁成本，减少租赁收益。因此，一般有经济头脑的业主都愿意签一份长一些的租约。当然在长租约中，业主一般应设有逐渐提高租金的条款（如随物价指数而变动等），以避免损失。

Ⅰ. 居住物业的租期。对居住物业，如果租金随时间推移而增长，租期才会超过一年，否则一般不超过一年。当然也有例外，如对新建或新改造的物业，业主为提升物业的声望，就会对那些资信好、经济地位坚实的租户签订两三年的租约，因为这些人的租用会提高物业在租户及邻里间的声望。

Ⅱ. 办公、商用和工业物业的租期。办公、商用物业则不同于居住物业，其租期最短也在5～10年间，而工业厂房租期则要长达10～25年或更长。业主一般在长期租约中要加入租金随时间而增加的条款。由于商用物业往往有专为租户进行改造的费用，因此对商用物业，物业管理者要尽量寻求较长的租期，以期能完全收回改造费用。

在租期结束时，给予续租也是一种优惠，有较高声誉或经营业绩好的工商业租户往往能够得到续期的优惠。其他租户要续期则往往有附加条件，如提高租金等。

④ 关于物业改造的谈判。新租户在入住前，一般总会提出这样或那样的改造或改进物业的要求。改造费用一般通过租金的形式收回。但物业管理者要向租户申明的是，所有超标改造装修费用或由租户自负，或由业主提供并在租金中收回。在市场疲软或租户需要的时候，标准内的定期重装修或设备更新可以在租约中考虑由业主负担。例如，对一家声望显赫的证券公司租用的空间，业主负责每三年重新粉刷一次，每六年更换一次地毯等。

a. 居住物业的改造装修要求。租户对居住物业的要求一般局限在物业的装饰上，如重新粉刷、重换窗帘或更新地毯等。有些新建住宅的业主让租户自己设计挑选装饰，并把这作为优惠条件。旧的住宅是否重新装饰由当时的租赁市场状况和租赁双方的急需程度决定。

b. 工商业物业的改造要求。租户经营的性质决定了租户对改造的要求，如保险公司通常就采用原有的建筑设备设施的标准；而律师事务所则因业务原因，需要单人的办公间和豪华的装饰，这往往会超过原有设备设施的标准；医疗机构对设备设施的要求则可能更高。

物业管理者在对工商业物业改造的条款做出妥协时，不仅要考虑改造对物业的影响，还要考虑由此而增加的业主负担。一般谈判的结果是用其他条款来交换，以避免给业主带来损失。物业管理者要给租户一个可以改造的上限，允许租户在此范围内确定标准。超出标准的费用应由租户负担。

⑤ 扩租权的谈判。扩租权就是指允许租户在租用一段时间后根据需要增加租用邻近的物业。对居住物业而言，扩租并不常见。但对工商业物业租户，尤其是对正处在成长阶段的工商业租户，这一优惠条件是很有吸引力的。

⑥ 限制竞争租户条款的谈判。限制竞争租户条款就是指租户在物业中享有排他的、从事某一行业的经营垄断权。该附加限制条款常常出现在商业物业尤其是零售物业的租约中，有时也在服务业的物业租赁中出现，如理发店等。在谈判中要注意如果这一限制条款不影响业主的利益，或租户愿意为此交付额外的补偿，就可以考虑采纳。

⑦ 签订租约。按照双方达成的各项条款填写合同，出具出租方及承租方的有效文件并签名盖章。

⑧ 核查物业。在租赁伊始，物业管理者应陪同租赁人核查物业，检查所租物业是否符

合租赁条款中的条件，如果租赁双方都同时认可物业的状况，就应请租赁人办理接受物业的签字手续。同时，物业管理者和租赁人都要填写"物业迁入–迁出检查表"，租户离开时也要使用该表。双方必须填写，以免发生争议。

⑨ 与租户建立良好关系。双方签署了租赁合同，租赁关系即告成立。租户搬进，物业管理者就要与租户建立良好的关系，以求租户愿意续签合同。

与租户建立联系的途径有很多，如可以通过电话或私人拜访等途径与租户保持联系，设法抓住一切机会并创造机会与租户面谈，广泛征求他们对舒适、服务、维修及管理等方面的意见。同时要重视维修服务，确保租户了解维修程序（如向谁和怎样提出维修服务要求等）以及由谁——业主还是租户承担责任等。为此，物业服务企业必须建立一个快速有效的服务系统，使租户要求能够准确地反馈给相应的部门。

⑩ 收缴租金。一般来说，提前收取租金是通行的做法。物业管理者在签订租约之初，就要向租户解释交费要求和罚款制度，要求其熟悉交费管理程序和有关规定，保证租金收缴率。

⑪ 续签租约。物业管理者应尽量促成业主和租户续签租约，以节约装修成本，业主也节省了寻找新租户的费用。续约时要考虑新契约的条款内容是否需要改变。一般考虑新契约条款是否改变的因素是：一是以前未考虑的因素，如租户以往是否准时缴纳租金等；二是市场的情况。通常改变租赁条款的内容主要集中在租赁期限、维修、更换、再装修的程度和租金水平上。

⑫ 租赁终（中）止。

a. 租赁终（中）止的种类。

Ⅰ. 合同到期的租赁终止。一般租赁终止有两种情况：一种是租户提出的租赁终止；另一种是物业服务企业拒绝续签。

Ⅱ. 强制性的中止租赁。当租户违反法规、不付租金、参与犯罪或违反租约协议条款的其他方面时，物业服务企业在发出最后通牒后，有权通过法律途径强制性将其驱逐出去。

b. 租赁终（中）止的程序。

Ⅰ. 搬迁前的会面。物业管理者在租户搬迁前，要与租户进行一次私人会面，填写搬迁前会面表等。

Ⅱ. 物业检查。结束租赁，物业管理者必须在租户搬出之后与其一起检查物业。检查物业哪些地方受损和房间及其设施现状，登记物业检查表，计算出维修与清洁方面应扣除的押金。

Ⅲ. 归还押金。当归还给租户押金时，物业管理者要说明押金扣除了哪些方面及其数额。如果物业管理者未按租赁协议动用了部分押金，必须向租户逐条说明其使用情况。如果租户不能接受，物业服务企业必须承担相应的责任。

c. 物业租赁管理注意事项。

Ⅰ. 物业租赁用途不得任意改变。物业租赁双方在租赁合同中，明确了物业用途，这就要求出租人在交付租赁房屋时，应提供有关物业使用中的特殊要求，并明确通知承租人，保证承租人按照租赁物业的性能、用途，正确合理地使用出租房屋，并对其正常磨损不承担责任；承租人在承租房屋上添加新用途时，应征得出租人的同意，相应的开支由双方约定。只要承租人按合同约定的用途合理使用租赁房屋，租赁期满返还房屋时的合理磨损，出租人不得要求赔偿。物业是经营还是自住，承租人不能随意改动，更不得利用承租房屋从事违法犯罪活动。

Ⅱ.违法建筑不得出租。在城市规划区内,未取得城市规划行政主管部门核发的建设工程规划许可证或者违反建设工程规划许可证的规定新建、改建和扩建建筑物、构筑物或其他设施的,都属违法建筑。违法建筑本体的非法性,使其根本不具备租赁客体合法、安全等条件,属于禁止出租的范围。根据《商品房屋租赁管理办法》,属于违法建筑的房屋不得出租。因此,下列建筑不得出租:

- 房屋加层、屋面升高的建筑物。
- 庭院住宅和公寓庭院内的建筑物、构筑物。
- 小区、街坊、新村等地区建造的依附于房屋外墙的建筑物、构筑物。
- 小区空地、绿地、道路旁的搭建物。
- 逾期未拆除的,未占用道路的施工临时建筑物、构筑物。

d.物业租赁与物业抵押的关系。物业租赁与物业抵押的关系有两种情形:其一是物业先租赁,后抵押;其二是物业先抵押,后租赁。本质上,抵押权与租赁关系两者之间并无冲突。上述两种情形都是允许的,但两者在法律后果上不一样。

物业先租赁,后抵押。根据《中华人民共和国民法典》和《城市房地产抵押管理办法》的规定,已出租的房地产抵押的,抵押人应当将租赁情况告知抵押权人,并将抵押情况告知承租人,原租赁合同继续有效。这时,抵押人不需征得承租人的同意,只要履行告知手续,便可将已租赁出去的物业再抵押给抵押权人。而且,抵押权实现后,租赁合同在有效期间内对抵押物的受让人继续有效。

物业先抵押,后租赁。根据《城市房地产抵押管理办法》规定:经抵押权人同意,抵押房地产可以转让或者出租。也就是说,只有经过抵押权人同意之后,抵押物的出租才是合法的。因为租赁合同的解除对承租人造成的损失,应该区别不同情形分别处理:抵押人将已抵押的财产出租时,如果抵押人未书面告知承租人该财产已抵押的,抵押人对出租抵押物造成承租人的损失承担赔偿责任;如果抵押人已书面告知承租人该财产已抵押的,抵押权实现造成承租人的损失,由承租人自己承担。

5.1.3 维保管理

物业管理中有三大用人部门——工程部门、保安部门和保洁部门。维保主要责任人在工程部门。维保管理是指加强对各物业设备设施维修保养项目的有效控制,确保设备设施高效、经济、安全运行。运维阶段全过程咨询方应就物业管理维保部门的组建、管理职责、管理流程、委外管理、过程监督和考核管理进行咨询。

(1)团队组建。按照各管理方工程类别、工程用途进行安排,一般人员配置与建筑面积标准见表5-1。

表5-1 物业管理维保的人员配置(一般指物业管理人员) 单位:人/万平方米

序号	工作阶段	非住宅项目		住宅项目	备注
		公共设施项目	商业运行项目	人居项目	
1	工程实施阶段	0.5	0.7	0.4	
2	承接查验阶段	1.0	1.4	1.2	
3	物业管理阶段	0.8	1.0	0.8	

按照以上配置，超过 10 万平方米应按以下系数折减配置人数。

① 10 万～20 万平方米项目，折减系数按照 0.9 计算。

② 20 万～40 万平方米项目，折减系数按照 0.8 计算。

③ 40 万平方米以上项目，折减系数按照 0.7 计算。

（2）管理职责。

① 负责组织开展对维保商的年度评审及维保商的续约或招标工作；

② 负责编制、签订维保合同，审批中心提交的年度维保计划；

③ 监督检查外委维保业务合同履行情况及服务质量；

④ 负责组织维保商专题维保工作会议，落实维保责任和工作要求；

⑤ 负责审核维保费用的支付；

⑥ 负责审定维保商提交的年度总结与维保计划，并上报工程管理部审定；

⑦ 负责监督与检查维保商按维保合同履约及对维保质量进行评审；

⑧ 负责每月与维保商召开履约情况沟通会，对维保工作进行沟通、评核和安排；

⑨ 配合工程管理部完成维保商年度评审或待选维保商的评审工作；

⑩ 负责按审批流程向工程管理部提交维保费用支付资料。

（3）设备设施外委管理。

① 公司在技术或技能方面不具备资质对设备设施进行维保的，或者国家规范要求必须外委维保的，或者从经济效益方面权衡外委维保更为合算的，委托专业维保商（分承包方）对该部分设备设施进行维修保养，如高压供配电、消防、电梯、空调、水处理等。

② 分承包方必须具备国家认可的相关资质、营业执照、技术等级等，并符合公司"工程分承包方资料库管理办法"的相关规定，才能成为外委分承包方。

（4）维保商监管。由物业管理公司根据项目维保委外条件，负责进行委外维保方的监督和管理。

（5）维保相关管理文件，如表 5-2 所示。

表 5-2 维保相关管理文件

序号	文件编号	文件名称	所属子模块	版号及修订状态
1		工程分承包方资料库管理办法		
2		YZ-AG-9.3.6 危险作业管理工作指引		
3		供电系统管理质量标准指引		
4		电梯系统管理质量标准指引		
5		中央空调系统管理质量标准指引		
6		给排水系统管理质量标准指引		
7		擦窗机系统管理质量标准指引		

5.1.4 家具和设备

家具和设备是实时管理的显性商品，在经营性场所中需要根据项目需求及客户要求进行配置。2009 年 7 月 9 日，国务院机关事务管理局印发《中央国家机关办公设备和办公家具配置标准（试行）》，机关办公及办公室配置标准如表 5-3、表 5-4 所示。

表 5-3 中央国家机关办公设备配置价格标准

项目	单价上限 / 元
台式计算机	6000
便携式计算机	11000
打印机（岗位）	1600
打印机（公用）	3000
电话机	200
传真机	2100
碎纸机	800
复印机	16500
扫描仪	1600
投影仪	10000

表 5-4 中央国家机关办公家具配置价格标准

项目	岗位	单价上限 / 元
办公桌	司局级	2000
	处级及处级以下	1500
办公椅	司局级	800
	处级及处级以下	500
桌前椅	—	500
会议桌	—	1000（每平方米）
会议椅	—	450
折叠椅	—	120
文件柜	—	1000
书柜	—	1000
单人沙发	—	1000
三人沙发	—	2500
大茶几	—	750
小茶几	—	500

5.1.5 工作场所管理

如今，工作场所需要变得更加全球化、更加智能、更加协调、更加可持续，从而适应千变万化的竞争要求，提升工作场所对新一代工作者的吸引力，减少场所环境对他们工作带来的影响。

为了适应新的工作方式，对于工作场所的理解也应该突破传统物理隔断的概念，应该要包含家庭工作和第三方场所工作的理念。通过技术的支撑，雇员要能够适应任何时间在任何场所的工作，并且其生产力和绩效表现都不会被体验环境所破坏。

大多数的工作场所，并不被设计成为有效进行核心机构商业变革的动力场所。很多组织也在努力制定适当的工作场所战略，以反映其品牌、强化其组织文化。

要想为新的工作方式制定有弹性的工作场所，机构和业务经理们必须：
（1）进行更高效、分裂性更小的工作场所重组；
（2）打造在精神上和身体上都能提供类似体验的无缝组织；
（3）营造一个能够取悦多样化劳动力的工作场所；
（4）制定工作场所解决方案和服务，保证员工的生产力和福祉。

5.1.6 物业服务

（1）人员管理。物业服务说到底实际上是对人的管理，即有管理者内部人与人的管理，也有管理者与业主之间的管理。在空间和设施提供完善适用的前提之下，怎样才能满足使用者的感知，这非常重要。

卓越服务永远不比其背后的人重要。因此，服务人员的感受、反应和行为如何，对于设施和服务管理以及外包关系的成功至关重要。

意料之中的是，不同的研究已表明，员工敬业度是诸如生产力、效率、客户关注度、服务品质和盈利能力等企业绩效的重要预测指标。换句话说，敬业度影响着服务行为，而服务行为是卓越客户体验的先决条件。

提升员工敬业度的方式之一就是不断理解和强化共同工作目标与个体工作目标。有目标的工作让人们被比日常工作和利润更宏大的东西驱动。这种驱动力是宏图大志、是企业愿景、是为了他人改变自己。

因此，当客户决定外包服务时，重要的是让涉及服务交付系统的所有员工都能理解并说清楚他们如何从集体角度和个体角度帮助客户实现目标。这可以通过专门的服务员工培训来实现。

让外包服务员工知道如何最佳地展示客户品牌和业务价值，了解客户的需要、要求和行事方式，是客户组织和设施供应商双方的责任。

（2）服务管理。服务管理是当今所有组织的关键竞争参数。

服务管理帮助组织发展服务交付系统，聚焦高品质、个性化的用户体验，打造让员工参与其中的服务文化，建立起对卓越服务的持续关注。

服务供应商要想获得竞争优势，就需要优化服务交付系统的设计，而该系统是基于用户视角对如何创造价值的深刻理解。

为了实现这一目标，设施服务经理必须营造一种服务文化，让员工参与进来，通过服务战略设定超出终端用户不断增长的预期的服务品质。

这要求企业制定一种平衡的方法，首先识别、定义一种优良的终端用户体验，以驱动员工敬业度的提升及共同的使命感，为高效的服务文化设定标准。

技术将成为更优质服务体验的巨大赋能者。技术将帮助设施服务经理衡量终端用户的行为、需求和满意度。有效利用技术让服务供应商能够采用一个框架来定制服务，以便将资源配置到事关终端用户和优化绩效的方方面面。

（3）未来几年，以下趋势将影响服务管理。诸如物联网、云计算、人工智能和机器人学等正在出现的技术将改变服务的管理方式、终端用户与服务互动的方式以及服务员工与经理和终端用户互动的方式。

① 更大的多样性正指向新的用户细分，各个细分均有其自身的服务要求和期望。这些挑战创造了机遇，让企业发展新的基于文化的服务理念，通过跨文化学习提高服务绩效。

② 随着不断增强的个性化和民主化，用户将日渐有能力参与到服务供应中。服务供应商必须确定用户参与的程度，最好地适应其终端用户的需求。

5.1.7 环境与风险管理

环境与风险管理是环境风险评价的重要组成部分，也是环境风险评价的最终目的。包括环境风险的减缓措施和应急预案两方面的内容。环境风险管理主要是决策过程，也就是要权衡某项人类活动的收益及其带来的风险。

（1）基本内容。

① 风险防范与减缓措施。风险评价的重点在于风险减缓措施。应在风险识别、后果分析与风险评价的基础上，为使事故对环境影响和人群伤害降低到可接受水平，提出相应采取的减轻事故后果、降低事故频率和影响的措施。其应从两个方面考虑：一是开发建设活动特点、强度与过程；二是所处环境的特点与敏感性。

② 应急预案。应急预案应确定不同的事故应急响应级别，根据不同级别制定应急预案。应急预案主要是为了消除污染环境和人员伤害的事故，并应根据要清理的危险物质特性，有针对性地提出消除环境污染的应急处理方案。

（2）基本体系。

① 防范及措施。首先要重视预防，环境风险的事前防范比事后的补救更加经济有效。具体措施有以下方面：

a. 选址、总图布置和建筑安全防范措施：厂址及周围居民区、环境保护目标设置卫生防护距离。厂区周围工矿企业、车站、码头、交通干道等设置安全防护距离和防火间距。厂区总平面布置符合防范事故要求，有应急救援设施及救援通道、应急疏散及避难所。

b. 危险化学品贮运安全防范措施：对贮存危险化学品数量构成危险源的贮存地点、设施和贮存量提出要求，与环境保护目标和生态敏感目标的距离符合国家有关规定。

c. 工艺技术设计安全防范措施：自动检测、报警、紧急切断及紧急停车系统；防火、防爆、防中毒等事故处理系统；应急救援设施及救援通道；应急疏散通道及避难所。

d. 自动控制设计安全防范措施：有可燃气体、有毒气体检测报警系统和在线分析系统设计方案。

e. 电气、电讯安全防范措施：爆炸危险区域、腐蚀区域划分及防爆、防腐方案。

f. 消防及火灾报警系统：消防设备的配备、消防事故水池的设置，以及发生火灾时厂区废水、消防水外排的切断装置等。

g. 紧急救援站或有毒气体防护站设计。

② 风险应急。风险应急管理最根本的目的是保障环境风险事故发生之后的危害能得以及时、有效的控制，从而保护环境风险受体的安全。风险应急工作的重点是应急决策及应急

预案的建设，构建起及时、有效的环境风险事故的应急响应体系。加强环境风险应急管理工作是为了预防和减少损害、降低污染事件的危害、保障人民群众的生命和财产安全。应急预案的制定主要可以分为应急组织管理指挥系统，整体协调系统，综合救援应急队伍，救助保障系统与救助物资保障的供应系统五个部分。而建立的应急决策系统主要分为两方面：一是事故发生时对环境风险源的应急处理技术；二是环境风险源的规避、控制与管理技术。

③ 风险处置。风险处置包括对环境风险事故造成的环境污染后果进行合理的环境整治与恢复措施，对受难人员的帮助、对事故责任人的处理以及对事故进行分析总结等。风险处置是环境风险管理全过程管理的最后一个步骤，它以清除事故带来的环境隐患、减缓其对环境的危害、消除环境风险事故造成的社会心理病痛、开展环境修复工作为目的。但目前，环境风险管理者普遍注重的是应急处置工作，而对环境修复的重视程度还不够，这将会加大风险事故的后续影响，对公众健康和生态环境造成进一步破坏。

5.1.8 其他系统与运维系统的数据交换管理

（1）集成平台与机电子系统的通信接口。

① 智能化管理系统集成平台与机电系统物理界面接口应满足表5-5中的要求。

表5-5 机电系统物理接口标准

功能集	子系统	接口标准
安防管理	视频监控	基于TCP/IP的网络接口、RS485串口
	防盗报警	基于TCP/IP或者UDP/IP的网络接口
	门禁管理	基于TCP/IP或者UDP/IP的网络接口
设备管理	暖通空调	基于TCP/IP的网络接口
	给水排水	基于TCP/IP的网络接口
	变配电	基于TCP/IP的网络接口
	公共照明	基于KNX/EIB总线接口
	夜景照明	基于KNX/EIB总线接口
	电梯运行	基于TCP/IP的网络接口或者RS232、RS485的串口
运营管理	客流统计	基于TCP/IP的网络接口
	停车管理	基于TCP/IP的网络接口
节能管理	能耗计量	基于TCP/IP的网络接口

② 智能化管理系统集成平台与机电系统通信协议应满足表5-6中的要求。

表5-6 机电系统通信协议标准

功能集	子系统	协议标准
安防管理	视频监控	Onvif、28181、SDK、RS485协议
	防盗报警	OPC、SDK
	门禁管理	OPC、SDK

续表

功能集	子系统	协议标准
设备管理	暖通空调	OPC、BACnet
	给水排水	OPC、BACnet
	变配电	OPC、BACnet、ModBus
	公共照明	OPC、KNX/EIB
	夜景照明	OPC、KNX/EIB
	电梯运行	OPC、ModBus
运营管理	客流统计	OPC、SDK、ODBC
	停车管理	OPC、SDK、ODBC
节能管理	能耗计量	OPC、SDK、ODBC

③ 各机电系统应向集成平台提供基于信息点的数据交互方式，使得集成平台能够实时获取各机电系统的关键数据。

以嵌套方式集成的机电系统也应与平台进行数据交互，以在平台主页显示重要参数信息，但不要求在平台中进行地图绑点工作。机电系统嵌套方式为 Web 页面嵌套或远程桌面嵌套，即在系统指定位置嵌入显示由机电系统提供的 Web 页面或子系统本身的 Windows 桌面内容，对嵌入页面进行的所有操作也均由机电系统直接执行。被嵌套机电系统页面在平台上的显示内容完全依赖于各嵌套子系统，其显示内容应嵌入主页面，不得脱离平台指定显示区域另起窗口进行显示，且平台显示被嵌套内容时应进行自动认证以提高用户友好性。

（2）远程访问服务的接口方式。为了方便对各个城市综合体进行区域级的集成化管理，"智能化管理系统"集成控制系统应预留远程访问接口。远程访问通过专网实现，采用 B/S 模式。在有权限的情况下，用户可以通过 Web 浏览器，远程进入集成化管理系统平台。

5.2 设施管理的特点

作为一个新兴行业，设施管理有其自身的特点。归纳起来，主要有六点，即：专业化、精细化、集约化、智能化、信息化、定制化。

（1）专业化。设施管理提供策略性规划、财务与预算管理、不动产管理、空间规划及管理、设施设备的维护和修护、能源管理等多方面内容，需要专业的知识和管理及大量专业人才参与。另外，化工、制药、电子技术等不同的行业和领域，对水、电、气、热等基础设施以及公共服务设施的要求不同，所涉及的设施设备也不同，需要进行专业化服务。

（2）精细化。设施管理以信息化技术为依托，以业务规范化为基础，以精细化流程控制为手段，运用科学的方法对客户的业务流程进行研究分析，寻找控制重点并进行有效的优化、重组和控制，实现质量、成本、进度、服务总体最优的精细化管理目标。

（3）集约化。设施管理致力于资源能源的集约利用，通过流程优化、空间规划、能源管理等服务对客户的资源能源实现集约化的经营和管理，以降低客户的运营成本、提高收益，最终实现提高客户运营能力的目标。

（4）智能化。设施管理充分利用现代 4C 技术，通过高效的传输网络，实现智能化服务与管理。设施管理智能化的具体体现是智能家居、智能办公、智能安防系统、智能能源管理系统、智能物业管理维护系统、智能信息服务系统等。

（5）信息化。设施管理以信息化为基础和平台，坚持与高新技术应用同步发展，大量采用信息化技术与手段，实现业务操作信息化。在降低成本提升效率的同时，信息化保证了管理与技术数据分析处理的准确，有利于科学决策。

（6）定制化。每个公司都是不同的，专业的设施管理提供商根据客户的业务流程、工作模式、经营目标，以及存在的问题和需求，为客户量身定做设施管理方案，合理组织空间流程，提高物业价值，最终实现客户的经营目标。

5.3　设施管理与物业管理的区别

（1）现场管理 VS 经营战略。

物业管理是通过对客户生产经营现场的管理，以达到维持设施设备的正常运行，具体体现就是对现场的整顿、整理、清扫、清洁、维护和安全等。设施管理是从客户的需求出发，对企业所有非核心业务进行总体性策划，以达到降低运营成本、提高收益的目的，最终实现提升客户运营能力的目标，具有很强的战略性。

（2）日常维护 VS 专业化管理、精细化管理。

物业管理的主要工作内容为保安、保洁以及水、电、气、暖等设备的日常维护。设施管理从物业的成本分析、空间规划、标准制定、能源审核、风险许诺和发展策略方面为投资者提供专业化、精细化的服务，与建筑、不动产、经营、财务、心理、环境、信息等多个领域密切相关。另外，设施管理基于信息化技术，运用科学的方法对客户的业务流程进行研究分析，寻找控制重点并进行有效的优化、重组和控制，实现质量、成本、进度、服务总体最优的精细化管理目标。

（3）"保值" VS "增值"。

物业管理的工作目标是安全、卫生以及设施设备的正常运行，具有"保值"的特点。设施管理应用各种高新技术，向客户提供各种高效增值服务，以改善客户运营能力，提高收益。它从战略层次的高度和动态发展全局整合的理念出发，在保证物业"保值"的基础上，还要实现物业的"增值"。

（4）关注现状 VS 关注整个生命周期。

物业管理关注的是已建成的物业和已装备的设施设备，它是对物业"现状"所进行的管理和维护。设施管理关注物业的整个生命周期，提供策略性长期规划，贯穿到物业或设施的可行性研究、设计、建造、维修及运营管理的全过程之中。

（5）人员现场管理 VS 信息化管理。

物业管理的活动，如保安、保洁、设施设备的维护，以及能源控制、费用收取等，都是通过工作人员的现场作业完成的，属于劳动密集型产业，技术含量比较低。设施管理大量采用信息系统，通过信息化手段，在降低成本、提高效率的同时，保证了管理与技术数据分析处理的准确，属于知识密集型产业。

5.4 国内设施管理的现状及其存在的问题

目前国内对于设施管理的认识还非常有限，依然处在探索阶段，其发展还处在以住宅小区为对象的物业管理这样一个初级阶段，对于大型公用和商业设施的管理，还停留在维护管理这个层面，与专业化的设施管理相距甚远。国内设施管理在实践过程中主要存在以下问题。

（1）缺乏战略性的全局观念。不关注设施的全生命周期费用，在设计和建设阶段往往不考虑今后运营时的节约和便利，而过多地考虑了如何节省一次性投资、如何节省眼前的时间和精力。设备供货商往往较少考虑系统集成的协调和匹配。建筑物在建成交工以后，把物业管理仅仅看成是传统的房管所的功能，即首先是计划经济体制下的"管"，服务是第二位的，颠倒了与业主的关系。

（2）服务对象不明，不注重以人为本。认为只要设备无故障、能运转便是设施管理的全部工作内容。设施管理的服务对象是人，应以为用户提供各种高效率的服务、改善用户的业务、工作流程合理化和简捷化为目标，为用户营造一个健康、舒适、高效的工作和生活环境。

（3）管理水平低下，技术含量不高。国内的设施管理水平低下、技术含量不高。凭经验、凭设备等手工作坊式的运作还是目前国内设施管理的主流。

（4）人才严重匮乏。设施管理是一项量大、面广、涉及关系较复杂的系统工程。随着城市化进程的加快，各种大型物业设施的大量出现，市场对从事设施管理工作的人员素质要求越来越高。目前，符合现代设施管理发展需要的高层次、高素质的专业人才、管理人才、掌握多种技能的复合型人才都十分缺乏。

（5）理论探索滞后，基础研究虚浮。在发达国家，设施管理早已经成为一个新兴的专门行业，有大量的研究者致力于设施管理的理论与实践研究。而我国对于设施管理理论的探索、研究却相当滞后，基本上还是一片空白，至于其基础研究，还只是限于物业管理领域的一些基础理论。

5.5 中国设施管理的未来发展

随着中国房地产业的持续蓬勃发展、全国各类场馆的迅速增加，丰富的物业类别与多元开发运营模式无疑是设施管理理论实践的最佳市场，就像住宅区物业管理是随着住房制度的改革发展起来的一样。政府办公楼、学校、医院、影剧院、博物馆、体育馆等公共设施的管理模式改革也会随着相关领域的改革而获得发展。此外，随着越来越多的大型企业意识到物业资产在公司发展战略中的重要地位，现代化智能大厦和高新技术产业用房落成数量的不断增加，对于工作和生产空间质量要求的不断提高，都会形成对高质量专业化设施管理服务的潜在需求，而目前我国设施管理的相对滞后更是造成了庞大的市场需求。因此中国的设施管理市场需求巨大，发展潜力无限。

随着中国日益融入世界经济体系以及包括设施管理服务在内的专业服务的国际化发展趋势，先进国家和地区的设施管理服务理念、模式和技术必将在中国找到其施展才能的舞台。希望越来越多的有识之士加入设施管理领域的研究，也希望中国设施管理行业能够迅速起步、发展，为整个设施管理行业的发展和全社会的可持续发展做出贡献。

第6章 资产管理

6.1 资产管理介绍

6.1.1 资产管理内容

我国鼓励物业服务企业开展多种经营,积极开展以物业保值增值为核心的资产管理。从传统的物业管理服务向现代化服务业转型升级,是物业管理行业发展的方向。物业经营管理的未来发展是行业能否可持续发展的关键,决定物业管理行业向现代服务业转型升级的进程和效果。

物业资产运营商又称物业资产管理模式,是伴随着物业从消费功能向投资功能扩展、从使用价值向交换价值提升而衍生的高级商业模式。其特征是,业主不仅将物业硬件的日常维修、养护和管理工作委托给物业服务企业,而且将资产属性不动产的日常投资、经营和管理工作(如租赁管理、物业招商、营销策划、销售代理和不动产融资等)委托给物业服务企业。其实质是,物业服务企业利用客户资源和专业技能,同时为业主提供传统物业管理和不动产投资理财两项服务,从而获取物业服务费和资产管理佣金的双重收益。这就是建立在物业管理平台上的物业经营管理。

6.1.2 资产管理的主要类型

目前,我国物业服务企业开展的资产管理大致有以下三种形式。

(1)专业服务。专业服务是指物业服务企业凭借自身的专业知识、技术能力和管理经验,以房地产开发建设单位、其他单位以及业主等受众群体为对象,有偿提供专业意见、咨询服务和操作方案等综合性的服务行为。物业服务企业既可以提出方案，全程参与方案的实施，也可以仅提供专业意见或方案，由服务需求方自行组织实施。

（2）多种经营。多种经营是指物业服务企业针对业主、物业使用人等客户日常衣、食、住、行、游、娱、购等生活与工作多方面、深层次需求进行的服务。多种经营包括：物业服务衍生服务、代办服务和咨询服务等。

（3）资产经营。资产经营是物业服务企业充分利用自身的综合优势与综合能力，对业主共有或专有的资产实施经营管理，并获取相应利益的综合性活动。资产经营的对象主要是不动产。其产权归属主体既有房地产开发建设单位，也有业主或其他单位。资产管理主要是受委托经营管理，经营的方式既有自营，也有合作经营。

6.1.3 国内外资产管理经验借鉴

（1）香港地区的资产管理。

① 公营房屋的资产管理。针对公营房屋物业，香港实行的是物业管理私营化，如将房屋的物业管理与租务管理相分离。

② 私营房屋的资产管理。香港的私营房屋主要由一些大型企业管理为主，这些机构不仅可为业主、租客及投资者提供综合的物业服务，同时亦考虑跨国企业、大型金融机构、政府及公营机构及世界各地发展商的需要，提供在商业、财务、物业、经济及政策上的解决方案，专业顾问服务可涵盖物业投资组合管理、建筑顾问、估价各个方面，并协助提升物业资产价值。

③ 设施物业的资产管理。现在很多大机构包括政府部门越来越多将它们的物业设施交由设施管理公司代管，以达到理想的成本控制及运营效益。

（2）台湾地区的资产管理现状。

① 台湾资产管理的界定。台湾物业管理以实现整合业界软硬件标准化系统、提升服务质量为目标，将物业管理服务业产业范畴依其服务项目分为三类：

第一类是建筑物与环境的使用管理与维护；

第二类为生活与商业支持服务；

第三类则是资产管理，包括提供不动产经营顾问、开发租赁及投资管理等服务。

② 台湾资产管理的内容。

a. 不动产经营顾问服务，如提供不动产鉴定、估价等；

b. 不动产开发租赁服务，如提供不动产的市场研究、开发、租赁、代理等；

c. 不动产经纪服务，如提供不动产的代销、中介等；

d. 不动产投资服务，如提供不动产的投资管理、收益等服务；

e. 其他服务，如提供不动产证券化、经纪等服务。

大陆的资产管理的外延包含台湾的物业管理、生活与商业支持服务以及部分资产管理的内容。

（3）美国的资产管理。

① 物业管理衍生性服务。除常规性物业管理服务外，团队同时努力为居民创造一种既舒适又有人情味的居住环境。如在住宅区内，购进一流的管理设施，开设超市、图书馆、餐厅、理发室等。

② 物业经营。团队依托于常规物业管理，参与物业的经营，从事物业租售代理、估价、

咨询等。

美国物业管理行业所从事的资产管理是通过资本运作，使其成为一种新的资本，增强资产的流通性，成为新的利润增长点。如抵押贷款证券化；房地产投资信托基金。

6.1.4　资产管理未来发展的广度与深度

谢家瑾的"纵向延伸至房地产业的整个链条、横向涵盖消费者个性化需求"的观点，就是在物业管理平台上开展资产管理。包括：

（1）深度纵向突破。

① 上游环节。向上游环节拓展资产管理是指物业服务企业利用物业管理的优势，为开发商规划、设计、施工、销售和管理物业项目提供专业服务和资产经营。这类业务专业服务技术含量高，对物业服务企业要求高，盈利水平也高且市场巨大，是物业服务企业向物业管理的上游环节拓展资产管理的重点。

② 下游环节。向下游环节拓展资产管理是指物业服务企业以业主及其他单位传统物业管理相关需求为基础，提供多种经营——如代办服务；资产经营——如建立租售中心；专业服务——如设计装潢。

（2）广度横向突破。横向突破的形式包括战略合作和商业合作。战略合作主要是以企业扩展、市场占有率等为主题的合作模式。商业合作主要是以利润、满足业主需求等为主题的合作模式。开展横向的战略合作与商业合作，不仅可以丰富物业管理内容，实现物业服务企业、合作伙伴与客户三者的共赢，增加企业经营利润；而且可以通过与合作伙伴进行优势互补，提升物业服务水平与档次。

6.1.5　资产管理发展对物业管理行业的影响

行业核心产品是指特定行业为客户提供具有独特价值的、竞争对手在短时间内无法模仿的各种知识、技能、技术、管理等要素的有机结合。

核心产品代表行业的核心竞争力，一个行业的核心产品并非一成不变；随着行业发展内、外环境的变化，行业的核心产品也需适时做出调整和变更。我国物业管理行业发展的早期，行业的核心产品定位于秩序维护、清洁绿化、物业维护等传统服务项目。随着行业发展，行业核心产品不再限于传统物业服务内容，资产管理也逐渐被纳入行业核心产品范畴。传统物业管理与资产管理相结合而构成的核心产品是物业管理行业的核心竞争力所在。

传统物业管理、多种经营、专业服务与资产经营之间既相对区别，又相互配合，共同促进物业管理行业宗旨的践行和实现。这种经营管理提升了物业管理整体技术含量，增加了行业利润点，提高了行业创富能力，能实现行业发展由粗放型、劳动密集型向集约型、技术知识密集型的转变，促进行业转型升级。

6.2　资产管理的工作内容

6.2.1　资产的保值和增值

与以满足使用价值为主的普通居住物业不同，物业资产运营商模式主要面向具有较高利润回报的办公、商业、休闲娱乐等收益型物业，与以委托物业共有部分为主的基础服务模式不同，物业资产运营通常包含物业专有部分以及建筑物的整体委托。有效实现资产的保值增值，可以保障所有者权益、增加经营者效益、提高使用者舒适度等，实现多方共赢。

6.2.2 运营安全分析和策划

物业服务企业要有较强的风险管控能力。与物业服务集成商模式旱涝保收的低收益不同，物业资产运营商模式较高的商业利润必然伴随着较高的商业风险，企业的资本运作能力和风险管控能力，不仅是业主进行商业决策时必须考察的信用基础，而且是物业服务企业成功运营物业资产的安全保证。

6.2.3 项目的运营资产清查和评估

物业资产管理模式要求物业服务企业不仅具备建筑物及其附属设施的维修、养护技能，而且应当具备市场研究、投资策划、资产评估、财务分析等物业经营管理的综合性的专业能力。

在资产评估过程中，应该发现项目在资产管理、经营过程等方面存在的问题和不足；充分揭示项目的有形资产和无形资产的真实价值。对项目运营资产做到心中有数，进而变被动管理为主动管理，使之规范化，并能够为经营者提供管理信息、决策依据。

6.2.4 项目的招商策划和租赁管理

目前我国物业经营管理运行中资产管理的运作形式大致有三种。

（1）自营。自营是指物业服务企业自行组织开展资产管理活动，并对服务的过程和结果承担全部责任。如物业服务企业扩大经营范围，以管理部为服务单位或建立专门部门为业主代租、代售物业。

（2）提供交易平台。提供交易平台是指物业服务企业只提供交易平台并负责管理，提供技术支持等，不参与交换的服务形态。如：通过电子商务平台，整合供应商资源直接向业主提供日常生活所需产品与服务；物业服务企业搭建经营场地，组织小区跳蚤市场等。

（3）合作经营。合作经营是指物业服务企业与其他经营主体合作，共同开展资产管理经营。如业主提出直饮水需求，最佳的路径是物业服务企业依据业主需求联系销售商为业主安装直饮水设备，而非自行研发、生产和销售。从资产管理经营实践来看，合作经营是当前较普遍的运作形式。

第7章 项目绩效评价

7.1 绩效管理及绩效评价

7.1.1 项目绩效管理

项目绩效管理是一个由绩效目标管理、绩效运行跟踪监控管理、绩效评价实施管理、绩效评价结果反馈和应用管理共同组成的综合系统。推进项目绩效管理,要将绩效理念融入项目管理全过程,使之与项目策划、项目实施、项目运行一起成为项目管理的有机组成部分。逐步建立"项目策划有目标、项目实施有监控、项目运维有评价、评价结果有反馈、反馈结果有应用"的绩效管理机制。

项目绩效是指项目资金所达到的产出和结果。

项目运维阶段绩效管理是项目绩效管理的重要组成部分,是一种以项目产出结果为导向的项目管理模式。

7.1.2 项目绩效评价

项目运维阶段绩效评价是指通过合理的绩效评价方案,根据设定的绩效目标,运用科学、合理的绩效评价指标、评价标准和评价方法,对项目运维阶段的经济性、效率性和效益性进行客观、公正的评价。通过评价项目的目标实现程度,总结经验教训并提出对策建议。其基本做法一般为:

(1) 依据事先制定的绩效目标,对项目实施效果进行检查,收集测量数据。绩效目标一旦建立，所有项目管理人员应了解这些目标，并按要求定期进行绩效测量和整理，对实施情况进行检查。项目检查主要包括状态检查和工作过程检查两方面内容。项目的状态检查，主要检查项目的绩效是否达到要求，项目是否在进度计划和预算之内，以及项目管理的范围是否正确；项目的工作过程检查，重点在于检查项目管理工作开展得如何，现在做得是否满足要求，有哪些问题需要改进。

（2）对检查结果和测量数据进行综合分析和预测，制定必要的改进措施。分析和预测要紧紧围绕项目总体目标要求进行。对检查结果和测量数据的分析，主要围绕事先制定的绩效目标，运用绩效评价指标进行分析，一般包括业务指标分析及财务指标分析两部分。

业务指标分析是指依据设定的目标情况，对目标完成程度，组织管理水平，项目产生的经济效益、社会效益、生态环境效益、可持续影响、顾客满意度等指标进行分析，从业务管理的角度，检测项目绩效目标的完成情况。

财务指标分析是依据设定的目标情况，对运维阶段的资金落实、运维支出、财务管理、资产配置与使用等指标进行分析，从财务管理的角度，检测项目绩效目标的完成情况。

（3）编写项目绩效报告。项目绩效报告是对项目运维期间的关键指标、目标、风险和设想等因素进行监控的结果，是对工程项目运维阶段能否获得圆满成功的早期预警，能够及时反映出某一时间点上的项目执行状态、问题，并提出改进措施。

项目运维阶段的绩效评价应符合国家法律、法规及有关部门制定的强制性标准；遵循独立、客观、科学、公正的原则，建立畅通、快捷的信息管理和反馈机制。通过重点绩效评价，总结成功经验，发现存在问题，提出整改意见。

7.1.3 绩效评价目的、对象与内容、原则及依据

（1）评价的目的。项目运维阶段的绩效评价，是在项目的策划、实施、运行与维护全生命周期中，更关注项目产出和结果。要求项目运维单位不断改进服务水平和质量，向社会公众提供更多、更好的公共产品和公共服务，使项目能更加切实、高效地为受益群体服务。推进项目运维阶段的绩效评价管理，有利于提升项目运维阶段的管理水平、减少单位支出、提高公共服务质量、优化公共资源配置、节约公共支出成果。这是企业管理科学化、精细化管理的重要内容，对于加快经济发展方式的转变和和谐社会的构建，具有重大的政治、经济和社会意义。

（2）评价的对象与内容。项目是绩效评价的主体，与项目实施有关的国家机关、政党组织、事业单位、社会团体和其他独立核算的法人组织是绩效评价的对象。

绩效评价的基本内容包括：

① 绩效目标的设定情况；

② 资金投入和使用情况；

③ 为实现绩效目标制定的制度、采取的措施等；

④ 绩效目标的实现程度及效果；

⑤ 绩效评价的其他内容。

（3）评价原则。

① 科学规范原则。绩效评价应当严格执行规定的制度，按照科学可行的要求，采用定量与定性分析相结合的方法。

② 公正公开原则。绩效评价应当符合真实、客观、公正的要求，依法公开并接受监督。
③ 分级分类原则。绩效评价由各级部门根据评价对象的特点分类组织实施。
④ 绩效相关原则。绩效评价应当针对具体支出及其产出绩效进行，评价结果应当清晰反映支出和产出绩效之间的紧密对应关系。

（4）评价依据。绩效评价的主要依据有：
① 国家相关法律、法规和规章制度；
② 各级政府制定的国民经济与社会发展规划和方针政策；
③ 评价对象制定的相应管理制度、资金及财务管理办法、财务会计资料；
④ 评价对象职能职责、中长期发展规划及年度工作计划；
⑤ 相关行业政策、行业标准及专业技术规范；
⑥ 评价对象年初制定的绩效目标及其他相关材料，评价对象财务部门预算计划、年度预算执行情况、年度决算报告；
⑦ 人大审查结果报告、审计报告及决定、监督检查报告；
⑧ 其他相关资料。

7.1.4 评价等级

项目绩效评价结果作为项目执行期内政府安排资金的重要依据。对资金使用效果好的，可以继续支持或加大支持；使用效果不好的，责令整改，整改不到位的要减少预算安排或撤销资金。绩效评价等级划分如表7-1所示。

表7-1 绩效评价等级划分表

评价等级	对应分值	结果反馈
优	90～100	通报表扬，继续支持及加大支持
良	80～89	
中	60～79	责令整改，整改不到位的，减少资金安排或取消支持
差	0～59	

7.2 绩效目标与绩效指标

7.2.1 绩效目标

绩效目标是绩效评价的对象计划在一定期限内达到的产出和效果。一般包括长期目标和年度目标。长期目标是指描述项目整个计划期内的总体产出和效果，而年度目标是描述项目在本年度所计划达到的产出和效果。

（1）目标设定。绩效目标是绩效管理的基础，是整个项目绩效管理系统的前提，包括绩效内容、绩效指标和绩效标准。项目运维单位在编制绩效目标时，应根据项目的总体要求和具体部署、部门职能划分及项目远期规划，科学、合理地报送绩效目标。报送的绩效目标应与部门目标高度相关，并且是具体的、可衡量的、一定时期内可实现的。并要详细说明为达到绩效目标拟采取的工作程序、方式方法、资金需求、信息资源等，并有明确的职责和分工。报送的绩效目标应具有如下特点：

① 指向明确。绩效目标设置应符合项目运维阶段总体要求及具体部署、部门职能划分及远期规划，并与相应的运维方向、过程、效果紧密相关。

② 具体量化。应当从数量、质量、成本和时效等方面进行细化，尽量进行量化，不能进行量化的，应采用定性分级分档形式表示。

③ 合理可行。制定绩效目标要经过科学预测和调查研究，目标要符合客观实际。

（2）目标审核。绩效主管部门要根据项目运维阶段的方向和重点、部门职能划分等，对各部门提出的绩效目标进行审核，包括绩效目标与部门职能的相关性、绩效目标的实现所采取的措施的可行性、绩效目标设置的科学性、实际绩效目标所需资金的合理性等。通常从以下五个方面进行审核：

① 预期产出，包括提供的公共产品和服务的数量；

② 预期效果，包括经济效益、社会效益、环境效益和可持续影响等；

③ 服务对象或受益人满意程度；

④ 达到预期产出所需要的成果资源；

⑤ 衡量预期产出、预期效果和服务对象满意程度的绩效指标。

绩效目标不符合要求的，绩效主管部门应要求报送单位进行调整、修改；审核合格的，进入绩效运行跟踪监控管理。

绩效目标一经确定，一般不予调整。确需调整的，应当根据绩效目标管理的要求和审核流程，按照规定程序重新报批。

7.2.2 绩效指标

绩效评价指标是衡量绩效目标实现程度的考核工具。主要包括产出指标和效益指标。

产出指标是反映项目单位根据既定目标计划完成的产品和服务情况。可进一步细分为：

① 数量指标，反映项目单位计划完成的产品或服务数量；

② 质量指标，反映项目单位计划提供产品或服务达到的标准、水平和效果；

③ 时效指标，反映项目单位计划提供产品或服务的及时程度和效率情况；

④ 成本指标，反映项目单位计划提供产品或服务所需成本，分单位成本和总成本等。

效益指标：反映与既定绩效目标相关的、项目支出预期结果的实现程度和影响，包括经济效益指标、社会效益指标、生态效益指标、可持续影响指标及社会公众或服务对象满意度指标。

（1）原则。绩效指标的确定应遵循以下五个基本原则：

① 相关性原则：应当与绩效目标有直接的联系，能够恰当地反映目标的实现程度；

② 重要性原则：应当优先使用最具评价对象代表性、最能反映评价要求的核心指标；

③ 可比性原则：对同类评价对象要设定共性的绩效评价指标，以便于评价结果可以相互比较；

④ 系统性原则：应当将定量指标与定性指标相结合，系统反映财政预支所产生的社会效益、经济效益、环境效益和可持续影响等；

⑤ 经济性原则：指标应当通俗易懂，数据的获得应当考虑现实条件和可操作性，符合成本效益原则。

（2）指标体系。绩效评价指标体系通常包括具体指标、指标权重、指标解释、数据来源、评价标准及评分方法等。指标体系框架如表 7-2 所示。

表 7-2 项目绩效评价指标体系框架表

一级指标	建议权重	二级指标	三级指标	指标解释及备注
项目决策	15±5	战略目标适应性	项目与战略目标（部门职能）的适应性	项目是否能够支持部门目标的实现，是否符合发展政策和优先发展重点
		立项合理性	项目立项的合理性	项目的申请、设立过程是否符合相关要求，立项资料是否齐全，用以反映和考核项目立项的规范情况
			立项依据的充分性	项目立项是否有充分的依据
			绩效目标的合理性	项目所设定的绩效目标是否依据充分，是否符合客观实际，用以反映和考核项目绩效目标与项目实施的相符情况
			绩效指标的明确性	依据项目申报或执行中绩效目标设定的绩效指标是否清晰、细化、可衡量等，用以反映和考核项目绩效目标与项目实施的相符情况
		……	……	根据具体情况进行调整
项目管理	20±5	投入管理	预算合理性	项目预算编制是否合理、充分、符合客观实际，预算审批是否符合要求，用以反映预算编制的规范情况
			预算执行率	预算执行率=实际支出/实际到位预算，用以反映预算执行情况
			资金到位率	资金到位率=实际到位资金/计划到位资金。计划到位资金（含配套资金）与实际到位资金的比率，以用考虑资金是否到位
			资金到位及时率	及时到位资金与应到位资金的比率，用以反映和考核资金到位情况对项目实施的总体保障程度
		财务管理	财务（资产）管理制度健全性	是否建立了财务、资产管理制度及相应的内控制度
			资金使用合规性	资金使用是否符合相关制度规定
			财务监控有效性	项目实施单位是否为保障资金的安全、规范运行而采取了必要的监控措施，以用反映和考核项目实施单位对资金运行的控制情况
		项目管理	管理制度健全性	项目实施单位的业务管理制度是否健全，用以反映和考核业务管理制度对项目顺利实施的保障情况
			制度执行有效性	项目实施是否符合相关业务管理规定，用以反映和考核业务管理制度的有效执行情况
			项目质量可控性	项目实施单位是否为达到项目质量要求而采取了必需的措施，用以反映和考核项目实施单位对项目质量的控制情况
		……	……	……

续表

一级指标	建议权重	二级指标	三级指标	指标解释及备注
项目绩效	65±5	项目产出	计划完成率	项目的实际产出数与计划产出数的比率,用以反映和考核项目产出数量目标的实现程度
			完成及时率	项目实际完成时间与计划完成时间的比率,用以反映和考核项目产出的时效目标的实现程度
			质量达标率	项目完成的质量达标产出与实际产出数量的比率,用以反映和考核项目的成本节约程度
			成本节约率	完成项目计划工作目标的实际节约成本与计划成本的比率,用以反映和考核项目的成本节约程度
		项目效果	经济效益	项目实施对经济发展所带来的直接或间接影响情况
			社会效益	项目实施对社会发展所带来的直接或间接影响情况
			环境效益	项目实施对环境发展所带来的直接或间接影响情况
		能力建设及可持续影响	长效管理情况	维持项目发展所需要的制度建设及维护费用等落实情况
			人力资源对项目可持续影响	项目实施后人力资源水平改善状况对项目及单位可持续发展的影响
			硬件条件对项目发展作用	项目实施过程中设备条件的改善对项目及单位可持续发展的意义
			信息共享情况	项目实施后的成果及信息与其他部门共享
		……	……	……
		社会公众或服务对象满意度		社会公众或服务对象对项目实施效果的满意程度
总分	100			

7.3 绩效评价组织与实施

7.3.1 评价方法

绩效评价主要采用成本效益分析法、比较法、因素分析法、最低成本法、公众评判法等方法;其他绩效评价方法还包括案卷研究、现场调研、访谈座谈、问卷调查、对比分析,以及定性与定量相结合等方法。评价方法的选用,应当坚持简便有效的原则,根据评价对象的具体情况,可采用一种或多种方法进行绩效评价。

(1)成本效益分析法。成本效益分析法是指将一定时期内的支出与效益进行对比分析,以评价绩效目标的实现程度。成本效益分析法又称为投入产出法,是将一定时期内的支出所产生的效益与付出的成本进行对比分析,从而评价绩效的方法。在西方"成本-效益分析"是指一系列指导公共开支决策的实践程序的总称,其核心是为公共开支的评价提供一个系统的程序,从而使政策分析可以确定一个项目总体而言是否有益。

在评价时,将一定时期内项目的总成本与总效益进行对比分析,通过多个预选方案进行成本准备分析，选择最优的支出方案。该方法适用于成本和收益都能准确计量的财政支出评价，但对于成本和收益都无法用货币计量的项目则无能为力，一般情况下，以社会效益为主的支出项目不宜采用此方法。

（2）比较法。比较法是指通过对绩效目标与实施效果、历史与当前情况、不同部门和地区同类支出的比较，综合分析绩效目标实现程度。

比较法又称目标比较法，它是指通过对财政支出产生的实际效果与预定目标的比较，分析完成目标或未完成目标的原因，从而评价绩效的方法。在西方国家，此方法主要用于对部门和单位的评价以及周期性较长项目的评价。也是我们目前采用的最主要的方法之一。

比较法是一种相对评价方法，当绝对评价标准难以确定，或所使用的客观尺度不尽合理时，必须采取其他的相对方式来衡量绩效。具体来说，比较法是指按照统一的标准评价对象进行相互比较，以确定评价对象绩效的相对水平。这种评价方式在操作上相对简便，省去了一些复杂的量化步骤，主要适用于财政项目资金管理等评价标准的确定，适用于较为复杂的项目。

（3）因素分析法。因素分析法是指通过综合分析影响绩效目标的实现、实施效果的内外因素，评价绩效目标的实现程度。

因素分析法又称指数因素分析法，是利用统计指数体系，分析现象总变化中各个因素影响程度的一种统计分析方法。因素分析法是现代统计学中的一种重要方法，是多元统计分析的一个分支，具有极强的实用性。使用这种方法能够把一组反映事物性质、状态、特点的变量，通过科学的方法，精简为几个能够反映事物内在联系的、固有的、决定事物本质特征的因素。

预算绩效评价因素分析法是指将影响投入和产出的各项因素罗列出来进行分析，计算投入产出比进行评价的方法。很多公共项目都可以用到因素分析法，通过不同因素的权重评比，进行综合评分，最终确定项目的效率性和效益性。采用此种方法的关键在于权重的分配，即如何通过合理配比使得整个评价过程客观全面，并且符合不同项目的实施特点。

（4）最低成本法。最低成本法是指对效益确定且不一的多个同类对象的实施成本进行比较，评价绩效目标实现程度。

（5）公众评判法。公众评判法是指通过专家评估、公众问卷及抽样调查等，对财政支出效果进行评判，评价绩效目标实现程度。

对于无法直接用指标计量其效益的支出项目，可以选择有关领域的专家进行评估，或对社会公众进行问卷调查以评判其效益。专家评估主要是聘请有关专家，就评价对象的某一方面进行评价、判断。专家根据绩效评价项目的特点，可以采用多种评判形式，包括"背靠背"或"面对面"评议，或两者相结合的综合评价方式；而对社会公众的问卷调查，则可以通过设计不同形式的调查问卷，将需要进行考评的内容涵盖在设计的问题中，然后将问卷发放给公众填写，在发放过程中需要保证人群的随机性、广泛性，最后汇总分析调整问卷，得出评价结果。

与其他评价方法相比，公众评判法具有民主性、公开性的特点。它最大范围地吸收了社会力量的参与，使整个绩效评价过程较为充分地表达了社会公众的诉求，同时也保证了实施过程的透明度。这种评价方法由于其具有公开性的特点，适用于对公共部门和财政投资的公共设施进行评价，但需要注意设计好相应的评估方式和调查问卷，并有效选择被调查的人群。

（6）其他评价方法。其他经常适用的绩效评价方法包括综合指数法、层次分析法、查询证法和实地考察法等。

由于评价方法具有多样性，因此在选择合适的绩效评价方法时，既要照顾到项目之间的可比性，又要关注项目本身的特点。财政部门需要对绩效评价方法的选择做出统一的适用原则和标准，对相同类型的项目采取一致的评价方法，以便进行横向比较；同时各具体评价部门（或机构）也需要深入了解项目的特性，结合财政部门的要求选择相适应的评价方法，也可在允许范围内采用个性化的评价方式，以保证评价结果的准确性和实用性。

7.3.2 实施

运维阶段各相关职能部门应制定本部门绩效评价规章制度，组织实施本部门绩效评价工作。

7.3.2.1 策划准备

（1）制定年度运维绩效评价计划。绩效评价部门结合预算管理工作，综合考虑评价数量、评价重点及评价范畴等情况，制定年度绩效评价工作计划。

（2）确定绩效评价对象。绩效评价部门根据年度绩效评价工作计划，研究确定年度绩效评价对象。评价对象确定后，原则上不再进行调整。

（3）制定评价实施方案。根据年度绩效评价工作计划、评价对象及预算管理要求，评价组织机构制定年度绩效评价工作实施方案，明确绩效评价实施工作目标、任务、时间安排和工作要求等具体事项。

（4）部署绩效评价工作。评价组织机构根据评价对象、内容和参与绩效评价第三方中介机构情况，成立评价工作组，开展有针对性的培训工作，组织开展绩效评价各环节工作。

（5）下达评价入户通知书，明确评价依据、任务、时间、人员等事项。

7.3.2.2 评价实施

（1）制定评价方案及指标体系。在充分了解评价对象的基础上，制定具体评价工作方案。评价工作方案应明确评价对象、评价目的、评价内容、评价方案、指标体系框架、组织形式、技术和后勤保障等内容。

（2）收集与审核资料。评价工作组根据资料清单，结合评价对象实际情况收集资料，并对所收集的资料进行核实和全面分析，对重要的和存在疑问的基础数据资料进行核实确认。评价资料是对相应评价指标进行评分的依据。资料搜集应注意以下事项：

① 明确每一末级指标（评分标准和依据）所对应的评价资料，确保每一末级指标都有明确对应的支撑资料。

② 围绕确定的末级指标，对于需要由被评价方（项目单位及子项目单位）提供的资料，将资料清单提供给评价方，要求限期提供。对于不同类型的资料应全部提供，如对于内容较多的同类型资料，可按一定比例进行现场抽查后统一提供。

③ 对于来自利益相关者的观点，可设计访谈内容，制定访谈计划，根据部门利益相关者的范围，有重点地、科学地抽取一定数量的利益相关者进行访谈，规范访谈问卷。对于利益相关者人数众多的情况，可设计调查问卷，进行问卷调查。

④ 对于具体的产出目标完成情况，需进行现场检查或测量，勘查前需制定检查方案，

明确具体的检查内容和方法。对于不同类型的内容，应全面检查；如果需检查内容较多，可选定科学合理的检查比例进行抽查。

⑤ 项目决策资料。包括：项目单位职能文件、项目单位中长期规划、项目单位本年工作计划、立项背景及发展规划、项目立项报告或任务书、上级主管部门对于立项的批复文件；项目申报书、绩效目标表、项目可行性研究报告、立项专家论证意见、项目评审报告，项目内容调整和预算调整有关的申请和批复。

⑥ 项目管理资料。包括：项目实施方案、项目预算批复；项目管理制度与项目执行相关的部门或单位内财务管理制度反映项目管理过程的相关资料，项目经费决算表；审计机构对项目执行情况的财务审计报告。

⑦ 项目绩效资料。包括：项目单位绩效报告；项目执行情况报告，反映产出目标（产出数量、质量、时效和成本）完成情况的有关证据资料，如评价机构对项目产出目标完成情况的调研结果、评价专家对项目产出目标完成情况的认定证明、项目完工验收报告、科研课题结题报告、项目完工实景图纸、采购设备入库记录等；反映项目实施效果的证据资料，如反映项目实施效果的有关经济数据、业务数据、发表论文、申请专利与专利授权、获奖情况、服务对象调查问卷、项目实施效益与历史数据对比、成本合理发生分析等。

（3）现场调研和勘察。按照工作方案内容，评价工作组到项目现场进行实地调研和勘察，并对勘察情况进行视图和文字记录，有明确服务对象的，要设计调查问卷，进行服务对象满意度调查。

（4）筹备和召开专家评审会。评价工作组应遴选具有丰富经验的管理专家、财务专家和业务专家，组成专家评价工作组，在完成评价会资料准备和召开专家预备会的基础上，召开专家评价会。专家对绩效实现情况进行评价和打分，并出具评价意见。

（5）撰写评价报告及反馈。评价工作组在专家评价会结束后，汇总专家打分和评价意见，撰写绩效评价报告，并就报告中所反映的问题与被评价单位进行沟通，征求被评价单位意见。

7.3.2.3 总结

（1）形成正式评价报告。评价工作组在被评价单位反馈意见的基础上，对报告内容进行完善，形成正式绩效评价报告和报告简本。并将绩效评价报告和评价资料报送评价组织机构。

（2）归档绩效评价资料。绩效评价工作结束后，评价组织机构应及时将资料整理归档。

7.4 报告、反馈及应用

7.4.1 绩效自评报告

（1）项目概况。
① 项目单位基本情况。
② 项目年度预算绩效目标、绩效指标设定情况，包括预期总目标及阶段性目标；项目基本性质、用途和主要内容、涉及范围。

(2)项目资金使用及管理情况。
① 项目资金(包括财政资金、自筹资金等)安排落实、总投入等情况分析。
② 项目资金(主要是指财政资金)实际使用情况分析。
③ 项目资金管理情况(包括管理制度、办法的制定及执行情况)分析。
(3)项目组织实施情况。
① 项目组织情况(包括项目招投标情况、调整情况、完成验收等)分析。
② 项目管理情况(包括项目管理制度建设、日常检查监督管理等情况)分析。
(4)项目绩效情况。
① 项目绩效目标完成情况分析。将项目支出后的实际状况与申报的绩效目标对比,从项目的经济性、效率性、有效性和可持续性等方面进行量化、具体分析。
其中:项目的经济性分析主要是对项目成本(预算)控制、节约等情况进行分析;项目的效率性分析主要是对项目实施(完成)的进度及质量等情况进行分析;项目的有效性分析主要是对反映项目资金使用效果的个性指标进行分析;项目的可持续性分析主要是对项目完成后,后续政策、资金、人员机构安排和管理措施等影响项目持续发展的因素进行分析。
② 项目绩效目标未完成原因分析。
(5)其他需要说明的问题。
① 后续工作计划。
② 主要经验及做法、存在问题和建议(包括资金安排,使用过程中的经验、做法、存在问题、改进措施和有关建议等)。
③ 其他。
(6)项目评价工作情况。
包括评价基础数据收集、资料来源和依据等佐证材料情况,项目现场勘验检查核实等情况。

7.4.2 绩效评价报告

(1)项目基本情况。
① 项目概况。
② 项目绩效目标。
a. 项目绩效总目标。
b. 项目绩效阶段性目标。
(2)项目单位绩效报告情况。
(3)绩效评价工作情况。
① 绩效评价目的。
② 绩效评价原则、评价指标体系(附表说明)、评价方法。
③ 绩效评价工作过程。
a. 前期准备。

b. 组织实施。
c. 分析评价。
（4）绩效评价指标分析情况。
① 项目资金情况分析。
a. 项目资金到位情况分析。
b. 项目资金使用情况分析。
c. 项目资金管理情况分析。
② 项目实施情况分析。
a. 项目组织情况分析。
b. 项目管理情况分析。
③ 项目绩效情况分析。
a. 项目经济性分析。
Ⅰ. 项目成本（预算）控制情况。
Ⅱ. 项目成本（预算）节约情况。
b. 项目的效率性分析。
Ⅰ. 项目的实施进度。
Ⅱ. 项目完成质量。
c. 项目的效益性分析。
Ⅰ. 项目预期目标完成程度。
Ⅱ. 项目实施对经济和社会的影响。
（5）综合评价情况及评价结论（附相关评分表）。
（6）绩效评价结果应用建议（以后年度预算安排、评价结果公开等）。
（7）主要经验及做法、存在的问题和建议。
（8）其他需说明的问题。

7.4.3 绩效评价成果的应用

预算绩效结果应用既是开展预算绩效管理工作的基本前提，又是完善预算编制、增加资金绩效理念、合理配置公共资源、优化支出结构、强化资金管理水平、提高资金使用效益的重要手段。各预算单位要高度重视预算绩效管理结果应用工作，积极探索一套与部门预算相结合、多渠道应用管理结果的有效机制，提高绩效意识和财政资金使用效益。

绩效管理部门要结合绩效评价结果，对被评估项目的绩效情况、完成程度和存在的问题与建议加以综合分析，建立绩效评价相关结果的应用制度。

（1）建立绩效评价激励与约束机制。
① 绩效评价结果优秀且绩效突出的、实施过程中评价的项目，安排后续资金时应给予优先保障；对于结果评价的项目，安排该部门其他项目资金时给予综合考虑。
② 绩效评价结果为良好的：对于实施过程评价的项目，在安排后续资金时给予保障，力求延续项目能持续有效开展。
③ 绩效评价结果为合格的：对于实施过程评价的项目，财政部门及时提出整改意见，并

对该整改意见落实情况进行跟踪观察，在此过程中，拨款会暂缓进行；对于完成结果评价的项目，在安排该部门其他项目资金时，原则上不再具备优先保障资格。

④ 评价结果为不合格的：对于实施过程评价的项目，财政部门及时提出整改意见，整改期间停止安排资金的拨款和支付，未按要求落实整改的，要会同有关部门向上级部门提出暂停该项目实施的意见；对于完成结果评价的项目，在安排该部门新增项目时，应从严考虑，并加强项目前期论证和综合分析，以确保项目资金使用的安全有效，安排该部门其他项目资金时，不再具备优先保障资格。

（2）建立信息报告制度。

① 共享制度。绩效评价机构应及时将项目的评价结论提供给相关财政支出管理机构，作为财政支出管理机构向部门和单位下达预算控制数时调整项目资金的依据。

② 通报制度。为督促各部门和项目单位如期完成绩效自评工作，对部门和项目单位绩效自评完成进度、完成质量以及组织开展等情况，在一定范围内对其评价结论予以通报，促使其自觉的、保质保量地完成项目的绩效自评工作。

③ 公开制度。不断提升绩效评价社会参与度，在公开绩效评价政策、程序的同时，对社会关注度高、影响力大的民生项目预算绩效情况，可通过有关媒体公开披露，使公众了解有关项目的实际绩效水平，接受社会公众监督。

（3）建立责任追究制度。在绩效评价中发现的违规行为，要借助管理监督的依据和手段，查清责任部门违规事实，督促责任部门认真加以整改和落实，增加绩效评价结果应用的严肃性和有效性，确保资金活动在允许的范围内进行。对于严重违规行为，应予以制止并追究责任。

第8章

项目后评价

8.1 项目后评价的概述

8.1.1 项目后评价的概念和演变过程

项目后评价，按照传统定义就是在项目可行性研究的基础上，分别从宏观、中观、微观的角度，对项目进行全面的技术经济的分析、论证和评价，从而确定项目的实际投资经济效果。

从项目生命周期全过程的角度来看，项目后评价是对已建成并投入生产使用的建设项目所进行的评价活动。为了更好地进行项目管理和决策，它采用合适的评价尺度、应用科学的评价理论和方法，对审批决策、建设实施和生产使用全过程进行总结评价，从而判断项目预期目标的实现程度。它不仅对项目有论证和评价作用，还有监督、控制、总结经验、反馈信息、提高未来项目投资管理水平等作用。

项目后评价通常在项目投运并进入正常生产阶段进行。它的内容包括项目决策与建设过程评价、项目效益后评价、项目管理后评价、项目影响后评价。

项目决策与建设过程评价是项目竣工后对可研、立项、决策、勘测、设计、招投标、施工、竣工验收等不同阶段，从经历程序、遵循规范、执行标准等方面对项目进行评价；项目效益后评价主要是对应项目前期而言的，是指项目竣工后对项目投资经济效果的再评价，它以项目建成运行后的实际数据资料为基础，重新计算项目的各项技术经济数据，得到相关的投资效果指标，然后将它们同项目立项决策时预测的有关经济效果值（如净现值NPV、内部收益率 IRR、投资回收期等）进行纵向对比，评价和分析其偏差情况及其原因，吸收经验教训，从而为提高项目的实际投资效果和制定有关的投资计划服务、为以后相关项目的决策提供借鉴和反馈信息；项目管理后评价是指当项目竣工以后，对项目实施阶段的管理工作进行的评价，其目的是通过对项目实施过程的实际情况的分析研究，全面总结项目管理经验，为今后改进项目管理服务；项目影响后评价是项目对国民经济、社会关系、自然生态环境等方面产生的影响的评价，在倡导保护自然生态环境、可持续发展、节约型社会的今天，如何处理好生产与生活、自然环境的关系，是一个需要迫切解决的问题，影响后评价的结果对于指导新建项目有着重要意义。

实际上，项目后评价的目的是对已完成的项目的目的、执行过程、效益、作用和影响所进行的系统的、客观的分析。通过项目活动实践的检查总结，确定项目预期的目标是否达到、项目是否合理有效、项目的主要效益指标是否实现；通过分析评价找出成功失败的原因，总结经验教训；通过及时有效的信息反馈，为未来新项目的决策和提高完善投资决策管理水平提出建议。同时也为评价项目实施运营中出现的问题提供改进意见，从而达到提高投资效益的目的。

项目后评价（post project evaluation）是指在项目已经完成并运行一段时间后，对项目的目的、执行过程、效益、作用和影响进行系统的、客观的分析和总结的一种技术经济活动。项目后评价于19世纪30年代产生在美国，直到20世纪60年代，才广泛地被许多国家和世界银行、亚洲银行等双边或多边援助组织用于世界范围的资助活动结果评价中。国外援助组织多年的实践经验证明了机构设置和管理机制对项目成败的重要作用，于是又将其纳入了项目评价的范围。项目后评价具体的历史演变过程如下：

（1）20世纪60年代以前，国际通行的项目评估和评价的重点是财务分析，以财务分析的好坏作为评价项目成败的主要指标。

（2）20世纪60年代，西方国家能源、交通、通信等基础设施以及社会福利事业将经济评价（国内称国民经济评价）的概念引入项目效益评价的范围。

（3）20世纪70年代前后，世界经济发展带来的严重污染问题引起人们的广泛重视，项目评价因此而增加了"环境评价"的内容。此后，随着经济的发展，项目的社会作用和影响日益受到投资者的关注。

（4）20世纪80年代，世行等组织十分关心其援助项目对受援地区的贫困、妇女、社会文化和持续发展等方面所产生的影响。因此，社会影响评价成为投资活动评估和评价的重要内容之一。

项目后评价的基本前提：项目后评价是以项目前期所确定的目标和各方面指标与项目实际实施的结果之间的对比为基础的。

8.1.2 项目后评价的基本内容

根据现代项目后评价理论可知，项目后评价的基本内容有：

（1）项目目标后评价。该项评价的任务是评定项目立项时各项预期目标的实现程度，并要对项目原定决策目标的正确性、合理性和实践性进行分析评价。

（2）项目效益后评价。项目的效益后评价即财务评价和经济评价。

（3）项目影响后评价。主要有经济影响后评价、环境影响后评价、社会影响后评价。

（4）项目持续性后评价。项目的持续性是指在项目的资金投入全部完成之后，项目的既定目标是否还能继续，项目是否可以持续地发展下去，项目业主是否可能依靠自己的力量独立继续去实现既定目标，项目是否具有可重复性，即是否可在将来以同样的方式建设同类项目。

（5）项目管理后评价。项目管理后评价是以项目目标和效益后评价为基础，结合其他相关资料，对项目整个生命周期中各阶段管理工作进行评价。

8.1.3 项目后评价的类型

根据评价时间不同，后评价又可以分为跟踪评价、实施效果评价和影响评价。

（1）项目跟踪评价是指项目开工以后到项目竣工验收之前任何一个时点所进行的评价，它又称为项目中间评价；

（2）项目实施效果评价是指项目竣工一段时间之后所进行的评价，就是通常所称的项目后评价；

（3）项目影响评价是指项目后评价报告完成一定时间之后所进行的评价，又称为项目效益评价。

根据决策的需求不同，后评价也可分为宏观决策型后评价和微观决策型后评价。

（1）宏观决策型后评价指涉及国家、地区、行业发展战略的评价；

（2）微观决策型后评价指仅为某个项目组织、管理机构积累经验而进行的评价。

8.1.4 项目后评价的实施

8.1.4.1 项目后评价实行分级管理

中央企业作为投资主体，负责本企业项目后评价的组织和管理；项目业主作为项目法人，负责项目竣工验收后进行项目自我总结评价并配合企业具体实施项目后评价。

（1）项目业主后评价的主要工作有：完成项目自我总结评价报告；在项目内及时反馈评价信息；向后评价承担机构提供必要的信息资料；配合后评价现场调查以及其他相关事宜。

（2）中央企业后评价的主要工作有：制定本企业项目后评价实施细则；对企业投资的重要项目的自我总结评价报告进行分析评价；筛选后评价项目；制定后评价计划；安排相对独立的项目后评价；总结投资效果和经验教训，配合完成国资委安排的项目后评价工作等。

8.1.4.2 中央企业投资项目后评价的实施程序

（1）企业重要项目的业主在项目完工投产后 6～18 个月内必须向主管中央企业上报《项目自我总结评价报告》（简称自评报告）。

（2）中央企业对项目的自评报告进行评价，得出评价结论。在此基础上，选择典型项目，组织开展企业内项目后评价。

8.1.4.3 中央企业选择后评价项目应考虑的条件

中央企业选择后评价项目应考虑以下条件：

（1）项目投资额巨大、建设工期长、建设条件较复杂，或跨地区、跨行业；

（2）项目采用新技术、新工艺、新设备，对提升企业核心竞争力有较大影响；

（3）项目在建设实施中，产品市场、原料供应及融资条件发生重大变化；
（4）项目组织管理体系复杂（包括境外投资项目）；
（5）项目对行业或企业发展有重大影响；
（6）项目引发的环境、社会影响较大。

8.1.4.4 项目后评价注意事项

中央企业内部的项目后评价应避免出现"自己评价自己"，凡是承担项目可行性研究报告编制、评估、设计、监理、项目管理、工程建设等业务的机构不宜从事该项目的后评价工作。

8.1.4.5 项目后评价基本原则

项目后评价承担机构要按照工程咨询行业协会的规定，遵循项目后评价的基本原则，按照后评价委托合同要求，独立自主认真负责地开展后评价工作，并承担国家机密、商业机密相应的保密责任。受评项目业主应如实提供后评价所需要的数据和资料，并配合组织现场调查。

8.1.4.6 项目后评价相关报告编制原则

《项目自我总结评价报告》和《项目后评价报告》要根据规定的内容和格式编写，报告应观点明确、层次清楚、文字简练，文本规范。与项目后评价相关的重要专题研究报告和资料可以附在报告之后。

8.1.5 项目前评估与项目后评价

一个项目完成的好坏程度主要取决于项目前期评估阶段产生的事前控制以及项目后期评价工作产生的事后反馈控制工作。通过项目前评估掌握项目潜在的机会和威胁、优势和劣势，以便抓住项目的机会、发挥项目的优势，做好提前处理突发事件等预防工作；通过事后评价总结经验，吸取教训，引导未来。项目前评估与项目后评价相比有其相同点，又有其不同点。

8.1.5.1 相同点

（1）性质相同，都是对项目生命期全过程进行技术、经济论证；
（2）目的相同，都是为了提高项目的效益，实现经济、社会和环境效益的统一。

8.1.5.2 不同点

（1）评价的主体不同；
（2）在项目管理过程中所处的阶段不同；
（3）评价的依据不同；
（4）评价的内容不同；
（5）在决策中的作用不同。

8.1.6 项目后评价的步骤和方法

8.1.6.1 项目后评价的步骤

项目后评价的步骤主要有：提出问题；筹划准备；深入调查，收集资料；分析研究；编制项目后评价报告。项目评价是一个闭环过程，项目后评价的过程具体如图 8-1 所示。

8.1.6.2 国际通用的后评价方法

（1）统计预测法。统计预测法是以统计学原理和预测学原理为基础，对项目已经发生的事实进行总结和对项目未来发展前景做出预测的项目后评价方法。

（2）对比分析法。对比分析法是把客观事物加以比较，以达到认识事物的本质和规律并做出正确的评价的方法。对比分析法通常是把两个相互联系的指标数据进行比较，从数量上展示和说明研究对象规模的大小、水平的高低、速度的快慢，以及各种关系是否协调。

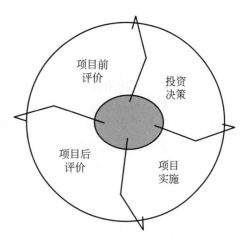

图 8-1　项目后评价的过程

（3）逻辑框架法（LFA）。逻辑框架法是将一个复杂项目的多个具有因果关系的动态因素组合起来，用一张简单的框图分析其内涵和关系，以确定项目范围和任务，分清项目目标和达到目标所需手段的逻辑关系，以评价项目活动及其成果的方法。

（4）定性和定量相结合的效益分析法。定性和定量相结合的效益分析法是对某种复杂的因素进行分析时，有一些因素难以量化，此时需要对因素进行定性分析，而有一些因素能够量化，此时需要对因素进行定量分析，然后把两种分析方法相结合的分析方法。一般而言，进行项目后评价的主要分析方法是定量分析和定性分析相结合的方法。

8.1.6.3 项目后评价的理论基础

项目后评价方法的基础理论是现代系统工程与反馈控制的管理理论。项目后评价亦应遵循工程咨询的方法与原则。

8.1.6.4 项目后评价的综合评价方法

项目后评价的综合评价方法是逻辑框架法。逻辑框架法是通过投入、产出、直接目的、宏观影响四个层面对项目进行分析和总结的综合评价方法，输出《项目后评价逻辑框架表》。

8.1.6.5 项目后评价的主要分析评价方法

项目后评价的主要分析评价方法是对比法，即根据后评价调查得到的项目实际情况，对照项目立项时所确定的直接目标和宏观目标，以及其他指标，找出偏差和变化，分析原因，得出结论和经验教训。项目后评价的对比法包括前后对比、有无对比和横向对比。

（1）前后对比法是项目实施前后相关指标的对比，用以直接估量项目实施的相对成效。

（2）有无对比法是指在项目周期内"有项目"（实施项目）相关指标的实际值与"无项目"（不实施项目）相关指标的预测值对比，用以度量项目真实的效益、作用及影响。

（3）横向对比是同一行业内类似项目相关指标的对比，用以评价企业（项目）的绩效或竞争力。

8.1.6.6 项目后评价调查

项目后评价调查是采集对比信息资料的主要方法，包括现场调查和问卷调查。后评价调查重在事前策划。

8.1.6.7 项目后评价指标框架

建立项目后评价指标框架时主要考虑以下三点：

（1）构建项目后评价的指标体系，应按照项目逻辑框架构架，从项目的投入、产出、直接目的3个层面出发，将各层次的目标进行分解，落实到各项具体指标中。

（2）评价指标包括工程咨询评价常用的各类指标，主要有：工程技术指标、财务和经济指标、环境和社会影响指标、管理效能指标等。不同类型项目后评价应选用不同的重点评价指标。

（3）项目后评价应根据不同情况，对项目立项、项目评估、初步设计、合同签订、开工报告、概算调整、完工投产、竣工验收等项目周期中几个时点的指标值进行比较，特别应分析比较项目立项与完工投产（或竣工验收）两个时点指标值的变化，并分析变化原因。

8.1.7 项目后评价的意义

项目后评价的意义主要概括为以下三点：

（1）确定项目预期目标是否达到，主要效益指标是否实现；查找项目成败的原因，总结经验教训，及时有效反馈信息，提高未来新项目的管理水平；

（2）为项目投入运营中出现的问题提出改进意见和建议，达到提高投资效益的目的；

（3）后评价具有透明性和公开性，能客观、公正地评价项目活动成绩和失误的主客观原因，比较公正地、客观地确定项目决策者、管理者和建设者的工作业绩和存在的问题，从而进一步提高他们的责任心和工作水平。

项目后评价通过对项目实践活动的检查总结，确定项目预期的目标是否达到、项目是否合理有效、项目的主要效益指标是否实现，并找出项目成败的原因，总结经验教训。

8.2 项目管理后评价和绩效评价制度

提出项目后评价需求的主体中有作为业主甲方的投资公司，也有作为乙方的工程公司。这种现象是伴随着国家大力推进PPP模式的市场行为而出现的，越来越多的企业开始从乙方向甲方的身份转变。他们对项目后评价提出需求反映出在现有市场推动下，企业对内部投资行为、管理成效的重视和反思。随着PPP市场的成熟，以及企业内在对项目管理能力提升的高要求，项目后评价及相关的管理工作开展必将是逼迫企业项目管理改进的重要手段。

8.2.1 项目后评价与项目管理后评价

甲方（投资主体）提出项目后评价的主要目的是在项目已经完成并运行一段时间后，对项目的目的、执行过程、效益、作用和影响进行系统的、客观的分析和总结，更侧重于经济结果分析。这种行为我们统称为项目后评价。项目后评价于19世纪30年代产生在美国，直到20世纪70年代，在国内的应用主要是和世界银行、亚洲银行等投资活动的结果评价，后期逐步应用到中央企业投资项目后评价，包括项目目标评价、项目实施过程评价、项目效益评价、项目影响评价和项目持续性评价。

乙方（承建主体）提出项目后评价的主要目的是以竣工验收和项目效益后评价为基础，在结合其他相关资料的基础上，对项目实施生命周期中各阶段管理和全要素工作进行管理评价。其主要内容包括项目实施团队管理、项目管理过程和项目结果、体系执行和运行机制、项目管理者水平、企业项目管理、投资监管状况、体制机制创新，以及项目目标实现程度和持续能力改进的评价。这种行为我们通常称为项目管理后评价，由 IPMA（国际项目管理协会）提出的国际卓越项目管理模型是项目管理后评价的典型代表，项目管理后评价国内并无明文规定，各个企业可建立不同的定义和评价标准。

实质上和项目后评价、项目管理后评价关联的还有项目前评估、项目管理过程评估，在不同的时间节点，用于不同目的的评估，具体分析对比如图 8-2、图 8-3 所示。

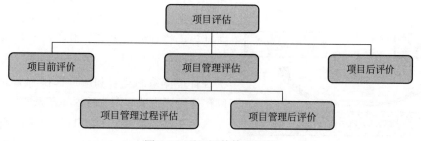

图 8-2　项目评估体系框架

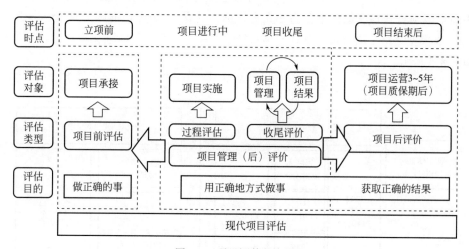

图 8-3　项目评估的应用

（1）项目前评价：指在项目可行性研究（项目论证）的基础上，由第三方（国家、银行或有关机构）根据国家颁布的政策、法规、方法、参数和条例等，从项目（或企业）、国民经济、社会角度出发，对实施项目的必要性、实施条件、市场需求、工程技术、经济效益和社会效益等进行全面评价、分析和论证，进而判断其是否可行的一个评价过程。企业的项目前评价实质是项目承接评价，也是项目投标报价的决策评价。

（2）项目管理过程评估：项目开工以后到项目竣工验收之前任何一个时点所进行的评

估,是企业对项目当前执行过程与状态进行的检查评估,对已完成阶段工作做出的评价,为项目后续阶段的顺利进展提供决策信息。

(3)项目管理后评价:是以竣工验收和项目效益后评价为基础,在结合其他相关资料的基础上,对项目实施生命周期中各阶段管理和全要素工作进行管理评价。其主要内容包括项目实施团队管理、项目管理过程和项目结果、体系执行和运行机制、项目管理者水平、企业项目管理、投资监管状况、体制机制创新,以及项目目标实现程度和持续能力改进的评价。

(4)项目后评价:是指在项目已经完成并运行一段时间后,由投资主体对项目的目的、执行过程、效益作用和影响进行系统的、客观的分析和总结的一种技术经济活动。

项目管理后评价整体围绕项目的目标、过程管理和结果,以目标为指引,通过好的过程管理,导致好的项目结果。通过用项目实际管理的结果与企业管理标准进行对比分析的评价活动,总结项目实际目标是否符合组织战略目标和管理目标;检查项目管理过程是否执行规范,管理结果是否达到管理标准的要求;找出项目实施过程中管理的偏差并对其进行分析,树立项目管理的标杆;将信息做及时的反馈,为组织级的项目管理体系的完善和改进提供有力的依据,项目管理后评价流程图如图 8-4 所示。

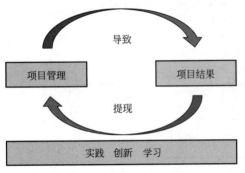

图 8-4 项目管理后评价流程图

关于项目管理后评价具体评价的内容,每个企业根据不同的目的会设置不同的评价指标,以下提供几个国内外应用比较广泛的评估模型。

中国卓越项目管理评估模型分为 2 大类指标,共有 13 个评估准则,31 个子准则,共计 1200 分。该模型突出了项目过程管理与项目结果的关联关系,同时强化项目的创新与环境友好。如图 8-5 所示。

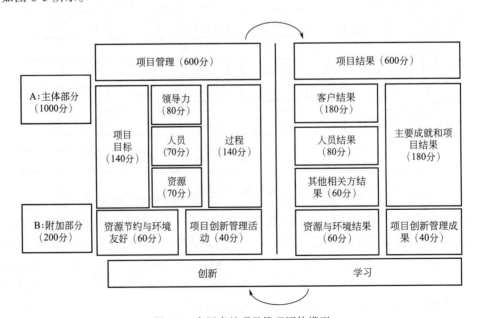

图 8-5 中国卓越项目管理评估模型

如图 8-6 所示，该 EPC 项目管理评价指标体系包括三大类，8 项一级指标，20 个二级指标，满分总分值为 100 分。该模型突出了项目目标管理，并强化 EPC 管理中的关键指标，是过程与结果并举的评价。

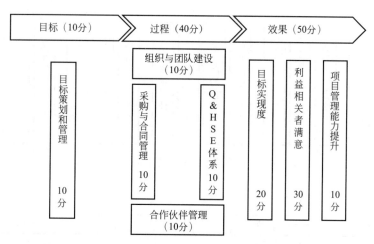

图 8-6　某国际工程公司 EPC 项目管理评价模型

如图 8-7 所示，该施工总包项目管理指标体系分为 2 个大类、19 个小类，共计 93 个评分指标，满分总分值为 1000 分。该评价模型考虑项目管理评价的有效性和及时性，未考虑经济指标的评价，待项目结算完成后才开展项目成本和经济指标核算。

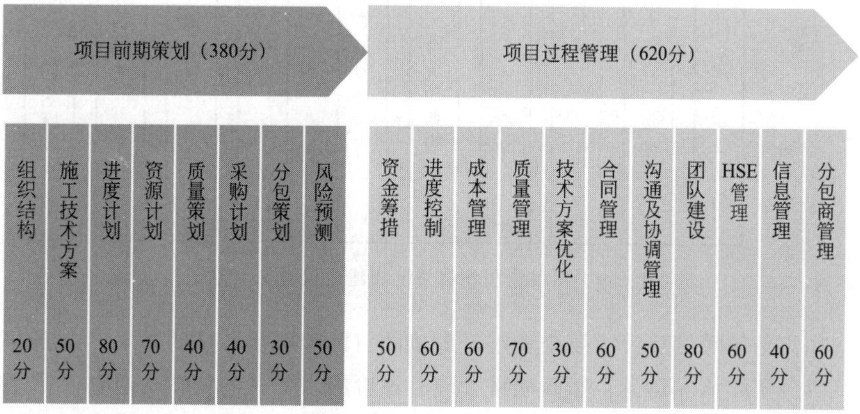

图 8-7　某工程公司施工总包项目管理评价模型

以上评价模型是企业项目管理评价的实践部分展示，企业需在项目管理评价的基础上逐层细化，明确评估标准，建立项目管理评估体系，那么项目管理评估系统需要考虑哪些要素呢？包含哪些内容呢？

项目管理评估系统的建立需要考虑以下要素的建设，如图 8-8 所示。

项目管理评估系统的建立应该包含以下内容：评估的指标建立、评估指标权重的差异化设置、评估量表建设来实现评价的客观真实、最终建立评估程序及制度保障项目评估在企业内部有效实施和开展，如图 8-9 所示。

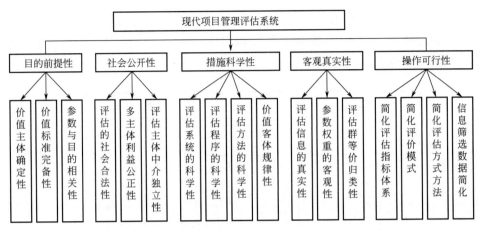

图 8-8 项目管理评估系统的建立考虑的因素

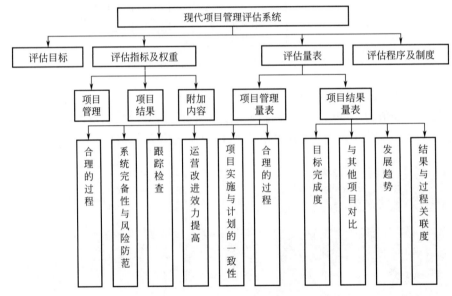

图 8-9 项目管理评估系统的建立包含的内容

项目管理评估体系的建设需要企业结合评价的目的和项目管理的水平、内部标准的建设综合考虑，切合实际情况建设，然而项目管理后评价的主要目的仍然是通过"以评促建"达到提升企业项目管理的能力水平。

8.2.2 绩效评价制度

8.2.2.1 绩效评价制度

企业绩效评价，主要包含了企业经营业绩、管理效益评估，是衡量个人或者团队是否能在规定时间完成规定工作的标准，从战略管理角度出发，科学绩效评价体系的建立，不仅能及时掌握员工或团队工作情况，还能对员工与团队工作情况进行科学评价，为企业营造一个科学、公平的环境。并且，企业绩效评价有效提高了经济效益，实现了企业最大化目标，推动了企业可持续发展。

考核程序：
（1）根据分工、责任、岗位分级分年度进行考核。
（2）总经理、副总经理、三总师向董事会述职，由董事会评议。
（3）部门正副经理（办公室正副主任、直属公司正副经理）向总经理办公会议述职，由总经理办公会议评议。
（4）项目经理按工程项目由公司部门联合下属公司职能人员在核算的基础上进行考核。

考核奖励：
（1）公司依照经济效益每季度向员工考核一次，年度综合考评，计算奖金或罚金。奖金发放按照贡献大小、职位高低，拉开档次（其档次每年度由总经理会议讨论确定）。
（2）直属公司正副职经理、项目经理按年度责任目标考核，依据经济责任承包合同中奖励条款执行。

8.2.2.2 战略管理背景下我国企业绩效评价中存在的问题

（1）企业绩效评价与战略目标脱节。在企业战略管理中，绩效评价作为关键任务，将企业战略目标落实到所有员工身上，使每名员工都能够承担企业责任，保障契约绩效目标的完成度。然而，在公司实际运行中，公司整体绩效常常不尽人意，究其原因，是绩效目标分解的不合理。各部门制定的绩效目标并非是由企业战略逐层分解的，而是部门依照自己的工作内容提出的。如此，绩效考核与企业战略管理目标脱节，企业战略目标落空。

（2）管理基础存在差异。在企业绩效评价过程中，为保障评价的公平性与透明化，应重视量化指标的提取与跟踪。然而，我国多数企业并不具备分析推理的特点，而且，缺乏信息基础，想要追求全面量化，具有较大难度，在应用方面，也存在诸多问题。

（3）绩效评价结果单一。在绩效管理体系中，因我国企业在人力资源管理体系上的薄弱，在人员培训上、职业生涯规划上缺乏系统性的规范管理，绩效评价仅仅与薪酬挂钩，绩效评价单一。

8.2.2.3 基于战略管理背景下的企业绩效评价

（1）建立企业战略目标，实现企业价值的最大化。新形势下，多数企业在绩效评定上选择平衡记分方式，相比于其他方法，该种方式的目标向导、目标指引更加明确，同时，展现了企业的愿望与发展战略目标。但是，在企业绩效评价中，也存在不足，缺乏统一性，影响了企业发展目标的实现。对此，企业应根据实际情况，建立统一的战略目标，并将战略管理逐层分解，落实到每一员工身上，保障员工自身绩效，实现企业价值的最大化，如此，不仅解决了企业绩效评价与战略目标脱节的问题，还保障了企业的长效发展，实现企业发展目标。

（2）强化绩效评价的权威性，制定合理的奖惩制度。为做好企业绩效考核工作，实现企业战略管理目标，企业应重视考核工作的专业化、权威性，提高绩效考核标准化，推动企业长效健康发展。对此，企业应建立科学分工、分级控制的绩效考核领导与评估工作体系，保障绩效考核的公正性，避免暗箱操作的可能，提高员工责任感。同时，企业应制定合理的奖惩制度，根据前期落实的员工责任，对员工绩效情况进行奖惩，力求实现企业最大化目标。如：对于经济基础较差的员工，应采用物质激励，辅助精神激励，以此激发员工潜能。总之，无论是换岗还是调离工作岗位，都必须以提高员工的工作积极性为出发点，如此，才能保障员工支持。

（3）不能忽视企业文化建设。企业文化，是企业全体员工长期进行经济活动的特有文化形象，在战略管理背景下，为实现长期发展的目标，保障绩效评价的合理性，企业文化不容忽视。可以说，企业文化是企业精神的展现，是企业的灵魂，是企业发展的动力源泉，是决定企业发展的本质。企业文化可以分为广义与狭义上的文化。狭义上，企业文化是意识形态的体现，企业价值观是文化的核心思想，其中包括全体员工的价值观念，对员工行为有一定程度的约束。广义上，企业文化是制度文化、物质文化、行为文化、精神文化的集合。对企业来说，企业文化举足轻重，不仅是经营管理上，在企业长远发展上也具有重要意义。良好的企业文化，能够引导员工自觉做事，激励员工自觉参与到企业生产中，提高企业竞争力，能够提高绩效评价的公平性与公正性。但是，在建立企业文化时，应保证其的系统性与完整性，与企业实际有机结合，将企业文化放在企业战略管理中，才能真正发挥企业绩效评价的效果，推动企业可持续发展。

综上所述，在战略管理背景下，企业想要实现长效发展的目标，必须重视企业绩效评价，保障评价的合理与透明，建立企业战略目标，强化绩效评价的权威性，重视企业文化建设，保障企业绩效评价的科学性与合理性，为企业创造更多价值。

8.3　项目运营阶段的评价和管理

8.3.1　项目管理和运营管理

项目管理的核心词在"项目"上，任何项目都会具有一个最大的特点，那就是"一次性"，也就是说，一个项目完成以后，同样的项目就再也不会发生，区别的地方有：项目的大小、地点、时间、类型等，例如一个房地产项目结束以后，就不会在一个地方做一个一样的项目。项目管理有九大内容：范围、进度、费用、质量、人力资源、沟通、采购、风险、综合。详细可以参考 PMP 的相关内容。

运营管理的范围比项目管理更大一些，现在流行的和标准的说法是"生产运营管理"，也有人叫"生产运作管理"。具体说，就是"在需要的时候，以适宜的价格，向顾客提供具有合格质量的产品和服务"，实际上是把原来的生产制造提升到了根据客户的需求进行产品设计，一直到为客户提供对应产品和服务的全过程的管理，就是生产运营管理。那么，运营管理，从概念上来说，就是从需求、设计、试制、生产、质检、运输、安装服务一直到售后服务全过程的管理。

项目管理和运营管理的区别如下：

（1）管理的对象不同。项目管理的对象是一次性、独特性的项目，管理的是有关项目的评估、决策、实施和控制过程；日常运营管理的对象是企业生产和运营的决策、实施和控制。

（2）管理的方法不同。项目管理的方法中有许多针对具体任务的管理技术和方法，日常运营更多的是部门协调、指挥命令等针对日常运行的管理方法和工具。

（3）管理的周期不同。项目管理的周期是一个项目的生命周期，而日常运营管理的周期相对长远。

项目管理的特性：

（1）普遍性。项目作为一种一次性和独特性的社会活动而普遍存在于人类社会的各项活动之中，甚至可以说是人类现有的各种物质文化成果最初都是通过项目的方式实现的，因为现有各种运营所依靠的设施与条件最初都是靠项目活动建设或开发的。

（2）目的性。项目管理的目的性是通过开展项目管理活动去保证满足或超越项目有关各方面明确提出的项目目标或指标和满足项目有关各方未明确规定的潜在需求和追求。

（3）独特性。项目管理的独特性是项目管理不同于一般的企业生产运营管理，也不同于常规的管理内容，是一种完全不同的管理活动。

（4）集成性。项目管理的集成性是指项目的管理中必须根据具体项目各要素或各专业之间的配置关系做好集成性的管理，而不能孤立地开展项目各个专业或专业的独立管理。

（5）创新性。项目管理的创新性包括两层含义：其一是指项目管理是对于创新（项目所包含的创新之处）的管理，其二是指任何一个项目的管理都没有一成不变的模式和方法，都需要通过管理创新去实现对于具体项目的有效管理。

（6）临时性。项目是一种临时性的任务，它要在有限的期限内完成，当项目的基本目标达到时就意味着项目已经寿终正寝，尽管项目所建成的目标也许刚刚开始发挥作用。

运营管理的特性：

（1）信息技术已成为运营管理的重要手段。由信息技术引起的一系列管理模式和管理方法上的变革，成为运营的重要研究内容。

近30年来出现的计算机辅助设计（CAD）、计算机辅助制造（CAM）、计算机集成制造系统（CIMS）、物料需求计划（MRP）、制造资源计划（MRPII）以及企业资源计划（ERP）等，在企业生产运营中得到广泛应用。

（2）运营管理全球化，全球经济一体化趋势的加剧，"全球化运营"成为现代企业运营的一个重要课题，因此，全球化运营也越来越成为运营学的一个新热点。

（3）运营系统的柔性化。生产管理运营的多样化和高效率是相矛盾的，因此，在生产管理运营多样化前提下，努力搞好专业化生产管理运营，实现多样化和专业化的有机统一，也是现代运营追求的方向。供应链管理成为运营管理的重要内容。

8.3.2 项目运营阶段的总结评价

项目运营阶段的总结评价：

（1）项目运营状况的小结。主要评价指标有达到设计能力、生产变化、财务状况等。

（2）项目效益预测。项目后评价的工作包括对项目评价时点以前完成的部分进行总结和对项目评价时点以后的工作进行预测。在项目投入运营后的评价预测包含：达到设计能力状况及预测；市场需求状况和预测；项目竞争能力现状及预测；项目运营外部条件现状及预测等。

8.3.2.1 项目运营概况

（1）运营期限。项目运营考核期的时间跨度和起始时刻的界定。

（2）运营效果。项目投产（或运营）后，产品的产量、种类和质量（或服务的规模和服务水平）情况及其增长规律。

（3）运营水平。项目投产（或运营）后，各分项目、子系统的运转是否达到预期的设计标准；各子系统、分项目、生产（或服务）各环节间的合作、配合是否和谐、正常。

（4）技术及管理水平。项目在运营期间的表现，反映出项目主体处于什么技术水平和管理水平（世界、国内、行业内）。

（5）产品销售及占有市场情况。描述产品投产后，销售现状、市场认可度及占有市场份额。

（6）运营中存在的问题。

① 生产项目的总平面布置、工艺流程及主要生产设施（服务类项目的总体规模，主要子系统的选择、设计和建设）是否存在问题，属什么性质的问题。

② 项目的配套工程及辅助设施的建设是否必要和适宜。配套工程及辅助设施的建设有无延误，原因是什么？产生什么副作用。

8.3.2.2 项目运营状况评价

（1）项目能力评价。项目是否具备预期功能，达到预定的产量、质量（服务规模、服务水平）。如未达到，差距多大。

（2）运营现状评价。项目投产（或运营）后，产品的产量、种类和质量（或服务的规模和服务水平）与预期存在的差异，产生上述差异的原因分析。

（3）达到预期目标可能性分析。项目投产（或运营）后，产品的产量、种类和质量（或服务的规模和服务水平）增长规律总结，项目可达到预期目标的可能性分析。

8.4 设施和资产管理工作

8.4.1 设施和资产管理的概述

8.4.1.1 设施管理的发展背景与涵义

设施管理（facility management）是从20世纪60年代开始伴随着办公环境与设备的日益复杂而逐渐产生并发展起来的。国际设施管理协会（IFMA）自1980年成立以来已经在70多个国家设立了120多个分会，拥有会员2万人。20世纪90年代兴起的知识经济理论，促使企业组织发展从单纯依赖物质要素转向人的要素。调查显示，舒适的工作环境能使工作效率提高5%～15%，许多公司因此将提高工作环境质量作为吸引和留住优秀员工的重要手段，从而更加关注设施管理。

根据IFMA的定义，设施管理是"一种综合多学科，通过集成人、地点、过程和技术，确保建筑环境功能性的专业活动"。无论是IFMA还是欧洲标准化委员会（CEN）、英国设施管理协会等相关组织都将设施管理视为满足设施所属组织战略需求的必要手段，其目的在于支持组织实现战略目标，提升组织竞争力。从设施管理产生、发展到目前国外相关研究始终都将设施作为组织的重要资源，将设施管理视为支持组织实现发展目标的组织内部重要管理职能。设施管理强调其管理过程必须与组织发展战略高度一致，能主动适应并为组织发展提供必需的物质条件保障。而设施管理的具体承担者，则可以是组织内的部门，也可以外包给第三方专业企业承担。

1992年，IFMA进入中国并在香港设立了分部。2004年，IFMA开始向中国内地较为深入地介绍设施管理基本理论与研究现状，并开始向内地物业管理经理人颁发设施管理经理资格证书。此后,设施管理被内地部分业内人士视为"超越"物业管理的新模式而受到大力推动。但据笔者进行的一项针对物业管理行业从业人员的调查显示,72%的受访者对设施管理的认识是"听说过,但不很了解"。

8.4.1.2 资产管理的内涵

20世纪80年代以来,随着房地产市场和客户需求的变化,在发达国家以房地产信托投资基金为代表的机构投资人大量进入房地产产权投资行业,他们追求利益回报最大化和资产组合风险最小化。他们意识到简单依靠"区位"因素加上投资不能理所当然地为投资人带来高额回报。对房地产资产进行经营管理的技能成为获得投资收益的重要保障,以致出现了房地产是以投资为导向还是以经营为导向的讨论。此外,有研究指出大部分公司都忽视了对其拥有的不动产资产的管理,没有考虑对不动产资产的占用成本问题,主张应从公司经营活动整体配置和利用不动产资产。在这种背景下,资产管理受到重视并成为房地产投资和企业经营管理中的重要内容。

资产管理(real estate asset management 或 property management)的基础是不动产管理,是对不动产进行经营和维护以实现不动产所有者的目标的过程。从本质上讲,不动产管理并不是新生事物,但资产管理引入了资产组合管理和每股收益分析的内容。国外资产管理的研究主要分为两种视角,一是机构投资人角度,以资产组合管理和对不动产经营管理获取回报;二是公司(组织)视角,关注不动产资产在公司经营过程中的作用和表现。当公司拥有不动产资产的主要目的是利用它来获取收益时,上述两种视角便合二为一了。

随着国内房地产市场和物业管理的快速发展,尤其是以收益性房地产为目标对象的投资活动的增加,促使物业管理对服务领域和服务模式逐渐拓展。2001年后,业界开始出现资产管理。业主对物业保值增值的关注和物业服务企业发展面临的困境,使资产管理成为国内物业管理行业发展探索的主题。目前国内业界普遍的看法是传统的物业管理是资产管理的基础层次,而资产管理更适合于商业物业等收益性、高端物业形态。

设施管理与资产管理产生背景不同,面向不同的管理需求。但资产管理存在两种管理职能,其中组织视角关注在实现组织目标过程中不动产资产的表现,在这个层面与设施管理的内涵是基本一致的。

资产管理业务是指资产管理人根据资产管理合同约定的方式、条件、要求及限制,对客户资产进行经营运作,为客户提供证券、基金及其他金融产品,并收取费用的行为。资产管理可以定义为机构投资者所收集的资产被投资于资本市场的实际过程。虽然概念上这两方面经常纠缠在一起,但事实上从法律观点来看,资产管理者可以是、也可以不是机构投资者的一部分。实际上,资产管理可以是机构自己的内部事务,也可以是外部的。因此,资产管理是指委托人将自己的资产交给受托人,由受托人为委托人提供理财服务的行为,是金融机构代理客户资产在金融市场进行投资,为客户获取投资收益。

资产管理的另一种方式是作为资产的管理者将托管者的财产进行资产管理,主要投资于实业,包含但不限于生产型企业。此项管理风险较小,收益较资本市场低,投资门槛较低。

8.4.2 资产管理种类

资产管理业务主要有3种:

(1) 为单一客户办理定向资产管理服务。
(2) 为多个客户办理集合资产管理业务。
(3) 为客户特定目的办理专项资产管理业务。

能够从事资产管理业务的公司除了证券公司、基金公司、信托公司、资产管理公司以外还有第三方理财公司，从某种意义上来说，第三方理财公司在资产管理市场上的拓展和定位有些类似于现如今的私募基金，将专家理财和灵活的合作条款捆绑嫁接作为打开资产管理市场的突破口。像诺亚财富、银纪资产、利得财富都是这样的第三方理财公司。

8.4.3 设备与资产管理工作的相关职责

8.4.3.1 资产管理工作岗位职责

(1) 负责新进固定资产验收入库、登录实物手工账、办理固定资产的发放领用手续、粘贴固定资产条形码；
(2) 负责资产调拨、处置及报废设备的残值回收工作；
(3) 配合做好固定资产实物盘点、清查工作，配合中介机构完成年度资产审计工作；
(4) 做好招标、投标、评标工作的相关材料的准备；
(5) 负责采购项目分类、整理、装订、归档保管等工作；
(6) 做好废品仓库的管理；
(7) 承办部门领导交办的其他工作任务。

8.4.3.2 设备与资产管理处工作职责

(1) 制定有关国有资产管理的规章制度，建立和健全国有资产管理体系；
(2) 负责资产的验收、入库、调配和实物管理工作，建立固定资产账；
(3) 负责国有资产的产权管理和处置工作，包括产权界定、登记、变动、纠纷调解以及资产处置审核、上报工作；
(4) 负责汇编和统筹教学科研、行政办公设备购置经费及维修经费的年度预算；
(5) 参与政府采购设备的立项，组织政府采购工作的实施与管理；
(6) 负责对外投资的管理工作，对以各种形式开展的对外投资项目进行可行性研究、论证评估、监督管理等工作；
(7) 负责建立新型的产业管理体制；
(8) 负责加强国有资产管理信息化建设，及时为领导提供有关资产管理的准确信息，为领导决策提供依据；
(9) 负责做好处内职工的思想政治教育、培训、岗位考核等工作，加强廉政建设；不断学习，认真贯彻上级有关国有资产、产业管理的政策；
(10) 负责对各兼职设备管理员进行资产管理政策和管理业务的培训；
(11) 完成领导交办的其他各项工作。

8.4.3.3 设备与资产管理处处长岗位职责

(1) 负责贯彻落实国家和上级主管部门有关国有资产管理的政策法规，制定有关国有资产管理的规章制度，建立和健全国有资产管理体系；

（2）负责本部门团队建设，关心部门员工，做好政治和业务培训工作；发挥部门人员的主观能动性，合理确定人员的岗位职责；

（3）制定部门年度工作计划，做好部门年度工作总结；

（4）参与各类设备采购预算审核，参与实验室建设年度建设预算；大型仪器设备采购认证；

（5）负责重大的复合型多部门合作项目采购协调；

（6）组织好重大项目的采购招标和验收工作；

（7）组织年度设备清查、报废工作和协助各类审计工作；

（8）做好上级对口部门的各类统计和上报审核工作；

（9）负责本部门廉政建设；

（10）负责全部资产二级管理和部门人员的绩效考核；

（11）做好上级领导交办的其他工作。

8.4.3.4 设备与资产管理处副处长岗位职责

（1）制定有关国有资产管理的规章制度，建立和健全国有资产管理体系；

（2）协助做好本部门团队建设，关心部门员工，做好政治和业务培训工作，合理确定人员的岗位职责；

（3）协助制定部门年度工作计划，做好部门年度工作总结；

（4）协助做好年度设备采购预算，专项经费设备采购预算的编制、审核、统计、执行情况分析；

（5）负责资产采购预算审核、合同审核；

（6）负责实训中心建设项目和相关设备采购招标和验收工作；

（7）负责固定资产折旧工作；

（8）协助做好年度设备清查、报废工作和协助各类审计工作；

（9）协助做好上级对口部门的各类统计和上报审核工作；

（10）负责经营性资产管理；

（11）协助做好资产二级管理和部门人员的绩效考核；

（12）做好领导交办的其他工作。

8.4.3.5 采购管理工作岗位职责

（1）负责纳入年度预算的设备等政府采购工作，负责耗材的政府采购工作；

（2）负责列入专项经费、自筹资金预算中的设备、耗材、家具等政府采购工作；

（3）做好政府采购项目的合同签订、验收、报销和材料归档；

（4）了解掌握政采网信息动态、法规政策，提供及时可靠的政采信息；

（5）负责进口仪器设备的采购管理工作；

（6）做好废品仓库的管理；

（7）负责固定资产电子台账管理和各项数据更新、统计、分析、上报工作，做好固定资产数据库备份归档工作；

（8）负责财政资产管理平台数据库工作，做好市财政部门要求的各项资产数据统计、上报工作；

（9）负责资产管理平台使用、维护、日常操作，与软件公司沟通合作，做好资产管理平台与内部网络的衔接；

（10）负责部门的信息化建设，做好部门网站建设、更新、维护；

（11）协助部门领导做好评建工作；

（12）承办部门领导交办的其他工作任务。

8.4.3.6 综合管理岗位职责

（1）做好各类会议的安排，包括会议议程、会议记录以及有关文件、报告、汇报的起草工作，做好相关报道工作；

（2）负责做好部门工作汇总统计；做好归档目录，提交档案馆保管；

（3）负责文件的收发、传阅和保管；

（4）负责本部门各类预算经费报销、账簿登记，做好二级核算工作；

（5）负责本部门日常考勤；

（6）做好本部门的图书、音像资料和期刊订阅、分类保管工作；

（7）做好本部门的办公设备、公共设施维护保养与报修，负责本部门办公用品的领用、发放及库房管理；

（8）组织各部门、固定资产的二级管理，做好各部门、学院之间设备增减变动情况统计工作；

（9）负责固定资产实物盘点、清查工作，配合中介机构完成年度资产审计工作；

（10）负责与财务处做好固定资产的年中、年终对账工作；

（11）负责本部门的安全工作，做好安全台账；

（12）做好部门通信员工作；负责内外联系、接待、信访；

（13）负责语言文字工作；

（14）承办部门领导交办的其他工作任务。

8.4.3.7 招标管理工作岗位职责

（1）负责了解市场动态和商品信息，与需求单位（申购者）合作沟通，准确把握需求，做好供应商资格遴选工作，完成采购前期准备工作；

（2）组织需求单位撰写招标书或需求书，审核相关内容；做好非实训中心的招标、投标、评标工作的组织及各种文件、表格材料的准备；

（3）负责设备各类别方式的采购（包含进口仪器设备的采购）与管理工作；

（4）组织需求单位项目负责人签订合同，审核合同，正式合同电子扫描后保存；

（5）负责经营性资产管理；

（6）承办部门领导交办的其他工作。

第9章 智慧运维管理平台功能

系统平台是智慧运维管理重要的IT设施基础。无论从涵盖的管理功能范围（设施、资产、安全等）应用的层次，还是三维空间直观的管理模式，智慧运维管理都会使智慧管理登上一个新台阶。这也同时对系统总体架构的设计提出了较高的要求。在全过程咨询运维管理中，我们应要求平台系统架构具有良好的稳定性、先进性和开放性。一般在架构设计上采用成熟的 B/S 或 C/S 为基础的服务模式，以先进的 BIM + 3DGIS、BIM + UNITY 3D 为核心服务和数据平台，网络集成外部应用 IT 应用系统，同时支持 SOA 外部服务架构等理念。

9.1 系统平台总体功能结构

Z-BIM 平台层包含整个系统的三维地理空间及综合业务信息，如图 9-1 所示。包含：空间数据构建引擎、空间数据服务引擎和空间数据承载应用等。平台层通过各类地理空间数据的融合处理以及业务员数据的组织调用，为各类三维空间的应用提供支持。同时提供了强大的二次开发接口，可以支持对已有信息化建设投资的保护和继承；支持异构系统的接入、功能子模块的增加，以及其他特殊应用的扩展。

系统总体包括：平台架构、网络传输层、应用层、数据层、系统管理和多项综合业务应用模块等。

9.1.1 平台总体架构

系统主要的工作与数据流如图 9-2 所示。

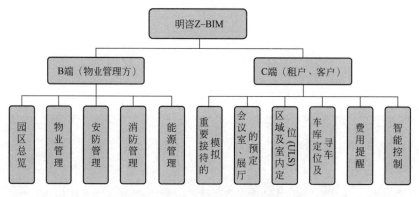

图 9-1　Z-BIM 平台层

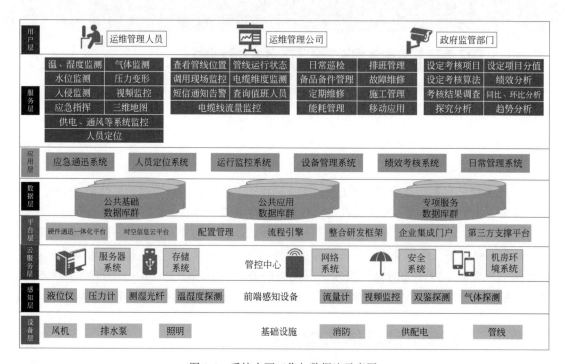

图 9-2　系统主要工作与数据流示意图

9.1.2　平台技术路线

（1）以 BIM+3DGIS 采取的技术路线是：

① 运用 BIM+3DGIS 软件系列产品的三维平台及系统数据库的设计开发。

② 采用 COM 技术构架系统，保障开放性和可拓展性。

③ 系统采用成熟的数据传输协议，建立与已有各自控系统的数据连接，实现设施数据的动态监测与分析；原则上不完成对设备的控制功能。

④ 采用高精度的三维模型信息和地理信息，保证三维可视化效果。

⑤ 系统采用 B/S 模式，方便部署和应用。

（2）以 BIM+UNITY 3D 采取的技术路线是：

① 运用 BIM+UNITY 3D 软件系列产品的三维平台及系统数据库的设计开发。
② 采用 COM 技术构架系统，保障开放性和可拓展性。
③ 系统采用成熟的数据传输协议，建立与已有各自控系统的数据连接，实现设施数据的动态监测与分析；原则上不完成对设备的控制功能。
④ 采用高精度的三维模型信息和地理信息，保证三维可视化效果。
⑤ 系统采用 C/S 模式，为方便部署和应用，需要对现场服务器配置有一定的要求。

9.1.3 可视化平台特点

建立全新的三维空间信息管理模式。内容涉及资产、设施、安全等管理的多个方面。考虑到系统功能众多、数据量庞大、需与多种已有系统实现数据互联。系统将在 BIM+3DGIS 技术的基础上，综合应用多项技术构建系统，以保障系统具备良好的可用性、稳定可靠性、可拓展、易集成等特质。

（1）建设园区 7D（空间＋时间＋内容＋及时＋数据）基础信息数据库，实现数据集中统一管理。

（2）三维空间可视化综合服务管理平台。实现传统二维、分散运行的管理方式的根本改变，为园区管理提供强有力的三维空间信息和应用服务支撑。

（3）实现多个异构系统的有效信息集成，并展现三维空间的管理和数据分析效能。

（4）支持 SOA 服务体系架构，开放平台 API，方便第三方系统的应用集成。

（5）借助项目成功开发，有效提升项目运维的综合管理能力和对外服务水平，使项目综合效益水平迈上新台阶，有利于提高项目整体管理水平。

9.1.4 可视化平台管理功能

依据用户需求分析，本系统主要用户功能组成结构设计如图 9-3 所示。

图 9-3　系统功能组成结构图

本模块将设计针对综合数据的处理功能，包括：

（1）用户管理：系统以角色管理为基础，综合身份认证等数字化安全技术，为系统用户的管理提供支持。用户管理提供统一的用户管理服务，包括用户的查询、添加、编辑、删除和详细信息查看及用户状态修改。

系统可以分别设定每个用户对各个系统（嵌套系统除外）和设备的浏览、操作、模式编辑权限。根据物业管理的需求，系统用户大致分为普通用户、技术用户和管理员用户三类。

"普通用户"，指日常维护运行机电系统的员工，能对运行模式进行手工切换及操作，能浏览机电系统的重要运行参数；能在报警信息弹出界面中，进行手动操作。

"技术用户"，指专业技术工程师。用户可以浏览机电设备的详细运行参数；能够切换手/自动模式；并能够在手动模式下，手动修改机电设备的启停状态，修改设定值；能够修改局部闭环控制逻辑；能够修改、编辑运行模式。

"管理员用户"可以看到各个子系统的当前运行模式；可以选择一些特殊系统模式；能够看到报警信息；能够浏览各个机电系统的重要运行参数；能够看到分项能耗。管理员用户可以编辑访问权限。

（2）角色管理：增删改查用户角色，配置用户角色相关的模块权限。用户角色管理支持模块化、权限化自定义分配，系统将根据需求提供默认的用户角色：普通用户，平台维护管理员等。

① 普通用户：具备普通数据的常规三维浏览、查询权限，通常无修改数据、数据统计、专业分析的权限。

② 平台维护管理员：拥有普通用户的所有权限，可以新建新用户账户，赋予用户不同角色，查看所有用户的操作日志，配置动态数据报警区间，维护专项设施数据编辑员上传的动态数据，维护平台内的静态模型数据。根据用户登录权限，获得此角色的所有操作权限内容，从而设定当前登录用户所能访问到的内容。

（3）配置管理：系统提供模块运行参数配置管理。包括数据库、网络、存储设备、功能模块、安全控制等。

（4）日志管理：记录用户从登录系统到退出系统期间完整的用户操作，包含用户去过哪些模块、操作过模块的哪些功能、对哪些数据进行什么操作、用户的编号、IP地址等。通过日志管理模块，可以快速地浏览记录列表和检索关键信息。

9.2 数据采集方式

数据库平台层主要包括应用业务数据库、地理空间数据库、动态监测数据库、运维数据存储数据库等。其中应用业务数据库包含系统管理和业务应用产生的各类数据。地理空间数据库包含构建整个数字地球三维场景的各类基础数据：无人机倾斜摄影数据、遥感影像数据、矢量地图数据、数字高程模型数据、BIM模型数据库、建筑三维数据库等。

9.2.1 数据采集及处理

数据采集平台层主要包括人工录入和数据采集系统集成。其中"外部系统数据接口"支持动态监测系统通过网络接入本系统；BIM模型数据通过平台工具转换处理后导入系统，3DGIS模型可直接添加到系统。

整个软件结构共分5层。从下至上，依次是：数据适配层、数据中间件层、数据逻辑层、业务逻辑层和展现层。其中下三层的内容由数据库服务器实现，上两层由应用服务器实现（以慧云系列为例）。

（1）数据适配层。数据适配层接收来自各个子系统的信息，并保存发送到各个子系统的信息。作为慧云系统集成平台与各个子系统交互的数据缓存。

数据适配层包含智慧建筑中16个对应子系统的数据适配缓存，分别是：楼宇对讲、视频监控、防盗报警、门禁管理、暖通空调、给水排水、变配电、公共照明、夜景照明、电梯运行、客流统计、停车管理、能耗计量、电子巡更、周界报警、人脸识别。

数据适配层，应采用常用数据库技术。

（2）数据中间件层。中间件层完成数据逻辑层和数据适配层之间的数据转换。一方面将从各个机电设备系统收取到的数据打散，并重新归类、组合；按照"数据逻辑层"的定义形成新的数据库。另一方面，中间件层也将需要发送给各个机电子系统的设定，从"数据逻辑层"中提取出来，放到数据适配层的数据库中。

数据中间件层可以采用通用中间件软件，也可以采用任何能实现上述功能的中间件程序。

（3）数据逻辑层。数据逻辑层是一系列按照集成平台集中控制功能编排的数据库，与数据适配层的数据结构完全不同。包括：机电系统运行数据库、历史记录及报表、运行能耗数据库、用户管理、安防管理、设备财产管理等。

在上述任何一个数据库中，都可能包含来自/发送到任何一个机电子系统的数据。它包含了与所有机电设备系统相关的数据，同时又从节能、优化、管理角度重新定义了数据结构。数据逻辑层为业务逻辑层的"慧云智能化管理系统"集中管理提供素材。在数据逻辑层基础上，可以在业务逻辑层定义多种集成优化、远程控制、设备管理等功能，而不需要修改数据逻辑层的架构。因此，数据逻辑层为慧云集成平台提供了一个开放、可扩展的数据平台。

（4）业务逻辑层和展现层。在数据逻辑层的基础上，业务逻辑层和展现层是一系列应用程序，包括：楼控、安防等各个机电子系统的"慧云智能化管理系统"模式转换策略，各种"慧云智能化管理系统"模式的编辑软件，能够根据历史运行数据分析节能优化潜力的 IBMS 系统软件，设备管理维护和能源管理软件，远程控制访问管理软件等。

业务逻辑层为实现上述功能的程序和软件，展现层解决人机交互的问题。

9.2.2　传输网络选择

为了方便对多个区域级项目的集成化管理和远程登录的需要，可视化集成控制系统应预留远程访问接口。

远程访问通过专网实现，采用 B/S 模式。在有权限的情况下，用户可以通过 Web 浏览器，远程进入基于 BIM 可视化运维的集成管理平台。

9.2.3　传输路径

智能化管理系统集成平台与各子系统物理界面接口应满足表 5-5 中的要求。

9.2.4　通信协议

智能化管理系统集成平台与各子系统通信协议应满足表 5-6 中的要求。

各子系统应向集成平台提供基于信息点的数据交互方式，使得集成平台能够实时获取各子系统的关键数据。

以嵌套方式集成可视化集成管理平台的系统也应与平台进行数据交互，以在平台主页显示重要参数信息，但不要求在平台中进行地图绑点工作。子系统嵌套方式为 Web 页面嵌套或远程桌面嵌套，即在系统指定位置嵌入显示由子系统提供的 Web 页面或子系统本身的 Windows 桌面内容，对嵌入页面进行的所有操作也均由子系统直接执行。被嵌套子系统页面在平台上的显示内容完全依赖于各嵌套子系统，其显示内容应嵌入主页面，不得脱离平台指定显示区域另起窗口进行显示，且平台显示被嵌套内容时应进行自动认证以提高用户友好性。

系统集成平台与各个子系统及集团信息化系统交互的数据内容，应符合可视化集成软件数据标准。集成平台和子系统供方都需要根据数据标准确定信息点的种类和数量，设计数据库的内容和结构。

9.3 智慧运维管理功能描述

9.3.1 平台首页

从功能维度来分析整个综合管理平台。综合管理平台分为六个系统：园区总览、物业管理、安防系统、消防系统、能源管理及资产管理系统。可分为以下几个主要功能模块：三维浏览、服务中心、资产管理、安全管理、巡更管理、消防管理、租赁管理、能耗管理、远程管理、资料管理和平台管理。

通过首页浏览整个项目，可以做到每栋楼内客户的租赁信息的实时查询，可以查看每层楼的室内布局，可以测量园区内任何部位的尺寸，可以通过地表透明的手段，看到园区内地下管网、隐蔽工程的位置等几何信息。

通过整个园区的管控还可以实现地下空间的浏览查看，并通过此平台把园区内的地下管网信息整体呈现出来。

9.3.2 设备管理

园区平时的消耗主要是用电、用水、用暖、用气，在能源管理中，节能是最大的管控目的，通过数据采集和节能管控，可就中央空调、电梯、机械设备、电气开关等进行相关的物联网管控，可以实现数据上传、数据比对、数据分析、节能降耗等相关的管控手段。

在设备维护等方面，园区期待以资产管理数据库为基础，通过建立智能化信息传输、资产管理子系统等自动化流程，实现更高的故障报告和处理速度，比如故障预警等模块（如：资产管理子系统在临近设备维护日期的时间向管理人员进行提示、依据设备实时温度等远传信息进行故障隐情检测并发送短信到管理人员手机），来提升园区运维管理水平。

9.3.3 空间管理

通过集成的可视化平台，可以有效地做到物业租赁管理，每层楼内有几家使用客户，他的使用面积是多少、物业管理费用是多少、水电费用分摊是多少都一目了然，方便租赁客户的提醒和费用管理。

9.3.4 安防管理

安防系统是利用现代化的科学技术来建立完善的区域安全保卫体系，通过对区域的重要部位、场所安置摄像头,对这些重点部位进行监视、控制和记录。

目前科技园为查看生产楼的使用状态,设置有监控中心。

通过结合 BIM 模型,可以快速定位具体的监控点,对每个监控点实时查看。对于每个监控点,可以显示当前的视角范围,死角区域,需人为重点排查。并且可以依据路线,显示指定路线的视频回放情况。

9.3.5 消防管理

消防系统主要由三大部分构成:一部分为感应装置,即火灾自动报警系统;另一部分为执行机构,即灭火自动控制系统;还有避难诱导系统(消防联动系统)。

火灾发生时,探测器将火灾信号传输到报警控制器,报警控制器将信号传输到 BIM 公共平台,可以在地理信息系统上面显示火灾发生部位,并提供应急预案,提供火灾源附近的疏散通道的示意图或动画,便于人员疏散。

9.3.6 实时监控

平台基于 BIM 的可视化集成,可以对项目内部多监控数据画面任意调取,特别是建筑物内每层走廊或设备用房监控,像抽屉一样拉出每一层,可以显示每层的内部空间布置,同时也可以直接点击摄像头,查看现有画面显示情况。改变了过去仅可以在监控中心里看到的小界面实时监控画面,便于清晰定位每处的实时情况。

9.3.7 应急管理

地震或火灾发生时,探测器将地震信号或火灾信号传输到报警控制器,报警控制器将信号传输到可视化运维管理平台,在可视化运维平台上面直观显示火灾发生部位,并提供应急预案,电梯可以自动停靠就近楼层。电梯轿厢内显示屏平时可循环播放疏散通道的示意图或动画。

9.3.8 绿化管理

在园区或市政道路中,可以将绿化修剪、喷药、洒水、养护、施肥、树龄、面积等常规管理融入平台可视化中,便于对绿化工程的管理和记录。

在小区或园区景观水景或喷泉中,植入传感器控制,在三维可视化界面中做到粒子效果,可以直接远程控制喷泉效果并展示在首页大屏界面中。

9.3.9 统计分析

建设工程的设计施工都是为运维服务的,运维实施的目的是为园区人和物提供适用安全的空间。系统会对运行数据进行一定的记录和存储,这些实时数据为我们进行运维管理提供了可靠的分析依据。通过对项目运维用电、热力、流量、水压、人流、租金、物业收费等相关数据的收集和比选,可以给项目后评价提供有力的更新改造依据,集团型房地产公司还可以就相关数据进行分析,为类似项目前期决策、设计管理、招采管理、合约管理、招商管理、运营后评带来良好的借鉴依据。同时可以不断优化设计前期参数的选取,材料选型的优化为设施设备的耐久度带来极好的预期。

9.3.10 指挥中心

通过此平台，可以将工程管理人员、保安管理人员、保洁管理人员的总体人数减少，通过派工单或抢单的模式，可以有效提高物业管理人员的工作饱和度，减少不必要的出勤管理。目前物业管理面临的主要问题就是人员的冗杂，以及每年所要求的10%的工资上涨压力，通过信息化的手段可以把人员减少到最少，便于今后一系列的后勤管理。

9.3.11 公共服务

公共服务可以根据其内容和形式分为基础公共服务、经济公共服务、公共安全服务、社会公共服务。基础公共服务是指那些通过国家权力介入或公共资源投入，为公民及其组织提供从事生产、生活、发展和娱乐等活动都需要的基础性服务，如提供水、电、气，交通与通信基础设施，邮电与气象服务等。经济公共服务是指通过国家权力介入或公共资源投入为公民及其组织即企业从事经济发展活动所提供的各种服务，如科技推广、咨询服务以及政策性信贷等。公共安全服务是指通过国家权力介入或公共资源投入为公民提供的安全服务，如军队、警察和消防等方面的服务。社会公共服务则是指通过国家权力介入或公共资源投入为满足公民的社会发展活动的直接需要所提供的服务。社会发展领域包括教育、科学普及、医疗卫生、社会保障以及环境保护等领域。社会公共服务是为满足公民的生存、生活、发展等社会性直接需求，如公办教育、公办医疗、公办社会福利等。

平台公共服务可以与公安系统天网平台连接，使园区人脸识别系统与公安联网，进一步保障园区安全。通过 WiFi 探针，可以第一时间搜索手机 MAK 地址，实时侦探犯罪分子是否在园区范围活动，从而保障园区的空间安全。

9.4 智慧运维管理的好处

随着科技的进步，物业管理的管控手段需要紧随时代的进步而改进，项目管理平台主要的好处就是可带来项目人员的节约和能耗的降低，总结如下：

（1）可以减少物业管理人员10%以上，可以抵消每年10%的物业人工工资的增加。采用信息化的手段，有效地提高了工效，减少了10%人员的需要量。

（2）随着管控手段的加强，针对节能改造后的中央空调，节能约2%～5%，从项目的实际节能效果来看，通常10万平方米的大楼，仅中央空调能节约2万～5万度电。项目按照20万平方米计算，每年仅空调一项可节约10万元费用。

（3）从照明及待机的节能方面看，可以节约总用电量的1%～2%，每年可以节约2万～4万元。

（4）采用信息化的管理手段，可对物业管理中的租赁管理进行及时有效的收费，可以提高项目的利用率，减少频繁的看房时间，分摊水电费用可以得到有效的管控。

（5）通过基于BIM的可视化管控，可以帮助后期工程管理人员对场地内设施设备进行了解，可以对场地内停车进行收费透明管理，可以发现僵尸车辆。

9.5 基于 BIM 智慧运维管理的费用

9.5.1 BIM 运维管理的取费参考（以建筑工程和市政项目为例）

截至 2018 年底，广东、上海、浙江、湖南已经出台了 BIM 的取费标准，我们仅从浙江省取费标准内发现有运维的取费参考。浙江省 BIM 运维阶段的取费标准为 15 元每平方米，包括建筑、结构、机电、景观、室内、幕墙、岩土的建模，并根据竣工资料和现场实测调整施工模型成果，获得与现场安装一致的运维模型，模型细度不小于 LOD400。内容包括运维仿真漫游、3D 数据采集和继承、设备实施管理等，见图 9-4。

运维阶段	建筑、结构、机电、景观、室内、幕墙、岩土	根据竣工资料和现场实测调整施工模型成果，获得与现场安装实际一致的运维模型,模型细度不小于LOD400	运维仿真漫游、3D数据采集和集成、设备设施管理	15
注：1.以上费用为一次建模应用费用，如实施过程中出现大规模设计调整，则根据实际增加工作量协商相应增加费用 2.住宅小区地上建筑乘以0.8系数；钢结构、超高层、文体场馆、大型交通枢纽、医院等复杂建筑，费用应根据其复杂度乘以系数1.5～2.0，具体由双方另行协商 3.施工阶段、运维阶段的BIM应用，须在前一阶段BIM实施成果上开展				

图 9-4 浙江省 BIM 收费标准（仅运维部分）

9.5.2 运维管理的报价参考（以建筑工程和市政项目为例）

表 9-1 所示为项目经费估算。

表 9-1 项目经费估算　　　　　　　　　　　　　　　　　　　　　　　　　　单位：万元

分类	产品/服务内容	功能/性能	单价	数量	小计
平台软件	Z-BIM 集成平台	Z-BIM 集成开发平台软件			
地理信息	三维航空遥感影像	园区/0.05 m			
	卫星遥感影像	区域/0.5 m/2.5 m			
	数字高程模型 DEM	基于 30 m 间隔数据修测			
	数字线划地图 DLG	基于 1∶2000 地图修测			
模型数据	BIM 建模	LOD400/建模深度			
	周边地下管网建模	建模			
园区总览	园区简介	楼栋、楼号、楼层企业等			
	室外环境	室外温度、湿度、PM2.5			
	地下管网	含水泵接合器			
	园区资料	竣工图纸、报建资料等			
	园区喷泉	自动控制			
	夜景照明	自动控制			
	滴管微灌	含湿度传感器			

续表

分类	产品/服务内容	功能/性能	单价	数量	小计
物业管理	房屋与业主管理	房屋信息			
	房屋租赁管理	房屋租赁信息			
	停车位管理	停车位信息			
	道闸管理	道闸人脸识别			
		道闸记录			
		道闸远程			
	异常报警管理	异常报警信息			
	物业公告管理	物业公告列表			
	客户服务管理（业主）				
	收费管理	收费管理信息			
安防管理	视频监控	摄像头设备信息			
	楼宇门禁	楼宇门禁			
		门禁设备信息			
		门禁卡信息			
		门禁刷卡记录			
	WiFi探针	WiFi探针			
		WiFi设备信息			
		WiFi采集记录			
	周界报警	报警记录			
	电子巡更	巡更人员信息			
		巡更点位信息			
		巡更记录信息			
	非机动车	非机动车信息			
	人脸识别	人脸监控			
		关注对象			
		人脸统计分析			
		人脸抓拍记录			
		人脸检索服务			
	车牌识别	车流量统计			
		车牌出入记录			
		车牌识别设备			
消防管理	火灾自动报警	报警详细信息			
	灭火自动控制	灭火指南			
	避难诱导	避难诱导详图			
	消防设备	设备基本信息			

续表

分类	产品/服务内容	功能/性能	单价	数量	小计
能源管理	实时管理	报表分析			
		能耗报告			
		全局报警			
		能耗分析			
		数据查询			
	冷站群控	冷站运行实时检测与显示监控			
		能效评估			
		能耗统计与分析			
		系统报警			
	设备监控	变配电室电能信息实时检测			
		电能数据分析			
		报警推送提醒			
	环境与健康检测	报警管理			
		环境场分析 PM2.5 等			
		数据分析			
资产管理	资产统计	根据空间管理 3D 呈现			
	资产运营	价值统计、运营管理			
	资产盘查	年度、季度盘查			
	资产追溯	购买、使用、挪用、报废			
小计					
税金	一般纳税人	6.50%			
合计					

（大写：　　　　　万元）

第 10 章

基于 BIM 可视化运维管理集成的应用

BIM 在 2002 年引入中国，在十几年的发展中取得了可喜的成就，自 2012 年以来，国家和省市相继推出了一系列鼓励和大力发展 BIM 技术的指导意见，政府、业主、设计、施工、监理单位及第三方咨询都对 BIM 技术的发展起到了推波助澜的作用。但在前期设计和施工阶段使用完成 BIM 模型后，很多项目都把 BIM 模型搁置一旁，其实 BIM 的真正作用在运维阶段。在 BIM 的竣工模型中已经有建筑的空间数据、设施设备的参数数据，有的还有装饰装修的模型数据，这些都是物业管理公司后期进行维修改造、信息化管理的基础要素。

10.1 项目总览系统

10.1.1 空间信息

对所有自定义三维模型和 BIM 模型进行树形结构管理，在系统主界面查看模型三维空间信息，如图 10-1 所示，包括楼宇信息及周边环境信息。鼠标点选三维场景可直接高亮范围内的所有含有属性信息的模型并列入查询结果列表。通过鼠标点选，还可以实现多项目信息同平台查看，方便领导对不同项目运营情况直观对比及总体把控。

图 10-1 系统界面

10.1.2 模型信息

10.1.2.1 三维空间漫游

支持在 BIM 模型中用鼠标的拖拽和键盘等按键对三维场景（包括地面建筑环境、室内房间）进行自由浏览；支持预设视点定位，创建漫游路径，轨迹浏览；支持在三维浏览漫游的过程中，点击任意信息点，显示其属性信息，如电梯、消防设备信息，地下管线信息，地面道路、建筑等环境信息；可以根据需要暂停或退出，可选择自由模式或重力模式；支持二、三维状态切换，按信息树进行空间定位，按关键字定位，区域查询。

10.1.2.2 BIM 模型应用

（1）空间定位：对所有自定义三维模型和 BIM 模型进行树形结构管理，点选构件列表里的构件可以实现构件的定位，包括园区建筑构件、水电管线等信息的可视化。

（2）按关键字定位：可以直接检索构件信息中的特定字段，列出符合条件的所有构件，其他非相关部分隐藏，突出显示定位构件。

（3）户型展示：BIM 模型的建立提供了可视空间的 3D 模型，如图 10-2 所示，人们在电脑画面上（或手持平板电脑上）就可方便地了解户型的布局、空间感觉和气氛，同时可以模拟调整布局，改变桌子摆放、增减椅子数量，并立即得到调整后的空间效果。客户在展厅即可了解户型详细信息及使用效果，还可以实现不同户型对比，方便客户快速选择适合自己的户型。

（4）3D 引导显示屏：利用智能手机在楼内、区内进行信息引导已开始应用。建议在大型项目、大型会展园区设立多处 3D 引导显示系统，方便顾客。例如：中国尊大厦设计了双层空中大堂及双层电梯，如找不好路径，要到目的层就会很麻烦，因此可设多块 3D 导引牌，指示乘梯路径。

图 10-2 户型展示

（5）动态数据展示：可以录入指定模型的动态数据，模型将自动按照动态数据的报警级别切换不同的颜色，通过模型标注和点选模型可以显示动态数据，比如租售信息可以用不同颜色标注、租用合约快到期时用特定颜色显示。

10.1.3 室外环境

在俯视整个园区时，自动弹出园区及周边配套设施信息，包括园区内部环境、周边配套设施、环境、交通、天气信息等信息，丰富客户对园区整体区位及建成效果的直观感受，突出园区优越的地理区位，园区情况呈现度更高、展示效果更好，园区景观、道路、水系及建筑物都可以直观感受建成效果。

另外，周边交通情况也可以通过鸟瞰反映在界面上，PM2.5 及温湿度信息实时更新，为客户提供及时准确的天气信息。用户还可根据需要设置园区不同时间点、不同天气的动态效果，体验晴天、雨雪天气等不同条件下园区的观感，丰富园区展示效果。

10.1.4 地下管网

（1）将漏水报警与 BIM 模型相结合，可在大屏上非常直观地看到浸水的平面和三维图像，从而制定抢救措施，减少损失。CAD 图纸上的地下层结构复杂，上下对应关系不能直观清楚的了解，若市政自来水外管线破裂，水从未完全封堵的穿管进入楼内地下层，尽管有的房间有漏水报警，但水势较大，且从管线、电缆桥架、未作防水的地面向地下多层漏水，从而要动用大量人力，对配电室电缆夹层、仓库、辅助用房等进行逐一开门检查，费时费力，并且可能会造成巨大损失。

（2）通过 BIM 模型显示，阀门位置一目了然。标准楼层水管及阀门的设计和安装都有相应的规律，但是在大堂、中庭等处，由于空间变化大，水管阀门在施工时常存在哪方便就安装在哪的现象。当有水管破裂,寻找起来非常困难,有了 BIM 模型,问题处理会快很多。

(3)利用 BIM 模型可对地下层入口精准定位、验收,方便封堵,质量也易于检查,减少事故概率。一个市政大项目有电力、光纤、自来水、中水、热力、燃气等几十个进楼接口,在封堵不良且验收不到位时,一旦外部有水(如市政自来水爆裂,雨水倒灌),水就会进入楼内,不易于管理。

10.1.5 图纸文档

建筑图纸文档管理是将图纸管理、施工档案、门、窗、设备管理可视化。包括用户资料、物业资料、规划图纸等文档的可视化,如图 10-3 所示。将图纸文档归入可视化平台有利于图纸文档的保存、可及时调阅查看、方便寻找,实现所有数据上平台的一体化管理。

图 10-3 图纸文档

10.2 物业管理系统

10.2.1 物业管理

针对业主方的物业管理需要,对智慧建筑(园区)项目每天保洁、保安、工程人数进行统计,为园区设施设备日常维护管理提供支持,建立设备、设施维护数据库,三维空间展示设施设备位置全局部署情况,BIM-ERP 连接,模拟设备的搬运路线,上下游关联设备信息显示等。

10.2.1.1 人员管理

无线信号的信号强度在空间传播过程中,会随着传播距离的增加而减弱,接收端设备与信号源（对讲终端、特制的工作卡等）距离越近，信号源的信号强度就越强；根据终端设备接收到的信号强度和已知的无线信号衰落模型，可以估算出接收方和信号源之间的距离，根据估算接收方与多个信号源之间的距离，就可以计算出接收方的位置。

人员考勤系统可记录每个人的进出时间和位置，通过人员定位系统，可对人员信息进行复核，而且可实时了解每个人员的位置及运行轨迹。

（1）部门考勤查询：可按部门及各种指定条件进行部门人员的出勤情况查询（如图10-4所示），如：编号、姓名、班次、工种、部门等查询条件，可按任意条件自动排序。

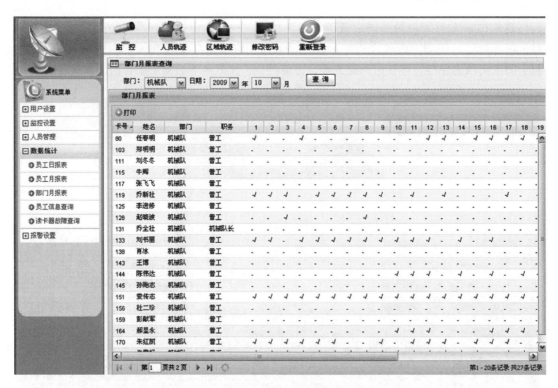

图10-4 按部门查询出勤情况

（2）员工考勤查询：可按各种指定条件进行人员的出勤情况查询，如：编号、姓名、班次、工种、部门等，可以按任意条件自动排序，如图10-5所示。

（3）可以根据日期对进出隧道的施工人员数量进行统计，显示某个区域人员及设备的身份、数量和分布情况。

（4）查询一个或多个人员及设备现在的实际位置、活动轨迹。

（5）记录有关人员及设备在任意地点的到、离时间和总工作时间等一系列信息，可以督促和落实重要巡查人员（如：安全检测人员）是否按时、到点地进行实地查看，或进行各项数据的检测和处理，从根本上杜绝因人为因素而造成的相关事故。

10.2.1.2 设施设备运维管理

（1）建立设备、设施维护数据库。包含设备规格信息、指标信息、维修记录、质保信息、厂家信息、维修电话等。

图 10-5　人员查询出勤情况

在机电设备运维管理中，利用 RFID 卡（射频卡）或二维码作设备标签已开始普及，已开始试验用 RFID 卡对隐蔽工程中的 VAVBOX（变风量空调末端）、阀门等进行标签。但因设备多、标签数量大、电源需更换等问题，感觉比较麻烦。现开始采用二维码，在设备本体、基座、隐蔽设备附近（如通道、墙面）贴附二维码，很实用。用智能手机、平板电脑扫描二维码可得到设备的相关信息及上下游系统构成，也可将巡视资料通过 WiFi（或 3G、4G）送回后台。

（2）三维空间展示设施设备位置全局部署情况（楼、层的设备分布情况）、BIM-ERP 连接、模拟设备的搬运路线。

在物业管理企业中，ERP 系统已开始广泛应用，多种版本的软件紧紧围绕物业管理需求，系统内容逐渐丰富，适用性逐渐落地。在应用中许多物管企业参与或改进了这一系统，因此使其越来越完善。我们认为，BIM 模型要在物业运维方面发挥作用、延续生命，与物管 ERP 连接是最有效的方法。ERP 的大量数据、统计方式、显示界面都将使 BIM 应用更快成熟，因此在设计 BIM 应用时，就要提前预留与 ERP 的接口条件。

利用 BIM 模型还可以很容易模拟设备的搬运路线，对今后 10 年甚至 20 年需更换的大型设备，我们要认真分析路线，如：对制冷机组、柴油发电机、锅炉等作出管道可拆装、封堵、移位的预留条件。BIM 模型中的建筑数据比传统的 CAD 软件要求更严、更准，利用这一点在物业管理中可对诸如石材面积、地毯面积、地板面积、外窗（外玻）面积以及阀门、水泵、电机等大量材料和零配件进行精准的定位统计。结合物业行业中已较成熟的 ERP 管理，就可使我们的管理工作上一个台阶。

（3）快速定位指定设备（ID）空间位置（楼、层、房间、通道、楼梯等），并且可以实现去天花板功能，房间想分隔改造、风道风口要移位、灯光电线要增加，可是有天花板挡着，路看不见，是否有安装空间看不见，从检修孔探进头也被空调末端挡着，看不清，这时我们就想把天花板拆了，看个究竟。BIM 模型的建立，解决了这个难题，在现场拿着平板电脑，调出房间图纸，进行去天花板功能处理（涂层透明化），这时整个天花板从图像中去掉，甚至连四壁墙的装修也去掉，天花内、装修内的设备、管线、电线一清二楚，为改造、检修提供了极大的方便，如图 10-6 所示。

 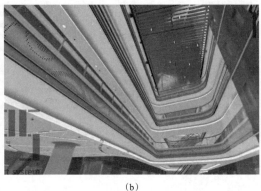

(a)　　　　　　　　　　　　　　(b)

图 10-6　去天花板功能

（4）上下游关联设备信息展示。便于事件源对下游设备可能造成的影响进行判断。

（5）制定设备维修保障计划。并提前示警计划的执行。

（6）实时协议接入设备监测信息。

（7）BIM 动态化：让 BA 走进 BIM，让 BIM 动起来，只有形成一个动态 BIM 环境，才能使 BIM 在运维上发挥作用。我们不是要一个动画三维图，而是要让 BIM 中涵盖动态化数据。

（8）BIM 模型与运维人员的培训：BIM 模型直观、准确，各种机电设备、管线、风道、建筑布局一目了然，加上动态信息、人流、车流、设备运行参数，又以动画方式演绎出来。这些信息正是我们培训运维技工、安保人员以及各类服务人员的极好的教材。因此，充分利用这些教材进行培训，又成为 BIM 模型的重要应用内容。

（9）实时动态监测的设备对象，可依据设定阈值实时远程报警通知（铃声、短信、邮件等）。

10.2.2　房屋租赁

在房屋出租或出售后，物业管理方可以在模型中加入客户信息，对园区租户信息进行空间展示。包括公司名称、公司类别、人员清单、租期及费用等详细出租信息，与物业软件对接，设定租用时间，在后期管理过程中，通过不同颜色标注，如图 10-7 所示，显示所有户型出租或出售情况，实现实时租户数据查看，并可实现阶段上报功能。在租金即将到期时提出预警，提醒物业人员及时催缴费用，也可设定自动催缴。

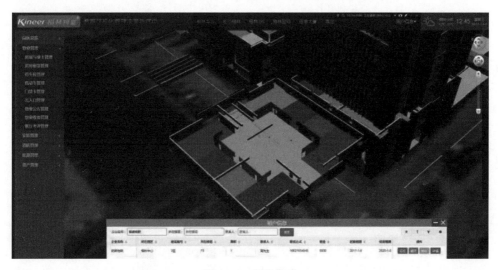

图 10-7　租售管理

10.2.3　车位管理

在车库入口处通过屏幕显示出所有已占车位和空闲车位；通过有定位标识标记的车位卡还可以在车库监控大屏幕上查询所在车的位置。

地下室停车场进行系统的停车标识导视设计，使地下室成为干净、整洁、导视性强的化身，给公司及外来客户提供一个好的印象，如图 10-8 所示。

图 10-8　车库空间展示

10.2.4　车辆管理

应用 RFID（射频卡）将定位标识标记在车位卡上，车辆进入场区时领取车位卡，根据车位卡采集停车位置，实现反向寻车。

10.2.5 门禁管理

在 BIM 模型中三维显示楼宇、楼层门禁安装位置，可选择并调取、查阅门禁记录信息、门禁配置管理信息等，可联动查阅相关监控设备信息。

10.2.6 报警管理

视频监控与其他报警系统联动，可识别特定视频特征信息，并通过报警铃声、短信、邮件等报警。

10.3 能源管理系统

10.3.1 电力监控

（1）用电远超。能耗统计管理模块可以实时统计每一块电表的实时读数、每一栋楼的电表实时读数以及整个园区的电表实时读数。实时监测管理模块可以实时监测每个配电箱的功率因数、电流（I_a、I_b、I_c）、漏电电流、温度（T_a、T_b、T_c）、相电压（U_{ab}、U_{an}、U_{bc}、U_{bn}、U_{ca}、U_{cn}）以及总有功，并且每一个配电箱数据都可以打开生成统计图。告警信息管理模块可以统计告警设备名称、告警的类型以及告警的信息。告警设置管理模块可以设置告警类型、告警最小值、告警最大值。

（2）能耗分析。通过远抄用电数据并生成统计图，如图 10-9 所示，实现用电情况纵向和横向对比，及时发现用电异常情况，并可以提醒租户或客户及时缴纳电费，省去物业管理工程维修人员抄表时间、客服人员接听客户请求送电的电话时间，提高工作效率，节省人力成本。

图 10-9 能耗统计

（3）设备自控。企业对比住宅、商场来说，具有朝九晚五的规律性，偶尔有加班情况出现。根据企业上下班周历，在电脑或 APP 上设置非必须用电设备的使用时段，如热水器、打印机、电视、音响的使用时间（上午 9：00 ～ 12：00，下午 13：30 ～ 17：30），时间段内用电设备处于允许使用状态，时间段外禁止使用或进入加班状态。加班状态时用电设备每 2 小时会自动关闭一次，杜绝了员工离开忘关用电设备而造成的浪费。最重要的是，以前这个只能由用户自己手动进行操作，有时会忘记，使用云开关和云插座，只需要通过在手机上设置即可规律性自动执行，如有加班的情况出现，只要通过手机 APP 就可以完成改变，无须过多的干预，非常方便。

云产品提供了多个定时开关时点，可根据公共办公区域、会议室、领导办公室特点设置定时（比如下班）关机时间，到设置时间云插座会自动关闭非必要用电的设备，杜绝待机能耗。

（4）节电分析。

a. 经济效益。时段管理节能：云开关和云插座具有分时段使用功能。按照企业的上班习惯，每天从早 9 点到晚 5 点长达 8 个小时左右所有电器全部开启，但是通过设置使用时间段控制，可以在中午下班、下午下班（这些非上班时间）自动关闭热水器、打印机等非必要大功率用电设备，按照企业上下班的规律可以让用电设备少运行至少 1 个半小时，平均节能可达 15%。

杜绝待机能耗：安装使用云开关和云插座，可设置到下班时间系统自动关闭办公室内各区域的灯、热水器、打印机等电器的电源，并自动开启安防报警系统。忘记点下班键时也可用手机远程执行下班操作，办公室内电器全部关闭，有效杜绝待机能耗。以 1 个中小企业公司有 40 台电脑 + 显示器、7 台空调、3 台打印机、1 台传真、4 个饮水机、1 台电视、2 个音响为例，平均每年因待机能耗便用电 $53.6 \times 40 + 30 \times 7 + 78.5 \times 3 + 49.3 + 172.8 \times 4 + 21.6 + 62.6 \times 2 = 3476.8$ 度。使用云开关和云插座进行节能管理，便可节省此项费用。

电量统计节能：云开关和云插座提供多种智能节能管理方式，还可记录每台用电设备的实时、日、月、年的使用情况和耗电数值，为实现精细化管理，减少用电设备使用环节的浪费提供数据支撑。

b. 社会效益。采用云插座对企业空调进行智能节能管理，不仅为企业减小能源消耗、节省费用支出，还可提高节约意识，为建设节约型、环保型社会做出贡献。

（5）数据查询比对。可记录每台用电设备的实时、日、月、年的使用情况和耗电数值，为用电设备的节能管理提供了客观真实的数据，为节能改造提供数据支撑。也可方便不同部门间进行耗电考核评比，奖优罚劣，有效促进行为节能，培养节能意识。

（6）能源报告。系统可根据设定时段自动生成阶段能源报告，方便管理人员对数据的选择和分析。

10.3.2 照明管理

现在大多数项目都具有智能照明功能，利用 BIM 模型可对现场管理，尤其是大堂、中庭、夜景、庭院的照明管理，为物业人员提供了直观方便的手段。通过设定不同场景（比如节日模式、会议模式等）模式，在不同时刻亮起不同风格的照明，实现对照明的统一控制；或自定义在模型中控制不同种类照明的启闭以达到不同的场景需求等。

10.3.3 室内环境

通过手机 APP 及管理软件提供的多达二十个的情景模式可供编辑 / 使用，可根据习惯和需求特点，对用电设备进行"一键管理"。走进办公室时，在手机上轻点上班场景，系统自动执行一系列场景动作。空调自动打开并将温度调至最舒适，窗帘、打印机、计算机、净化器、饮水机、打印机全部自动打开，不需要你再一个一个打开开关或寻找遥控器。需要开会时只需在手机APP上点开会议场景，会议室的灯光、笔记本、投影、话筒依次自动打开，窗户窗帘自动关闭。

10.3.4 电梯监控

电梯监控位置及信号可在中控室或应急指挥大厅、数据中心ECC大厅等处的大屏幕可视化显示，含音频、视频、数据信号及电梯机房的视频信号、烟感、温感信号；电梯及环境状态与BIM联动，可视化显示电梯实时运行方向、实时位置以及电梯实时状态。

10.3.5 风系统设备

对于一个复杂而庞大建筑的空调系统，我们要随时了解它的运行状态，利用BIM模型就非常直观，对整体研究空调运行策略、气流、水流、能源分布意义很大。对于使用VAV变风量空调系统及多冷源的计算机中心等项目来说，实用意义就更大。

通过使用BIM模型，我们可方便了解冷机的运行，如类型、台数、板换数量、送出水温，空调机（AHU）的风量、风温及末端设备的送风温湿度、房间温度、湿度均匀性等几十个参数，方便运行策略研究、节约能源。

10.3.6 水系统设备

利用BIM模型可以对水泵启停，阀门的开启度，各管线的水温、流量，进行直观的监视。当用水出现异常情况可及时报警，减少损失。

10.4 安防管理系统

利用现代化的科学技术来建立完善的区域安全保卫体系，通过对区域的重要部位、场所安置摄像头，对这些重点部位进行监视、控制和记录。通过结合BIM模型，可以快速定位具体的监控点，对每个监控点实时查看。对于每个监控点，可以显示当前的视角范围，死角区域需人为重点排查。并且可以依据路线，显示指定路线的视频回放情况。

针对B端客户（物业管理方），通过手机移动端，可随时查看建筑内摄像头数据、门禁人员进出情况，对安全巡检人员定位及巡检实时查看，以及高清人脸公安识别情况等，增加了园区安全保卫功能。

10.4.1 视频监控

（1）协议接入现有楼宇监控室、中控室控制系统数据信息；

（2）三维可视化视频监控系统管理：可直观选择监控设备，实时监视现场信息，并可调取相应位置历史视频信息等；

（3）视频监控与其他报警系统联动：可识别特定视频特征信息，并通过报警铃声、短信、邮件报警。

10.4.2 楼宇门禁

业主可以利用手机生成二维码发送给来访人员，来访人员通过扫描二维码进入楼宇，提高对来访人员管理的效率。

10.4.3 周界报警

根据无线信号传播，实现周界报警功能。

（1）人员信息管理。定位终端可与姓名、手机号码、WiFi MAC 地址关联，系统也可与第三方系统对接，获取人员信息。

（2）权限管理。系统可分权、分域管理。

（3）人员定位。人员位置实时监控，并且可以在电子地图上查看各个位置的人员信息。

（4）电子围栏功能。可在区内设置危险区域，当有人员进入该区域，系统可发出报警信息，通知监控中心和越界本人。

（5）轨迹查询。系统可记录人员的活动轨迹，可进行查询和回放。

10.4.4 电子巡更

可制定巡更人员计划、时间班次、路线安排、人员实时定位、应急措施、实时对讲调度、巡更记录等。对于保安人员，通过将无线射频芯片植入工卡，利用无线终端来定位保安的具体方位（楼、层、房间等）。

10.4.5 人脸识别

人脸识别技术是基于人的脸部特征，对输入的视频流，首先判断其是否存在人脸，如果存在人脸，则进一步给出每个脸的位置、大小和各个主要面部器官的位置信息，然后依据这些信息，进一步提取每个人脸中所蕴含的身份特征，并将其与已知的人脸进行对比，从而识别每个人脸的身份。

10.4.6 车辆管理

利用视频系统+模糊计算，可以得到人流（人群）、车流的大概数量，这就使我们可在 BIM 模型上了解建筑物各区域出入口、电梯厅、餐厅及展厅等区域以及人多的步梯、步梯间的人流量（人数 /m²）、车流量。当每平方米大于 5 人时，发出预警信号，大于 7 人时发出警报。从而做出是否要开放备用出入口，投入备用电梯及人为疏导人流以及车流的应急安排。这对安全工作是非常有用的。

10.5 消防管理系统

10.5.1 火灾报警

（1）可三维显示楼宇、楼层消防设施安装位置。

（2）可选择并调取、查阅设施可用状态信息及其他记录信息。

（3）可联动查阅相关监控设备信息。

（4）可通过 NB-IOT 压力传感器实时检测消防管网供水压力并上传数据至云端。消防管网压力检测系统是检测消防管供水状态的重要途径，利用 NB-IOT 压力传感器，我们可以实时监控网络的供水压力并完成自动报警。当压力太低时，我们能发现网络关闭、管道破裂等异常，可及时采取措施以减少火灾造成的损失。

（5）提高火灾应急处置水平。

10.5.2 自动控制

消防联动控制器处于自动状态时，消防系统动作状态可视化显示，并可实现通过平台对消防系统的控制。

10.5.3 消防设备

可在 BIM 模型中三维显示楼宇、楼层消防设施安装位置，当火灾发生时能快速找到最近消防设备展开灭火，及时扑灭初期火灾。

10.5.4 避难诱导

（1）疏散引导。对于大多数不具备乘梯疏散的情况，BIM 模型同样发挥着巨大作用。凭借上述各种传感器（包括卷帘门）及可靠的通信系统，引导人员可指挥人们从正确的方向由步梯疏散，使火灾抢险发生革命性的变革。

（2）疏散预习。在大型的办公室区域我们可为每个办公人员的个人电脑安装不同地址的 3D 疏散图，标示出模拟的火源点，以及最短距离的通道、步梯疏散的路线，平时对办公人员进行常规的训练和预习。

10.5.5 应急管理

对火灾进行应急处置是 BIM 模型中最具优势的典型应用。

以消防电梯为例，按目前规范，普通电梯及消防电梯不能作为消防疏散用（其中消防梯仅可供消防队员使用）。而有了 BIM 模型及 BIM 具有了前述的动态功能，就有可能使电梯在消防应急救援，尤其是超高层建筑消防救援中发挥重要作用。

要达到这一目的所需条件包括：

（1）具有防火功能的电梯机房、有防火功能的轿厢、双路电源（采用阻燃电缆）或更多柴发或 UPS（EPS）电源；

（2）具有可靠的电梯监控，含音频、视频、数据信号及电梯机房的视频信号、烟感、温感信号；

（3）在电梯厅及电梯周边房间具有烟感传感器及视频摄像头；

（4）可靠的无线对讲系统（包括基站的防火、电源的保障等条件）或大型项目驻地消防队专用对讲系统；

（5）在中控室或应急指挥大厅、数据中心 ECC 大厅等处的大屏幕；

（6）可靠的全楼广播系统；

（7）电梯及环境状态与 BIM 的联动软件。

当火灾发生时，指挥人员可以在大屏前凭借对讲系统或楼（全区）广播系统、消防专用电话系统，根据大屏显示的起火点（此显示需是现场视频动画后的图示）、蔓延区及电梯的各种运行数据指挥消防救援专业人员（每部电梯由消防人员操作），帮助群众乘电梯疏散至首层或避难层。哪些电梯可用，哪些电梯不可用，在 BIM 图上可充分显示，帮助决策。这一方案正与消防部门共同研究其可行性。

10.6 资产管理系统

（1）资产总览。建立各类资产的 5D 数据库，并与楼宇 BIM 模型数据相关联，支持 9 类以上资产信息查询和统计。包括：房屋和建筑资产、办公设备、专用设备、文物和陈列品、图书资料、运输设备、机械设备。

（2）资产查询。依据指定资产 ID，三维空间展示相关资产的位置（楼、层、房间、通道、楼梯），可列表分类查询资产并连接空间位置展示，点击具体资产标识，可显示资产相关详细信息。

（3）运行管理。支持资产项目信息维护管理。包括修改、增加、删除、移动等。

（4）统计查询。可分类统计资产信息，并可连接显示三维空间分布情况。

10.7 环境监测系统

环境监测管理系统，又称环境监测信息管理系统（EMIS），它是以计算机技术和数据库技术为核心，将获得的大量环境监测信息和数据储存在计算机中，运用计算机网络相关技术，结合其软、硬件系统，实现对环境监测信息数据的处理工作，主要包括数据的输入输出、数据的修改删除、数据的传输保密、数据的检索及计算等数据库技术的处理工作，并结合及运用多种计算机应用软件，如 Statistical Mathematics Software、Optimization of Management and Analysis Software、Prediction of Software Evaluation Model、Software Programming Decision Model、Drawing Output Software 等，从而构成一套复杂有序的、具有多种功能的数据信息管理系统。

10.7.1 绿色建筑分析

随着"十三五"提出的加快建筑信息模型在工程行业的应用，BIM 技术与建筑节能的结合——Green BIM 已是大势所趋，在 BIM 软件中建立的模型可直接导入绿色建筑分析软件中进行相关研究，为能耗分析提供了便利。在软硬件的技术支持下，BIM 技术与能耗分析完美契合，BIM 技术成为建筑能耗分析的重要工具。

第一步对理论背景进行了解与初步掌握。首先加深理解当今建筑能耗对国家、经济、能源的影响；其次，通过对 BIM 技术与建筑能耗模拟软件的综述，确定相应建模、模拟软件。

第二步为 BIM 建模。采用 Autodesk Revit 进行研究对象建筑建模。Revit 作为 BIM 建模领先软件之一，具有强大的建筑、结构、管线建模功能，能够较为逼真地还原案例建筑的真实状态，保证了准确性。

第三步利用不同能耗模拟软件对目标建筑进行能耗模拟。基于利用 Revit 建立完成的模型，通过不同的格式分别导入 Ecotect、eQUEST、Green Building Studio 中，经过天气参数与费率等设置，各软件输出其对案例建筑能耗的模拟结果——能耗来源。

第四步实地调研。实质上与第三步同时进行。采用问卷调查、实地调研、资料收集等方式获取目标建筑在某一时间段内真实的能源消耗情况，并对建筑使用者在能源使用上的习惯进行探访；实地调研所获取的该建筑真实能耗结果将用于与原项目模拟结果进行校验模拟比较，验证设计输出结果的准确性，若模拟结果误差在可接受范围内即可继续下一步研究，两者间差距较大无法接受时则要求重新对目标建筑进行能耗模拟。如图10-10所示。

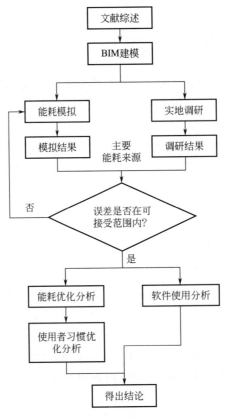

图10-10 绿色建筑分析步骤图

第五步为重点兼难点。首先，通过在与真实数据相比最终获得的准确模拟结果中，挑选其中主要能耗来源进行能源优化分析，设计出该建筑最佳能源方案。目标建筑的能源优化设计主要通过 Green Building Studio 生成不同的替换方案，从中选择最优者；完成上述所有任务后，对原设计能耗模拟结果进行比较评价。最后，得出优化设计方案和软件使用建议的结论。

10.7.2 环境管理

人的一生有1/3的时间是在办公室内度过的，办公或工作环境的管理随着人们生活水平的提高，得到人们的普遍重视。环境管理包括三个阶段，建筑建造阶段的环境管理，建筑使用阶段的环境管理以及建筑拆除阶段的环境管理。

（1）建筑建造阶段的环境管理。包括施工阶段的安全、空气（PM2.5）、扬尘、噪声、车辆、塔基、固体排放物等的管理。

（2）建筑使用阶段的环境管理。包括建筑使用阶段的环境管理，如空气温湿度、空气品质、空间影响、装修污染、用电安全、消防应急、卫生间换气次数、开水间热水品质、吸烟室通风、办公照明、疏散照明、应急照明、人际关系、视觉感官等，从人的自身感知层面出发关注室内声、光、热、氛围等的环境控制。

（3）建筑拆除阶段的环境管理。建筑拆除的噪声、粉尘、隔震、爆破、残值回收、固体排放、运输等一些列为建筑周边及环境有利出发点而考虑的第三方管理咨询。

10.7.3　健康管理

为贯彻《中华人民共和国职业病防治法》，预防和消除职业病的危害，保护从业者的身体健康，而进行的有毒、有害、噪声等危险场所的职业健康管理。

10.7.4　安全管理

物业安全管理是指物业管理公司采用各种措施和手段，保证业主和使用人的人身财产安全，维持正常的生产生活秩序的管理活动。包括治安管理、消防管理和车辆管理三个方面。

第11章 针对入驻小业主或客户服务系统

11.1 客户感知

11.1.1 客户感知系统包括的内容

针对C端客户（租户自身），可为客户进行增值服务，包括餐饮好评、共享打印机、会议室提前预订、重要接待模拟、区域及室内定位（ULS）、人脸打卡、人脸识别、来访车辆进入服务等围绕客户感知的一系列服务，如图11-1、图11-2所示。

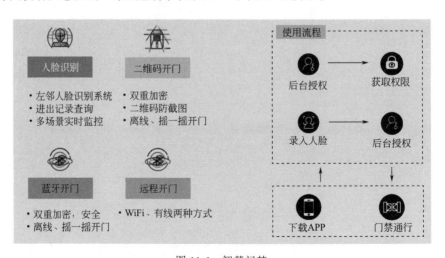

图 11-1　智慧门禁

第11章 针对入驻小业主或客户服务系统

图 11-2 远程开门

（1）智慧商业。改变传统园区物业服务模式，打造优质、高效、精准服务体系，降低企业成本、提升增值服务、创建企业品牌。系统解决的不是手工操作到电脑操作的问题，是改变企业管理模式、提升企业核心竞争力、打造高端品牌的战略高度，如图 11-3、图 11-4 所示。

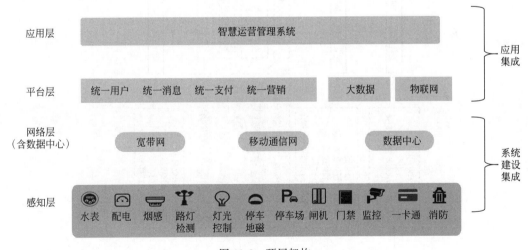

图 11-3 顶层架构

（2）重要接待的模拟。利用 BIM 模型，我们可以和安保部门（或上级公安、安全、警卫等部门）联合模拟重要贵宾（VVIP）的接待方案，确定行车路线、中转路线、电梯运行等方案。同时可确定各安防值守点的布局，这对重要项目、会展中心等具有实用价值。利用 BIM 模型模拟对大型活动整体安保方案的制定也会有很大帮助。

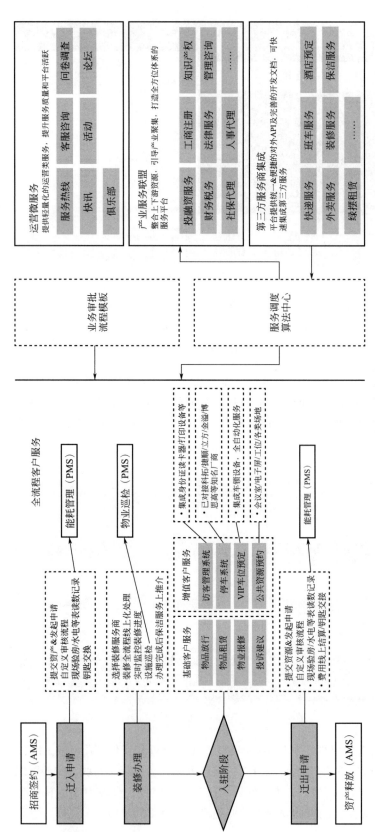

图 11-4 客户服务全景

（3）会议室、展厅预定。对于较重要的会议，人们大多要到现场查看会场。对于一个集中会议区、大型的会展中心，预定会场就变成了一个很繁重的工作，且由于对会场布局的不同要求，使这一工作的效率变得很低。

BIM 模型的建立提供了可视空间的 3D 模型，人们在电脑画面上（或手持平板电脑上）就可方便地了解会场的布局、空间感觉和气氛，同时可以模拟调整布局会场，改变桌子摆放、增减椅子数量，并立即得到调整后的空间效果。通过网络又可实现远程会场预定，大大提高了效率。这种预定方式同样非常适合展场展位的预定。

对于出租类写字楼或同一单位的办公室调整也有很大帮助。

（4）区域及室内定位（ULS）。目前多用手机增强天线、WiFi 天线、VLAN（内部通信）天线等组成定位系统，精度应可做到 3～5 m，也有更精确的微波专用定位系统，定位精度可达到零点几米。我们认为在一般办公楼、园区、大型商场管理，定位 3～5 m 的精度应该够用。

人们通过智能手机、平板电脑等移动设备利用 APP 即可了解区域内的各种空间信息（地图功能）并可按引导寻找目的地。这对一个大型物业项目、大型商场及大型会展中心来说都具有非常实用的价值。

（5）车库定位及寻车。在停车位边上（柱、墙上）安装二维码，用智能手机扫描后，既记录了停车位置信息，再利用区域定位，即可找到所存的车，这一方法简单、投资低。但没有智能手机，这一方法就不能起作用。

当然依靠摄像识别系统等（如图 11-5 所示）或者每个车发一个定位用的停车卡（RFID 卡），依赖精度更高的定位系统寻回停车也是可行的，但要考虑领卡所需的时间对大流量车库入库速度的影响。

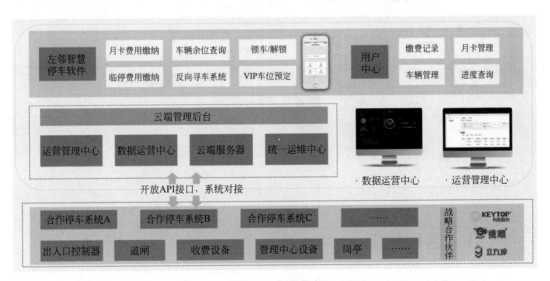

图 11-5 智慧停车

11.1.2 客户感知达到的目的

用信息化的管理手段，可以增强园区 C 端客户的认同感和获得感。例如，在用手机开门、远程查看、班车定位、访客白名单优先进入园区等方面，让客户可以真正感受高科技企业的智能、科技和便捷。

11.2 收益提醒

11.2.1 移动端费用内容

移动端费用内容主要包括租户租金、物业费、水电费及车位费等，系统可以根据设定，在租户各项费用即将到期时智能提醒租户及时缴纳，包括短信提醒和语音电话提醒。可以有效节省物业管理人员工作时间，提高物业服务质量。

11.2.2 移动端提醒的规则

系统接入相关数据后，在三维界面可显示不同租售房屋、车位的详细信息，房屋类包括公司名称、公司类别、租用（或售出）面积、租金、租用时限等；车位详细信息包括租用人姓名、电话、车牌号及租用时间段等，如图 11-6 所示，并可以用不同颜色显示租售类别及租用是否即将到期等。

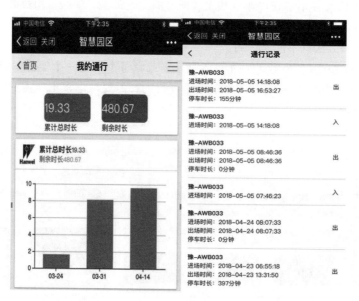

图 11-6　通行记录

11.3 远程控制

11.3.1 办公或使用环境控制

走进办公室时，在手机上轻点上班场景，系统自动执行一系列场景动作。空调自动打开并将温度调至最舒适，窗帘、打印机、计算机、净化器、饮水机、打印机全部自动打开，不需要你再一个一个打开开关或寻找遥控器。需要开会时只需在手机 APP 上点开会议场景，会议室的灯光、笔记本、投影、话筒依次自动打开，窗户窗帘自动关闭，如图 11-7 所示为风机盘管的远程控制。

图 11-7　风机盘管控制

11.3.2　访客或巡查控制

利用 WiFi 探针，可以记录有关人员及设备在任意地点的到、离时间和总工作时间等一系列信息，可以督促和落实重要巡查人员（如：安全检测人员）是否按时、到点地进行实地查看，或进行各项数据的检测和处理，从根本上杜绝因人为因素而造成的相关事故，如图 11-8、图 11-9 所示。

图 11-8　电子巡更

图 11-9 视频监控

第 12 章

运维管理中的 ICT 技术应用

随着科学技术的进步，特别是 BIM、GIS、物联网、大数据行业的不断发展，运维管理越来越受到业主及物业管理方的重视。以往只有平面图形和报表呈现的运维管理方式已经不适应人们对集约化、可视化、数据化的需要。作为物业运行的管理方，也能满足于过去看家护院、维修保洁的单一服务了，物业公司也需要采用信息化的手段，不断迎合业主的管理需求、提升信息化管理水平、降低物业运营成本、积累行业运行数据、优化考核绩效的内容，使运维阶段的管理智能化、智慧化和数据化。

由于运维阶段是多专业、多学科、多行业信息化的融合，运维部门所负责的设备及软件的运行维护工作变得越来越复杂、技术难度越来越高、支撑的业务也越来越多。依靠简单的技术人员单打独斗的维护方式已不能满足业务的发展，必须建立一个基于人、组织、流程以及工具的统一的运维体系。

12.1 主流运维平台

传统的运维平台在建筑行业和市政管廊行业，均采用平面的、系统的、部分集成的 IBMS 系统平台，在一定时期的建筑物运营、设施设备管理、部分的集成化应用方面还是起到了非常重要的作用。随着科学技术的进步，特别是 BIM、GIS、物联网、大数据行业的不断发展，推出了基于 BIM 的可视化运维管理平台。在以往基于平面的设施设备 IBMS 系统集成的基础上，发展了基于三维空间的可视化集成平台，进一步对运维阶段进行了精细化的管理。

目前主流集成管理平台有四种：基于 BIM 自身轻量化运维平台，基于 BIM+GIS 的运维平台，基于 BIM+UNITY 3D 的运维平台，基于 BIM+CE3 的运维平台等。

12.1.1 基于 BIM 的轻量化运维平台

在建筑已经建造完成进入运维阶段时，我们的运维系统往往希望轻量化的 BIM 模型。首先是在原始 BIM 模型基础上的概括与简化，比如在设计阶段或施工阶段的某些具体信息在运维阶段并不一定有用，如果这些冗余信息在 BIM 运维阶段不做概括和简化，不但会造成由于 BIM 模型过于复杂导致的性能问题，还可能由于信息冗杂、干扰，导致运维系统使用不便。所以有必要根据 BIM 模型的应用场景做必要的简化。与此同时，运维阶段所需要的一些必要信息，在设计和施工阶段也是没办法包含在 BIM 模型之内的，也需要根据具体使用情况，对 BIM 模型做必要的信息补充。这个过程必然造成 BIM 模型的版本分化，有必要做好版本管理工作。

根据运维系统的特点，运维人员可能并不熟悉建筑建模软件的使用，同时让运维人员使用建模软件来做运维管理也是不实际的，所以还需要对 BIM 模型的格式做必要的转换达到轻量化效果，以便在运维系统中使用。常见的 BIM 模型轻量化解决方案有下面几种：

（1）使用 Autodesk Navisworks 软件。Autodesk Navisworks 可以接受包括 Revit 在内的多种业界常见的 BIM 模型格式，同时具有很高的压缩比。Navisworks 同时提供丰富的 API，有不少厂商使用 Navisworks 做运维平台。其优点是支持数据格式众多、压缩比高、轻量化效果好，同时提供丰富的 API，易于开发与集成。但是 Navisworks 是桌面软件，客户端需要安装 Navisworks 软件，需要 License 授权，成本较高。使用 Navisworks 虽然可以开发基于 Web 的应用，但 Navisworks 只能支持 IE 浏览器，并且每个客户也还是需要安装 Navisworks 软件。同时由于 IE 浏览器版本的升级，新版本 IE 浏览器对 Navisworks 的支持还有问题。而且该方案也不支持移动设备浏览。

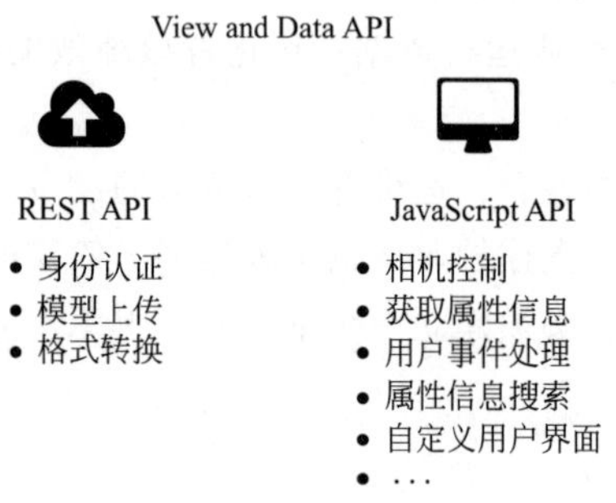

View and Data API

REST API
- 身份认证
- 模型上传
- 格式转换

JavaScript API
- 相机控制
- 获取属性信息
- 用户事件处理
- 属性信息搜索
- 自定义用户界面
- …

图 12-1 服务器 API 与 REST 方式提供模型轻量化

Autodesk View and Data API 由两部分组成，对于 BIM 模型的预处理等技术复杂度高的工作以云服务的形式提供，用户可以以 REST 的方式调用；同时浏览器端提供基于 JavaScript 的 API，方便对模型做更精细的控制以及和其他业务系统做深度集成。如图 12-1 所示。

如图 12-1 所示，服务器端 API 部分以业界流行的 REST 方式提供，可以由任意语言或平台调用。通过 REST API，我们实现基于 OAuth 2.0 的身份认证、模型文件的上传以及云端的格式转换。通过 View and Data API 提供的云服务，我们不用花费大量的时间和精力对不同格式的模型进行解析，只需利用云端服务的强大威力，就可以降低我们系统开发过程中的技术难度。

模型经云端进行格式转换后即可使用 View and Data 浏览器端 API，使用 JavaScript 把模型嵌入浏览器中并和其他系统做集成。该模型浏览器提供了内置的三维模型浏览查看功能，比如模型的缩放、旋转、视点跳转等，同时还提供模型目录结构树浏览、模型组件的隐藏与显示、模型组件的信息显示与搜索，而且内置的模型测量工具，可以对模型组件长度、角度、面积等多种参数进行测量，内置的剖面工具可以在任意平面上对模型进行剖切，从而查看模型的内部结构。

同时注意到，Autodesk View and Data API 不但可用于建筑模型的 Web 浏览，对于机械模型同样适用。

图 12-2 展示了使用 View and Data API 结合 Three.js 技术实现对模型组件的移动拆解。

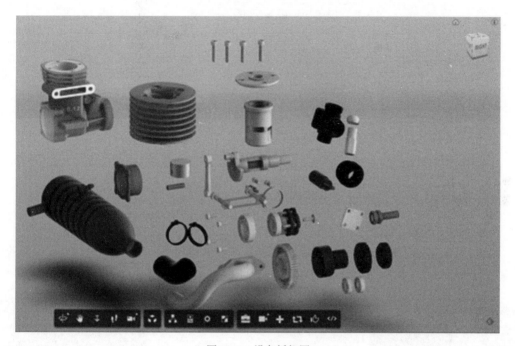

图 12-2 设备拆解图

（2）使用 DWF 格式。DWF 格式是更通用的数据格式，几乎所有 Autodesk 软件都支持导出为 DWF 格式。其优点是支持的格式众多，Autodesk Design Review 还提供免费的 Web 插件，可以在 Web 端运行，有简单 API 可以做定制和集成。不过 Design Review 或 DWF viewer 也是基于 COM 技术的，只能在 IE 浏览器上运行，这在互联网时代的大背景下，是非常苛刻的要求。同时 DWF viewer 对超大模型的支持能力一般，打开超大模型时加载时间较长、对计算机性能要求高，运行性能也会有影响。不支持移动设备。

通过 View and Data 客户端的 JavaScript API，我们可以以编程的方式对模型浏览器进行控制，比如通过相机参数的控制来实现视点跳转和模型自动旋转，获取属性信息以便和其他系统集成，捕捉用户事件以及创建风格一致的用户界面等。由于 View and Data API 基于 Three.js 构建，除了 Autodesk View and Data API 客户端本身提供的 API 之外，结合 HTML5 技术、Three.js 技术，我们可以做出更多酷炫的应用效果。

（3）WebGL 解决方案。随着最新 Web 技术的发展，尤其是 HTML5/WebGL 技术的发展与成熟，为我们在 Web 和移动端显示 BIM 模型提供了新的选择，这必将是将来的发展方向。HTML5/WebGL 技术使用原生浏览器本身的功能，不需要下载安装任何插件即可在 Web 端浏览和显示复杂的三维 BIM 模型或二维 DWG 图纸。同时支持 Firefox、Google Chrome 等现代浏览器，iOS、Android 设备上也可以运行。所以几乎所有浏览器、所有设备上都可以使用。使用 WebGL 技术做 BIM 模型的轻量化，需要把原始 BIM 模型进行解析，用 WebGL 技术在浏览器端或移动端对 BIM 模型进行重新绘制渲染，对技术水平要求较高。不过目前已有成熟的解决方案，使这个过程得到简化。如图 12-3 所示为基于 WebGL 轻量化 BIM 引擎的优势。

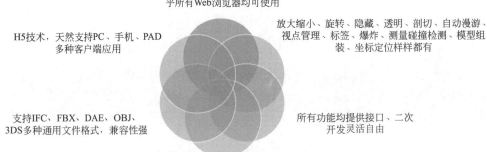

图 12-3 基于 WebGL 轻量化 BIM 引擎的优势

图 12-4 所示为某建筑的全生命周期管理系统，可以实现基于 Web 的三维 BIM 模型的建筑全生命周期管理，使用 View and Data API，在 Web 系统中显示更简单方便。

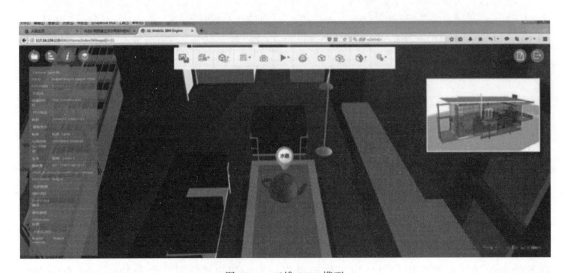

图 12-4 三维 BIM 模型

（4）使用基于 HTML/WebGL 技术的 BIM 模型轻量化 Web 浏览技术更契合技术发展方向，Autodesk 的 View and Data API 技术的推出，进一步降低了对 BIM 模型预处理的难度，使得基于 HTML/WebGL 技术对 BIM 模型的 Web 浏览、分享以及协作更简单。Autodesk View and Data API 技术支持包括 Revit、Inventor、Navisworks、Catia、AutoCAD 等软件的超过 60 多种数据格式，几乎涵盖业界所有三维数据格式。图 12-5 所示为轻量化的 BIM 模型。

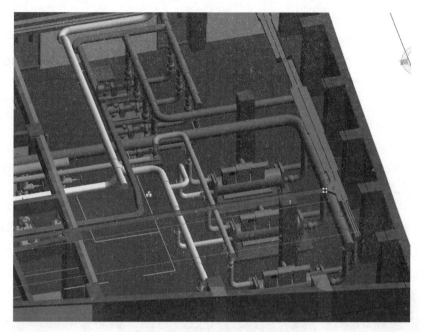

图 12-5 轻量化的 BIM 模型

12.1.2 基于 BIM+GIS 的运维平台

建筑信息模型（BIM）和地理信息（GIS）的整合是智慧城市可持续发展的强大支持，因为它具有强大的功能数据整合、定量分析、技术应用和城市管理功能。

（1）BIM 与 GIS 相比还比较年轻，主要作为协作平台，需要更多的努力来深入理解 BIM 在项目管理中的应用。目前 BIM+GIS 正处于起步阶段，近几年来发展迅速。一般来说，GIS 和 BIM 经历了六个主要的演变阶段：起源、系统开发、数字化和可视化、数据库管理、基于可视化的分析和数学建模。

（2）从时空统计的角度来看，BIM+GIS 一体化在项目的全生命周期中实现更全面的应用。规划和设计阶段在确定整个业务和项目的方向时 BIM+GIS 具有很高的影响力。BIM+GIS 集成不仅有多尺度和丰富的几何和语义信息为决策者提供服务，而且早期阶段成本管理可在 3D 虚拟环境中可持续性应用。另外，BIM+GIS 集成也可以用来执行复杂的工作建筑性能分析，用来优化建筑物及其周围的设计空间。

BIM+GIS 技术具有以下优点：

① 集成化的空间管理平台。可将建筑、景观、市政配套模型，以及建筑物内部、外部，地上、地下附属物很好的在一个时空平台内呈现。

② BIM 和 GIS 的结合是技术进步的结果，今后将出现无限量加载的轻量化、可视化、集成化平台。

③ 它对客户需要是灵活的，B/S 架构可以远程登录。可以选择整合方法，从一个系统中提取数据到另一个或使用第三方平台，根据客户的具体需要来使用。

（3）时空统计与 4D/nD BIM 更深层次融合的进一步发展可以提供更准确的分析结果，为决策提供新的理念和知识，满足了 AEC（建筑、工程和施工）行业在各个阶段的用户需求。理论研究和工业实践证明，BIM 可以显著提高建筑物、基础设施和城市的几何建模性能，以及 AEC 项目管理。例如，大多数利用 BIM 技术的建设项目，成本得到了有效控制。然而，使用 BIM 仍然存在挑战，有些案例在此期间显示出负面的应用，特别是 BIM 软件的使用和协调阶段。软件问题在实践中比较常见，因为多个软件必须应用于一个项目中，但由于软件的差异，不能无缝组合。因此，利用 IFC 是一种趋势，和 City-BIM 模型来整合各种功能并避免细节损失。这个解决方案也解决了集成 BIM 和 GIS 系统的技术问题。

（4）与 BIM 相比，BIM+GIS 的整合能力得到了时空统计和 4D/nD BIM 的加强，为用户需求提供了空间和时间解决方案。这些解决方案对于满足用户对质量和进度的要求是非常有利的。此外，时空分析结果和预测成为决策数据库中包含的主要数据之一，应用于当前 BIM 的解决方案收集和监控的原始数据。对于基于 BIM+GIS 的解决方案，管理方法和协调机制是由来自数据、信息及其分析产品的意识和知识驱动的，具有时空性、实时性、动态性、互动性、准确性和实用性等特点。表 12-1 为 BIM 和 BIM+GIS 集成在满足运维阶段需求方面的优点比较。

表 12-1　BIM 和 BIM+GIS 集成在满足运维阶段需求方面的优点比较

用户需求 AEC 产业	BIM 的优点	BIM+GIS 集成的优点（技术假说）
质量管理	通过缺陷提高设计质量检测，消除冲突和减少返工； 确保信息的一致性（设计到施工）	探索潜在的相关因素在整个过程中动态地反映整个空间建设生命周期； 预测潜在的时空预测风险分布并做决定
进步和时间管理	基于 BIM 的建筑模拟工程可以节省大量时间（整个施工期）； 有效的信息管理和增强通信减少了时间浪费	建筑工程可以模拟； 空间和时间更准确； 进度管理和时间缩短
成本管理	BIM 在建筑中的共同利益项目	成本不仅受控于结果，在每个阶段的建设项目，也有动态监测和分析时空结果
合同管理	BIM 增强合同关系，并且优化施工采购，由于合同管理的改善，合同执行效率提高	合同的执行和管理是基于动态和预测做出决定
健康、安全和健康环境（HSE）管理	分类、组织和整合零散的 HSE 信息； 通过识别来支持维护、数据处理、基于规则的决策制作和用户交互	时空统计分析在聚类分析中扮演更多角色，相关分析、探索潜在因素和影响预测 HSE 管理； 可以提出一系列新的方法用于 AEC 行业的 HSE 管理，从时空的角度来看统计分析涉及 AEC 项目的特点
信息管理	有效的生成、收集、分配、存储、检索和处置组件和项目信息	大空间尺度的更多信息； 包括 AEC 项目中，比如周边环境、路网和其地理和社会经济因素，以及时空分析结果和预测情景。主要证据包括数据库决策、收集和监测的原始数据
部门协调	BIM 影响项目协调机制； 其具体的方式，视服务目的而定，如集权式分散结构和分层参与决策过程	协调机制是由项目需求驱动的； 从数据中获取的意义和知识，信息和他们的分析产品被描述为空间和时间多变、实时、动态、互动、准确实用

以下是 GIS 平台引擎的优点和缺点：

优点：GIS 平台功能强大，本身就是一个空间地理信息系统，与 BIM 有天然的合作渊源，业内较早开发的运维平台是基于二维进行的。随着技术的进步，三维 GIS 引擎应运而生，对 BIM 三维空间管理赋予了比较好的功能；开放性好，功能强大；B/S 架构可实现远程登录；适用于集团型多项目管控平台业务。

缺点：BIM 模型渲染效果一般，对展示性项目有影响；初次远程登录需要加载时间长；由于 GIS 平台研发门槛高和 GIS 平台价格昂贵，不适用于单个项目或小型园区；移动端实现三维浏览现有技术不稳定。

12.1.3 基于 BIM+UINTY 3D 的运维平台

BIM 模型是一个数据的集成体，最终表现形式是可视化的多维度、多用途、多功能的三维模型。BIM 需要协同，将模型导入一个空间里面，让工程各方都能基于这个模型进行讨论。鉴于目前，直接将 BIM 原始模型加载物联网的应用，上行和下行都非常不方便，所以需要借助引擎平台做最终的运维展示。

引擎平台作为开发后期运维平台的必备工具，每一款引擎的运用都关乎未来平台的流畅性和兼容需求，所以开发者对引擎的选择也非常谨慎。选择正确的引擎变得尤为重要。

Unity 3D（图 12-6）对于平台开发者来说是一个效果较好的引擎，具有其他引擎难以匹敌的用户量。随着开发者技术的不断成熟，基本上 GIS 的相关功能如操作浏览、查看、飞行、隐藏、属性、渲染、旋转、透明、剖切等均能与 BIM 模型匹配，天气模拟中的冬、雨、雪、风、雷、电等均可与 GIS 相媲美。使场景变得更加逼真，这对于很多业主来说非常具有吸引力，尤其是对展示效果比较看重的业主。

图 12-6　Unity 3D 图标

以下是 Unity 平台引擎的优点和缺点。

优点：平台效果较 GIS 平台好，BIM 模型渲染效果好，业内最具竞争力的授权条款；易于使用并且开放性好；开发者社区支持强大。

缺点：C/S 架构基础，远程登录需要进行特殊处理。由于对渲染的要求，对运行主机配置要求较高；做复杂和多样化的效果比较耗时。

12.1.4 基于 BIM+CE3 的运维平台

CryEngine 3（图 12-7）平台来自游戏引擎平台，它以出色的渲染效果和流畅的画面著称，选择 CE3 平台的业主一般对效果表现非常看重。

该引擎以优质的画面输出获得了大量开发者认可，如果你想要做视觉出色的运维管理平台，这款引擎绝对是最理想的选择。不过，该引擎对功能需求要求特别高的客户，是一种负担，由于对画面的渲染过于看重，对用户可展示主机配置要求更高，且对后期开放接口的开发有一定的限制。

优点：CryEngine 3 可以让平台有绚丽和真实的

图 12-7　CE3 图标

场景画面，Flowgraph 工具的美术编程能力非常强悍。该引擎具备最强悍的音频工具，所以对音频管理要求特别高的客户可以选择该平台。该引擎还提供目前最为简单易用的 AI 代码技术，对于初入行的开发者，该引擎的 UI 触手可及。

缺点：平台采用 C/S 架构，远程登录受限；推出时间相对较晚，开发者社区还不够强大；开发门槛相对较高。

12.2 存储系统

数据的存储对运维管理是非常重要的，特别是事后取证，对数据进行调览等操作决定着应对突发事件的处理效率。

12.2.1 存储结构设计

系统集成平台的硬件配置应包含但不限于表 12-2 中的设备。集成商需提供服务器厂商盖章的书面原厂授权，所有服务器设备、操作系统软件及技术支持服务必须是原厂授权使用，硬件要求有原厂机柜上架服务、原厂设备及操作系统初始安装配置服务。

表 12-2　集成平台硬件设施参数表

类别	名称	数量	技术要求	建议品牌
集成平台硬件设备	服务器（应用/数据缓存）	2	2U 机架式服务器 1*Intel Xeon E5-2620 v3-2.4 GHz-6Cores 内存 4*8 G 1.2 V DDR4 RDIMM 2133 MHz RDIMMs 2*2 T 3.5″ 7.2 k SATA 硬盘 内置 raid 阵列卡，支持 RAID0、1、5、10 1*DVD-RW 光驱、4* 板载千兆以太网卡口 虚拟介质、虚拟 KVM 等高级远程管理许可 风扇满配、热插拔冗余电源 原厂 3 年 7×24×4 金牌服务、机架安装通用导轨 OEM WINDOWS Server 标准版	DELL，2015 年服务器集采品牌
	服务器（数据库）	1	2U 机架式服务器 2*Intel Xeon E5-2620 v3-2.4 GHz-6Cores 内存 4*8 G 1.2 V DDR4 RDIMM 2133 MHz RDIMMs 2*2 T 3.5″ 7.2 k SATA 硬盘 内置 raid 阵列卡，支持 RAID0、1、5、10 1*DVD-RW 光驱、4* 板载千兆以太网卡口 虚拟介质、虚拟 KVM 等高级远程管理许可 风扇满配、热插拔冗余电源 原厂 3 年 7×24×4 金牌服务、机架安装通用导轨 OEM WINDOWS Server 标准版	DELL，2015 年服务器集采品牌
	工作站显示器	3	27 寸液晶监视器	DELL、HP、三星及同档次品牌
	工作站	1	i3-4160/4 G 内存 /500 G（SATA）/DVD/ 独立显卡（2 G 内存，满足三屏显示需求）/ 键鼠 /windows 7 简体中文版操作系统 / 三年上门服务	DELL、HP、联想

12.2.2 存储设计原则

对于硬盘数量的设计,需要结合实际情况综合考虑,其中主要可参考"短板优先"的设计原则。

"短板优先"是指在具体项目需求中,在部署 NVR 数量尽量少的前提下,首先分析接入路数(接入带宽)和存储容量哪个是主要限制项。

假设接入路数为"短板",以接入路数来优先计算,假设接入带宽为短板,应以最大带宽所能容纳的最大接入路数来计算;对于存储需求很大、接入路数要求不高的情况,可先计算总的存储容量,再计算每台 NVR 最大存储容量,以此计算出需要的 NVR 台数。

实际使用带宽计算公式如下:

$$（主码流 + 子码流）\times 接入路数 \leq 最大输入带宽$$

12.2.3 存储可靠性设计

断网补录功能(Automatic Network Replenishment Technology,ANR)即自动网络补偿技术,在 NVR 与网络摄像机之间的网络出现异常的时候,自动启用前端 SD 卡缓存,将录像保存在网络摄像机 SD 卡中,网络恢复正常后自动将前端数据同步到 NVR 中。充分保障数据存储的可靠性。如图 12-8 所示为存储图谱。

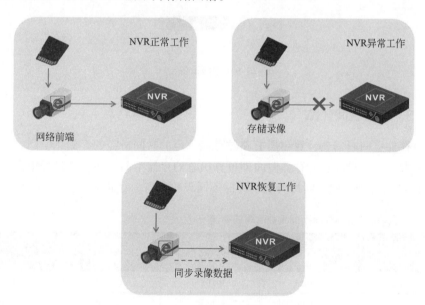

图 12-8 存储图谱

12.2.4 存储设备设计

"$N+1$"热备功能是指系统中多台 NVR 可组成工作集群,通过设置备份主机的方式,保证系统中任意一台 NVR 网络中断、工作异常的时候,录像数据可靠、完整。

设置一台 NVR 为热备主机,其他 NVR 为工作主机。当任意一台工作主机网络中断或工作异常时,热备主机自动接管工作主机的网络视频,开启录像任务;当工作主机恢复正常后,热备主机放弃接管,并将异常期间的录像数据自动回传到工作主机中,保证录像完整、可靠。

目前在 $N+1$ 的配置中，1台备机支持32台工作主机。如图12-9所示为存储设备设计。

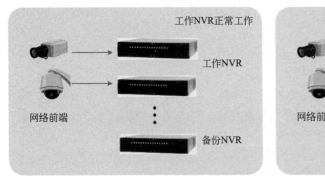
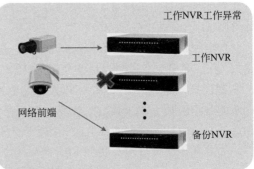
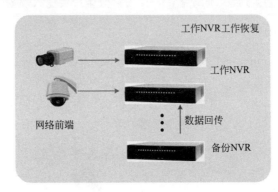

图12-9 存储设备设计

12.2.5 存储空间计算

在计算存储空间时需先计算出所有路数存储一定的时间所需的存储总空间，用总路数乘以每路码流大小，再乘以总的存储时间即可算出总的存储空间，在计算过程中保持单位的一致性。表12-3为分别按照不同的分辨率存储不同天数所需的存储空间。

表12-3 按照不同的分辨率存储不同天数所需的存储空间

序号	码流大小/Mbps	1天存储空间/TB	7天存储空间/TB	15天存储空间/TB	30天存储空间/TB
1	1.5	0.0154	0.1081	0.2317	0.4635
2	2	0.0206	0.1442	0.3090	0.6180
3	4	0.0412	0.2884	0.6180	1.2360

12.2.6 存储数据分析及前景

运维管理过程中产生的大量数据，是前期决策和设计的最好验证，但目前能够做到基于后期运维数据来反哺项目前期策划或设计的项目很少。这里受制约的因素有两个，一是以往运维数据的积累和分析不够；二是项目类型可借鉴的意义不大，只有同一种类型的项目在运维阶段的数据分析和借鉴才是有意义的。

所以，截至 2018 年，297 个万达商业广场产生的大量运维数据就可以为后期商业项目设计提供很好的借鉴，同样可以作为全国过程咨询企业建立项目的后评价机制并梳理相关行业运维的数据，为前期决策提供较好的数据支撑。

12.3 监控中心

机房中设置 LED 大屏幕，屏幕可以被分成左、中、右三部分。系统机房须与销售物业监控室分开设置，且应各自设置在本物业管理区域内；慧云系统机房面积不小于 180～200 m²。表 12-4 所示为拼接大屏参数。

表 12-4 拼接大屏参数

类别	名称	数量	技术要求	建议品牌
拼接大屏	46″数字拼接屏	9	高清标亮面板 尺寸：1023.98 mm（H）×578.57 mm（V）；分辨率：1920×1080；可视角度：178° 物理拼缝≤6 mm；对比度：3500∶1；亮度：450 Cd/m²	品牌
	拼接屏控制器	1	最大支持 48 路信号输入，48 路信号输出；应具备标准输入、输出接口；支持高清信号多种格式无损输出，最高分辨率 1920×1080@60 Hz（向下兼容普清分辨率） 支持拼屏、合屏；插卡式结构，方便扩展 控制功能：控制大屏幕拼接显示、分屏显示、信号源切换、开关机控制等；工作时间：7 天 ×24 小时	国产优质

12.3.1 监控中心的设计标准

机房中设置标准操作台，供物业人员操作。操作台为显示器，为 4 台 22 寸子系统显示器，分别为 KVM 显示屏、BA 系统显示屏、消防系统显示屏、视频监控系统显示屏，所有显示屏要与操作台固定。机房中设置标准服务器机柜。图 12-10～图 12-16 为监控中心的设计标准。

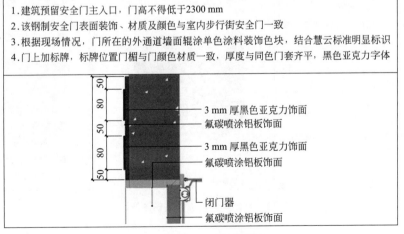

图 12-10 入口设计原则

监控操作台整体柜体:	
材质构造: 柜体内部构造应为全优质钢板结构,内均按国际电工标准安装,柜体内立面封板需具备拆分拼装结构,便于调试、检修、维护,构件具有较强的通用性	表面处理: 柜体喷塑前必须经过一系列严格的工艺处理,表面脱脂、去锈、酸洗、磷化、高温静电喷塑

安装结构: 员工储物柜体应分体安装为宜,可以加工成整体,也可加工成可拆分拼装结构,可单个使用,亦可多个拼装;检修、维护方便;底部可按要求配作底座或滑轮,运输方便,强度可靠	使用要求: 放置员工个人用品,如水杯、食盒、保温杯、文具盒、书本、资料、办公用具等

图 12-11 监控操作台整体柜体设计

监控操作台工作站机柜:		
1.材料性能 • 防护等级:IP20 • 主要材料:SPCC优质冷轧钢板制作 • 材料厚度:框架角规1.5mm,其他1.0mm • 表面处理:脱脂、清洗、陶化、钝化、静电喷塑		■ 预留进线孔
2.使用特点 • 完全透明钢化玻璃前门,快开侧板,开启方便灵活 • 整体焊接框架结构,结构坚固,静载承重可达80kg • 顶部,底部2处可关闭敲落式走线通道 • 可前后移动带刻度的镀锌角规 • 背板可拆卸,背面可完全敞开 • 可选配支脚和脚轮落地安装,配件通用齐		■ 带刻度的镀锌角规  ■ 可拆卸背板,背面可完全敞开

图 12-12 监控操作台工作站柜体设计(一)

第12章 运维管理中的ICT技术应用

通风散热装置:
监控操作台位于显示屏及机柜顶部和侧面的位置,均应设置与配装防尘网、百叶窗式通气孔的高透气性设计,既有很好的通风散热条件,又有防尘功能

柜体侧部、背部、底部应设计安装散热风扇,充分保障操作柜内部设备在正常温度范围内高效运转

图 12-13　监控操作台工作站柜体设计(二)

键盘鼠标架:
整体为成品产品,要求选用鼠标与键盘双层抽屉金属材质一体架

穿孔盖板:
电话线开孔尺寸等应与设备要求适配,不小于50mm,孔盖要求金属表面材质,有隔尘刷

人造石台体外侧装饰光源为双排LED蓝色光配置

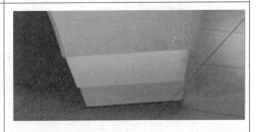

图 12-14　监控操作台工作站柜体设计(三)

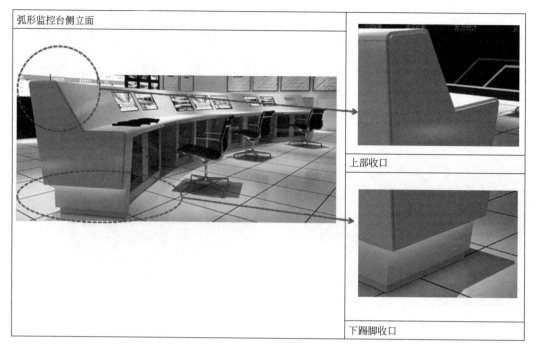

图 12-15 监控操作台侧面效果图

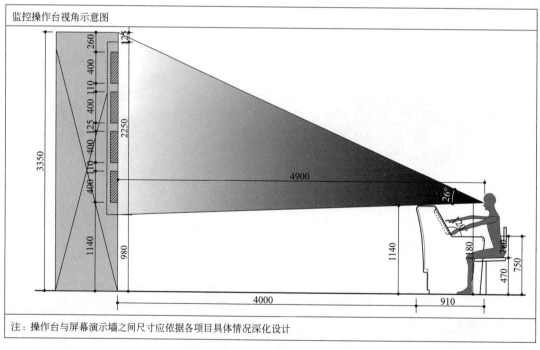

图 12-16 监控操作台视角示意图

12.3.2 监控中心的装饰标准

机房室内装修及配置要求：① 布局需考虑操控台观看与操作、LED 大屏幕讲解区域、参观动线及检修通道等尺度间距；② 机房室内装饰装修材料与做法要符合有关国家标准和规范；③ 机房布局要满足电气、通风、消防及环境标准工程的要求。

表 12-5 为机房内装材料要求；图 12-17 ～图 12-25 为内装设计标准。

表 12-5　机房内装材料要求

分项	技术性能要求	材料做法描述	燃烧等级
顶棚	清洁无尘，防止腐蚀性气体、废气的侵入；并应具有耐用、防火、防潮、恒温、抗静电、抗干扰的作用	矿棉吸音板、硅酸钙板、轻钢龙骨石膏板、白色铝板吊顶，特殊造型顶；防尘防潮处理	A
地面	地面平整光洁，并应具有防静电、环保、防尘、防火、高耐磨、高承载、防水、防潮等性能	① 进口防静电架空地板；整体应稳定牢固；相邻地板错位不大于 1 mm；高度差不大于 1 mm；② 缓冲区塑胶地板或地砖；③ 为使水泥砂浆地面达到不起尘、不产尘，保证空调送风系统的空气洁净度，地面需要先涮防尘漆做防尘处理	A
墙面、柱面	墙壁充分干燥，便于擦拭清理；确保洁净度高、不产生粉尘、耐久性高、不产生龟裂、眩光，同时起到防水、防潮、防霉的效果	高级乳胶漆涂料，吸音板，铝板，特殊定制装饰材料；墙面需进行防尘、防潮、防水、保温处理	A
踢脚	耐用、防火、防潮、恒温，有抗静电、抗干扰的作用	不锈钢饰面；四周的墙边、墙角均做防水处理	A
背景墙	确保表面洁净度高、不产生粉尘、耐久性高、防划、防水；内部防潮、防霉	钢化夹胶玻璃，不锈钢饰面，基层均做防水防潮处理	A
操作台	确保充分干燥、洁净度高、不产生粉尘、耐久性高、防划、防水；内部结构稳固、防潮、防霉	进口或国产人造石	A
操作台柜体（含机柜）	① 结构坚固：柜体内部构造应为全优质钢板结构；② 检修维护拆装：便于调试、检修，维护的方便操作，构件具有较强的通用性；③ 通风散热：柜体应充分保障内部设备在正常温度范围内高效运转	① 标准灰色钢制机柜；整体焊接框架结构，静载承重达 80 kg 以上，柜体内立面封板需具备拆分拼装结构；表面处理：脱脂、清洗、陶化、钝化、静电喷塑；② 柜体应配置理线槽、理线架、线环等，预留空间，使线缆管理整齐；③ 柜体侧部、背部、底部均应设置散热风扇，配装防尘网、百叶窗式的高透气性通气孔	A
操作台座椅	最大程度上减少疲劳，提高工作效率；确保相关人机工学要求的高度、坐宽、靠背、软硬、曲线等人体尺度	坐面中部稍微上凸，前缘呈弧曲面，坐面后倾；头枕、靠背、扶手均可调节；可防止座椅滑动和翻倒	B1
门口导向标识、标牌	确保慧云机房的引导与导向，清晰无误，耐久耐腐蚀	金属烤漆饰面板，进口亚克力雕刻字和 LED 大屏可变光源及控制系统，设置专业定制标识设施	B1
室内标牌	慧云智能化管理系统简介、岗位职责、制度标牌等	钢化夹胶玻璃 + 广告钉、成品金属边框；成品超薄灯箱金属边框、导光板	B1
门及五金件	结构坚固持久；开启方式确保其气密性和水密性	进口或合资优质品牌；防火门面向通道一侧为氟碳漆面	A
办公家具	钢制防暴防恐存放柜、文件柜、更衣柜等；确保放置员工个人用品，如水杯、食盒、保温杯、文具盒、书本、资料、办公用具等	标准钢制柜体，多分层板；带框玻璃柜门、带锁	A
灯具	色温（LKS）：3300～4800	80% 主光源：格栅灯具、筒灯、LED 灯带	—

图 12-17 内装设计标准效果图——弧形监控台效果图(角度 1)

图 12-18 内装设计标准效果图——弧形监控台效果图(角度 2)

第 12 章 运维管理中的 ICT 技术应用

图 12-19 内装设计标准效果图——直形监控台效果图

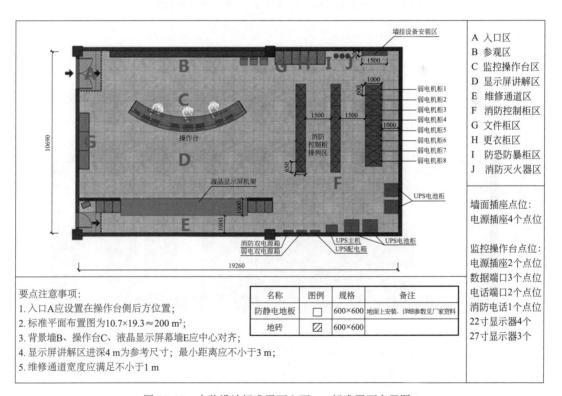

图 12-20 内装设计标准平面立面——标准平面布置图 1

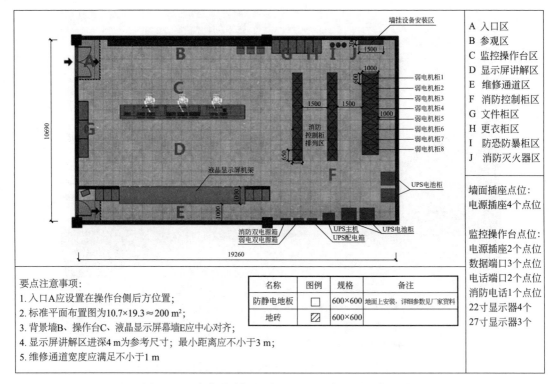

图 12-21 内装设计标准平面立面——标准平面布置图 2

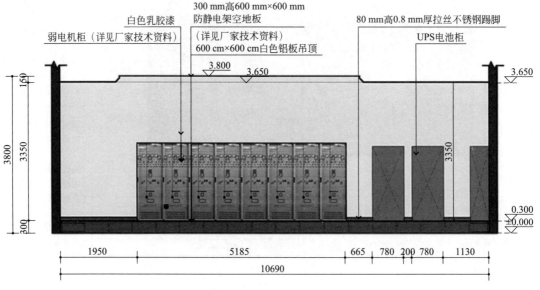

图 12-22 内装设计标准平面立面——B 立面图

第12章 运维管理中的ICT技术应用

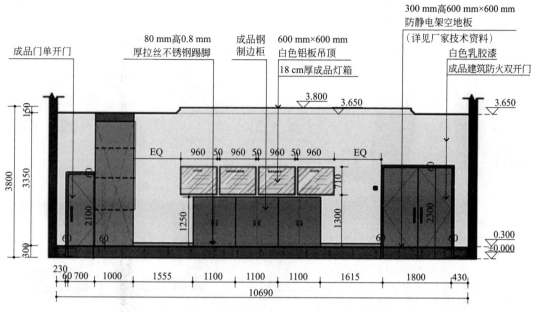

图 12-23 内装设计标准平面立面——D 立面图

图 12-24 可移动办公家具配置——办公家具配置选型原则 1

图 12-25 可移动办公家具配置——办公家具配置选型原则 2

12.3.3 监控中心的管理标准

如图 12-26 所示为管理上墙图。

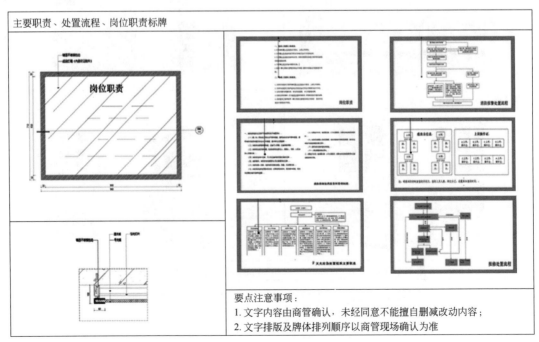

图 12-26 管理上墙图

12.4 无人巡检系统

无人巡检系统是近几年来提出的新概念,其实目前运营阶段能够实现无人巡检系统的部位很少,巡检主要集中在有相对固定设施的房间和规划的路线上。

12.4.1 高低压配电室巡检机器人

高低压配电室巡检机器人由导轨系统、视频监控、行走系统、传输系统组成。通过在需要巡检的设备上架设相应的导轨,把过去固定的监控系统变为可行走的视频采集工具,使人们能够自动获取现场的影像。

也有自行走机器人,主要用于场地或户外设施设备的监控管理。巡检机器人的整体结构主要包括基站,移动体控制系统以及由可见光图像摄像机、红外图像摄像机和声音探测器等组成的电站设备检测系统三部分。移动体是整个机器人系统的移动载体和信息采集控制载体,主要包括移动车体、移动体运动控制系统和通信系统。对于移动体还需要进行有效的监视、控制和管理,为此建立了一个基站。基站与移动体之间通过无线网桥组成一个无线局域网。可见光图像、红外图像通过视频服务器的视频流数据和移动体控制系统信息等数据汇集到网络集线器后,经无线网桥、网络集线器一起通过电力系统内部网络传到运行监控终端,通过连接到电力系统局域网上的计算机可根据访问权限实时浏览变电站设备的可见光和红外视频图像、机器人本身运行情况等相关信息,并且可以控制机器人移动体的运动。检测系统由红外测温仪和可见光摄像机等装置组成,均安装在移动体即智能巡检机器人上。该系统可以完成变电站设备外观图像和内部温度信息的采集和处理。考虑到机器人的运行环境,机器人采用轮式移动小车,前2轮为驱动轮,由1个电动机分别驱动,差速转向,后2轮为方向轮。机器人外形流畅,直线运动性与转弯性能好。如图12-27所示为移动可行走巡检机器人。

图 12-27 移动可行走巡检机器人

12.4.2 综合管廊巡检机器人

城市地下综合管廊集市政、电力、通信、燃气、供水排水等各种管线于一处，在城市道路的地下空间形成了一个集约化的隧道。地下管廊短则几公里、长则数十公里，地下综合管廊的运维情况极其复杂。巡检人员不可能完全实时掌握地下管廊的运行工况。定点监测很可能出现盲区，为了减少或不出现盲区就要增加监测、传感设备，这样就会提高管廊后期造价。

因此引入机器人技术对地下管廊进行动态巡检与在线监测成为首选方式。对管廊内的电力、水力、通信管线设施进行表面外观与实时发热情况分析，并对燃气泄漏、水管破损泄漏情况进行综合监测与分析诊断具有更为现实的应用意义，用科技手段辅助管廊监控，可以保障社会设施财产安全。巡检机器人可以全面监测管廊内各类设施设备状态，防范设备故障隐患，提高管廊管理效率。

综合管廊智能机器人巡检管理系统就是利用人工智能、移动机器人、无线传输、有线传输技术借助互联网组网技术组建可无限扩展的物联网，对地下综合管廊进行全面信息化管理，为管廊规划设计、管廊工程管理、管廊管线管理、管廊设施管理、管廊营建提供智能、高效、稳定的信息服务综合平台。这个平台要包括以下子系统：

（1）管廊资源数据管理：基于地下管线普查，整合建立一体化管网数据库，支撑地下综合管廊规划。

（2）管廊规划管理：辅助地下综合管廊规划，建设地下综合管廊规划系统，支撑地下空间开发利用系统。

（3）基于智能机器人的管廊巡视监控及日常管理：建设管廊设施监控管理系统，建设管廊日常管理综合应用系统。

机器人能够实现的功能：管廊设施管理功能、管廊智能移动在线监测、管廊巡检功能、资源巡检、爆管分析、管线应急处置功能、消防功能、耐火能力和防静电功能等。如图 12-28 所示为轨道式巡检机器人。

图 12-28　轨道式巡检机器人

第13章 项目案例

13.1 某超高层建筑运维平台介绍及展示

13.1.1 项目概述

13.1.1.1 项目背景

项目位于某市金融中心核心地段，是由三栋塔楼组合的商务群落，最高建筑为235 m，总建筑面积28万平方米。以纯正商务办公，定义写字楼标准。项目商务配套完善，一公里范围内拥有三大国际五星级酒店、两大国际游艇码头；交通市政设施齐全，两大轨道交通贯穿片区，连接全城及其他城市，对接全国；优越景观，自然天成，300米一线无遮挡湘江自然景观、200亩水上公园、4000平方米古樟公园零距离对接项目。项目由三栋塔楼构成，定位为"金融聚核、绿色办公"；引入美国LEED、中国绿色建筑"双认证"，超高品质建筑标准，领先未来商务办公需求；某公司最新打造的高端写字楼群，以金融聚核之势，助力湘江新区发展，如图13-1所示。

13.1.1.2 应用需求

根据对该公司的需求调研，可以从B端和C端两个功能维度来分析整个综合管理平台。其中B端分为园区总览、物业管理、安全管理、消防管理和能源管理；C端分为重要接待的模拟、会议室、展厅的预定、区域及室内定位（ULS）、车库定位及寻车、费用提醒、智能控制。B 端客户主要是指物业管理方,针对运维管理方面;C 端客户主要是小业主及客户,强调客户体验。

图 13-1　某公司可视化集成管控平台

13.1.1.3　建设目标

按照该公司的建设思路,整合建筑的各类信息资源,突出"精细、智能、直观"的特点,建设一个集建筑设施运维、安防、消防、大数据分析等系统于一体的三维空间可视化综合服务管理平台。

建设目标包括以下几个方面:

(1)建设项目 5D(空间 + 时间 + 内容)基础信息数据库,实现数据集中统一管理。

(2)建设外包项目三维空间可视化综合服务管理平台。实现传统二维、分散运行的管理方式的根本改变,为项目管理提供强有力的三维空间信息和应用服务支撑。

(3)实现多个异构系统的有效信息集成,并展现三维空间的管理和数据分析功能。

(4)支持 SOA 服务体系架构,开放平台 API,方便第三方系统的应用集成。

(5)借助项目成功开发,有效提升项目综合管理能力和对外服务水平,使该公司综合效益水平迈上新台阶,为智慧城市建设贡献力量。

13.1.1.4　建设内容

项目 BIM 综合管理平台(如图 13-2 所示),分为两个部分——B 端客户部分和 C 端客户部分;再分为以下几个功能模块:园区总览、物业管理、安全管理、消防管理、能源管理、重要接待的模拟、会议室及展厅的预定、区域及室内定位(ULS)、车库定位及寻车、费用提醒、智能控制。

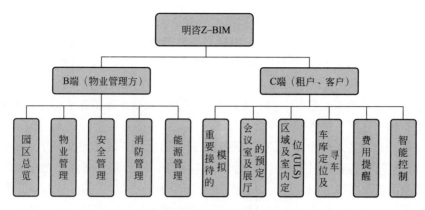

图 13-2 平台架构

13.1.2 平台方案策划

13.1.2.1 指导思想、标准规范

(1) 指导思想。项目建设以智慧建筑建设为最终目标,依托 Z-BIM 先进技术,集成已有专项设施管理平台,开发新的可视化管理模式,先期实现智慧的物业管理、运维管理等目标,再逐步深化探索智慧建筑标准的最佳实践。

(2) 标准规范。包括的国家、行业规范有:

①《信息技术 软件生存周期过程》(GB/T 8566—2007);

②《国家基本比例尺地图图式 第 1 部分:1:500 1:1000 1:2000 地形图图式》(GB/T 20257.1—2017);

③《计算机软件文档编制规范》(GB/T 8567—2006);

④《国家基本比例尺地图图式 第 2 部分:1:5000 1:10000 地形图图式》(GB/T 20257.2—2017);

⑤《计算机软件测试规范》(GB/T 15532—2008);

⑥《信息技术 维护指南》(GB/T 20157—2006);

⑦《城市地理信息系统设计规范》(GB/T 18578—2008);

⑧《地理信息 数据》(GB/T 19710—2005);

⑨《基础地理信息要素分类与代码》(GB/T 13923—2006);

⑩《地理空间数据交换格式》(GB/T 17798—2007)。

13.1.2.2 系统总体架构

(1) 系统架构设计。本系统为该公司智慧管理体系的重要基础 IT 设施建设,无论是系统涵盖的管理功能范围(设施、安全等)、应用的层次,还是三维空间直观的管理模式,都会使项目的智慧管理登上一个新台阶。这也同时对系统总体架构的设计提出了较高的要求,要求系统架构具有更好的稳定性、先进性和开放性。综合考虑以上各种因素,本系统在架构设计上采用了成熟的 C/S 为基础服务模式,以先进的 Z-BIM、RDBMS 为核心服务和数据平台,网络集成外部已有 IT 应用系统,同时支持 SOA 外部服务架构等理念,对系统总体架构进行了设计。

数据采集平台层主要包括人工录入和数据采集系统两部分。其中"外部系统数据接口"支持动态监测系统通过网络接入本系统；BIM 模型数据通过平台工具转换处理后导入系统。

数据库平台层主要包括应用业务数据库、地理空间数据库、动态监测数据库等。其中应用业务数据库包含系统管理和业务应用产生的各类数据。地理空间数据库包含构建整个数字地球三维场景的各类基础数据，如：遥感影像数据、矢量地图数据、数字高程模型数据、BIM 模型数据库、建筑三维数据库等。

Z-BIM 平台层包含对整个系统的三维地理空间及综合业务信息支撑部分，包含：空间数据构建引擎、空间数据服务引擎和空间数据承载应用等。平台层通过各类地理空间数据的融合处理以及业务员数据的组织调用，为各类三维空间的应用提供支持。同时供了强大的二次开发接口，可以支持对已有信息化建设投资的保护和继承；支持异构系统的接入、功能子模块的增加，以及其他特殊应用的扩展。

（2）系统部署结构。系统的结构设计充分考虑各项功能需求，网络部署需要充分考虑灵活性和扩展性，同时要充分利用和共享现有的硬件和网络资源，本系统数据和应用服务可以采用图 13-3 所示的网络拓扑部署方案。

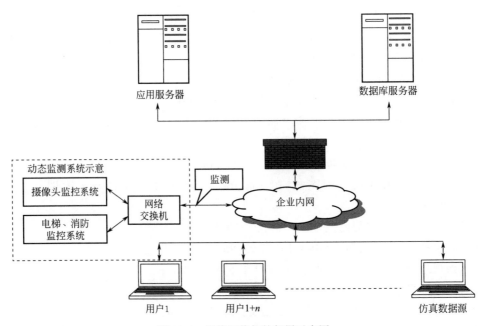

图 13-3 系统网络拓扑部署示意图

本系统采用 C/S 为主应用模式，系统各部分之间通过企业内部网络互连。项目原有应用系统（包括摄像头监控系统、电梯消防监控系统等）通过数据交换协议实施连接。为方便安全管控，保障系统和数据安全，建议项目企业网实施虚拟子网划分网络，将数据与服务部分、原有应用系统、相关用户群区分管控。

（3）系统工作流与数据流。系统主要的工作流与数据流如图 13-4 所示。

（4）系统技术路线。综合管理项目的开发，将为项目建立全新的三维空间信息管理模式，内容涉及设施、安全等管理的多个方面。考虑到系统功能众多、数据量庞大、需与多种已有监控系统实现数据互联，管理对象分布在项目等情况，系统将在 Z-BIM 技术的基础上，综合应用多项技术构建系统，以保障系统具备良好的可用性、稳定可靠性、可拓展、易集成等性质。

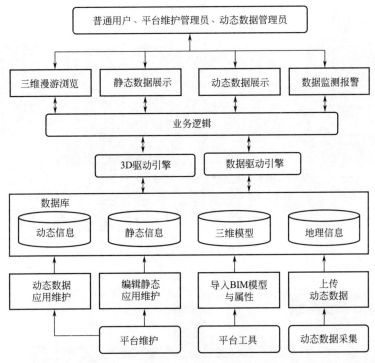

图 13-4　系统主要工作与数据流示意图

本项目采取的技术路线是：
① 运用 Z-BIM 软件系列产品创建项目的三维平台及系统数据库的设计开发。
② 系统采用 COM 技术构架系统，保障开放性和可拓展性。
③ 系统采用成熟的数据传输协议，建立数据连接，实现设施数据的动态监测与分析，原则上不完成对设备的控制功能。
④ 采用高精度的三维模型信息和地理信息，保证三维可视化效果。
⑤ 系统采用 C/S 模式，方便部署和应用。

13.1.2.3　平台主要功能

本平台担负着项目多项设施运维监控、能源管理、安防/消防等信息管理任务，由众多软件引擎与功能模块组成，数据类多量大，同时支持多种用户并发访问。因此需要从多方面对平台进行管理，以保障系统安全稳定运行。

各功能模块简要说明如下。

（1）系统管理。本模块将设计针对项目综合数据的处理功能（如图 13-5、图 13-6 所示），包括：

① 用户管理：系统以角色管理为基础，综合身份认证等数字化安全技术，为系统用户的管理提供支撑。用户管理提供统一的用户管理服务，包括用户的查询、添加、编辑、删除和详细信息查看及用户状态修改。

图 13-5 物业管理

图 13-6 图纸档案管理

② 角色管理：增删改查用户角色，配置用户角色相关的模块权限。用户角色管理支持模块化、权限化自定义分配，系统将根据需求提供默认的用户角色，如：普通用户，平台维护管理员等。

a.普通用户：具备普通数据的常规三维浏览、查询权限，通常无修改数据、数据统计、专业分析的权限。

b.平台维护管理员：拥有普通用户的所有权限，可以新建新用户账户，赋予用户不同角色，查看所有用户的操作日志，配置动态数据报警区间，维护专项设施数据编辑员上传的动态数据，维护平台内的静态模型数据。根据用户登录权限，获得此角色的所有操作权限内容,从而设定当前登录用户所能访问到的内容。

c.配置管理:系统提供一个模块运行参数配置管理,包括数据库、网络、存储设备、功能模块、安全控制等。

d.日志管理:记录用户从登录系统到退出系统期间完整的用户操作,包含用户去过哪些模块、操作过模块的哪些功能、对哪些数据进行什么操作、用户的编号、IP地址等。通过日志管理模块,可以快速浏览记录列表和检索关键信息。

(2)B端(物业管理方)。

① 园区总览。针对Z-BIM智慧建筑(园区)管理平台,就建筑施工竣工BIM模型与建筑BA系统作物联网的对接,如图13-7所示,就建筑(园区)地下管网、地上隐蔽工程、管道阀门、地下隐蔽工程等进行实时查看,便于后期物业管理。针对园区绿化护理进行实时数据记录,对园区绿化微管和滴灌进行自动控制,有利于物业管理人员的优化和成本的减少。

图13-7 园区总览

a.三维浏览漫游:该功能支持用鼠标的拖拽和键盘等按键对三维场景(包括地面建筑环境)进行自由浏览;支持预设视点定位,轨迹浏览,二、三维状态切换,按信息树进行空间定位,按关键字定位,区域查询;支持在三维浏览漫游的过程中,点击任意信息点,显示其属性信息,如电梯、消防设备信息、地下管线信息、地面道路、建筑等环境信息。

b.空间定位:对所有自定义三维模型和BIM模型进行树形结构管理,点选构件列表里的构件可以实现构件的定位。

c.按关键字定位:可以直接检索构件信息中的特定字段,列出符合条件的所有构件。

d.选择构件查属性:在三维场景中对构件进行点选之后可以直接查看构件的BIM字段。

e.静态数据展示:通过模型标注和点选模型可以显示预设好的模型静态数据。

f.动态数据展示:可以录入指定模型的动态数据,模型将自动按照动态数据的报警级别切换不同的颜色,通过模型标注和点选模型可以显示动态数据。

g.三维对象测量:利用平台提供的测量工具实现地上、地下、室内、室外的距离、标高、面积的测量。

② 物业管理。针对业主方的物业管理需要对智慧建筑（园区）项目每天保洁、保安、工程人数进行统计。对园区租户信息进行空间展示，租户面积、公司类别、租户用电量如图 13-8 所示，物业管理费、租金等与物业软件对接，实现实时租户数据查看，并可实现阶段上报功能。

图 13-8 电量统计

a. 房屋与业主管理。在设备等维护方面，项目期待通过建立智能化信息传输自动化流程，实现更高的故障报告和处理速度，设置故障预警等模块（如依据设备实时温度等远传信息进行故障隐情检测并发送短信到管理人员手机），来提升项目运维管理水平。

（a）设备运维管理：

Ⅰ.建立设备、设施维护数据库。包含设备规格信息、指标信息、维修记录、质保信息、厂家信息、维修电话等。

Ⅱ.三维空间展示设施设备位置全局部署情况（楼、层的设备分布情况）、BIM-ERP 连接、模拟设备的搬运路线。

在物业管理企业中，ERP 系统已开始广泛应用，多种版本的软件紧紧围绕物业管理需求，系统内容逐渐丰富，适用性逐渐落地。许多物管企业参与或改进了这一系统，因此使其越来越完善。BIM 模型要在物业运维方面发挥作用，延续生命，与物管 ERP 连接是最有效的方法。ERP 的大量数据、统计方式、显示界面都将使 BIM 应用更快成熟，因此在设计 BIM 应用时，就要提前预留与 ERP 的接口条件。

利用 BIM 模型还可以很容易模拟设备的搬运路线，对今后 10 年甚至 20 年需更换的大型设备，如制冷机组、柴发、锅炉等，作出管道可拆装、封堵、移位的预留条件。BIM 模型中的建筑数据比传统的 CAD 软件要求更严、更准，利用这一点在物业管理中可对诸如石材面积、地毯面积、地板面积、外窗（外玻璃）面积以及阀门、水泵、电机等大量材料和零配件进行精准的定位统计。结合物业行业中已较成熟的 ERP 管理，就可使物业管理工作上一个台阶。

Ⅲ. 快速定位指定设备（ID）空间位置（楼、层、房间、通道、楼梯等），并且可以实现去天花板功能，房间想分隔、风道风口要移位、灯光电线要增加，可是有天花板挡着，路径看不见，是否有安装空间也看不见，从检修孔探进头也被空调末端挡着，看不清，这时就会想把天花板拆了，看个究竟。BIM模型的建立，解决了这个难题，在现场拿着平板电脑，调出房间图纸，做去天花板功能处理（涂层透明化），这时整个天花板从图像中去掉，甚至连四壁墙的装修也去掉，天花板内、装修内的设备、管线、电线一清二楚，为改造、检修提供了极大的方便，如图13-9所示。

图 13-9　设备位置信息

Ⅳ. 上下游关联设备信息展示，便于事件源分析及对下游设备可能造成的影响进行判断。

Ⅴ. 制定设备维修保障计划，并提前警示计划的执行。

Ⅵ. 实时协议接入设备监测信息。

Ⅶ. BIM 动态化：让 BA（楼宇自控）走进 BIM，让 BIM 动起来，只有形成一个动态 BIM 环境，才能使 BIM 在运维上发挥作用。目的不是要一个动画三维图，而是要让 BIM 中涵盖动态化数据。

- 全楼空调的管理：如对于一个复杂而庞大建筑的空调系统，要随时了解它的运行状态，利用 BIM 模型就非常直观，对整体研究空调运行策略、气流、水流、能源分布意义很大。对于使用 VAV 变风量空调系统及多冷源的计算机中心等项目来说，实用意义就更大。

这样，可方便了解到冷机的运行，包括类型，台数，板换数量，送出水温，空调机（AHU）的风量、风温及末端设备的送风温湿度、房间温度、湿度均匀性等几十个参数，方便运行策略研究、节约能源。

同时对水泵启停、阀门的开启度、各管线的水温、流量，可进行直观的监视。

- 智能照明：现在大多数项目都具有智能照明功能，利用 BIM 模型可对现场管理，尤其是大堂、中庭、夜景、庭院的照明再现，为物业人员提供了直观方便的手段。

- 动态 BIM 的软、硬件条件：为了得到动态 BIM 的应用，在软件上 BA（楼宇自控）所得到的所有监测信息中的重要信息，必须接进 BIM 模型中。这一点在弱电楼控系统采购时须要求软件系统提供商保证提供数据接口，可使数据接入 BIM。

Ⅷ. BIM 模型与运维人员的培训：BIM 模型直观、准确，各种机电设备、管线、风道、建筑布局一目了然，加上动态信息、人流、车流、设备运行参数，又以动画方式演绎出来。这些信息正是培训运维技工、安保人员以及各类服务人员的极好教材。因此，充分利用这些教材进行培训，又成为 BIM 模型的重要应用内容。

Ⅸ. 实时动态监测的设备对象，可依据设定阈值实时远程报警通知（铃声、短信、邮件等）。

Ⅹ. 历史运行记载数据查询。

（b）工程应急处置：

Ⅰ. 漏水应急处理：将漏水报警与 BIM 模型相结合，可在大屏上非常直观地看到浸水的平面和三维图像，从而制定抢救措施，减少损失。

Ⅱ. 重要阀门位置的显示：标准楼层水管及阀门的设计和安装都有相应的规律，可方便找到水管开裂部位并关断阀门。但是在大堂、中庭等处，由于空间变化大，水管阀门在施工时常有存在哪方便就安装在哪的现象。如某项目因极端冷天致使大门入口风幕水管冷裂，经反复寻找阀门，最后在二层某个角落才找到。这里虽存在基础管理的缺陷，但如有 BIM 模型显示，阀门位置一目了然，处理会快很多。

Ⅲ. 入户管线的验收：一个大项目市政有电力、光纤、自来水、中水、热力、燃气等几十个进楼接口，在封堵不良且验收不到位时，一旦外部有水（如市政自来水爆裂、雨水倒灌），水就会进入楼内。利用 BIM 模型可对地下层入口精准定位、验收，方便封堵，质量也可易于检查，减少事故概率。

b. 房屋租赁管理。对园区租户信息进行空间展示，如图 13-10 所示，对租户面积、公司类别、租户用电量、物业管理费、租金等与物业软件对接，实现实时租户数据查看，并可实现阶段上报功能。

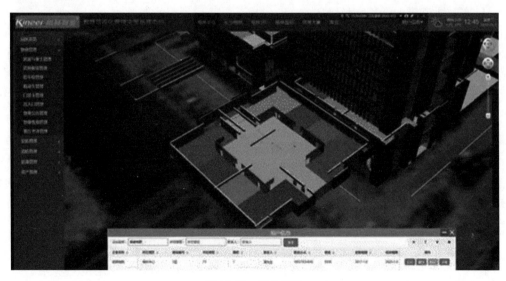

图 13-10　租户信息

c. 车库管理。

（a）车库停车定位：应用 RFID（射频卡）将定位标识标记在车位卡上，采集停车位置信息；

（b）车库位置信息服务：在车库入口处通过屏幕显示出所有已占车位和空闲车位；通过车位卡还可以在车库监控大屏幕上查询所在车的位置；

（c）可在停车位边上（柱、墙上）安装二维码，用智能手机扫描后，既记录了停车位置信息，又可利用区域定位，找到所存的车，这一方法简单、投资低。

d. 门禁管理。可三维显示楼宇、楼层门禁安装位置，可选择并调取、查阅门禁记录信息、门禁配置管理信息等。可联动查阅相关监控设备信息，并可以利用手机远程开门或发送给来访人员二维码扫码开门。

e. 物业公告管理。可在平台推送物业管理公告。

③ 安防管理。利用现代化的科学技术来建立完善的区域安全保卫体系，通过对区域的重要部位、场所安置摄像头，对这些重点部位进行监视、控制和记录。通过结合 BIM 模型，可以快速定位具体的监控点，对每个监控点实时查看。对于每个监控点，可以显示当前的视角范围，死角区域需人为重点排查。并且可以依据路线，显示指定路线的视频回放情况。

针对 B 端客户（物业管理方），通过手机移动端，可随时查看建筑内摄像头数据、门禁人员进出情况，安全巡检人员定位及巡检实时查看，以及高清人脸公安识别情况等，增加了园区安全保卫功能。

a. 视频监控。

（a）协议接入现有楼宇监控室、中控室控制系统数据信息；

（b）三维可视化视频监控系统管理：可直观选择监控设备，实时监视现场信息，并可调取相应位置历史视频信息等；

（c）视频监控与其他报警系统联动：可识别特定视频特征信息，并通过报警铃声、短信、邮件报警。

b. 楼宇门禁。可三维显示楼宇、楼层门禁安装位置，可选择并调取、查阅门禁记录信息、门禁配置管理信息等，可联动查阅相关监控设备信息。

c. WiFi 探针。无线信号的信号强度在空间传播过程中，会随着传播距离的增加而减弱，接收端设备与信号源（对讲终端、特制的工作卡等）距离越近，信号源的信号强度就越强。根据终端设备接收到的信号强度和已知的无线信号衰落模型，可以估算出接收方和信号源之间的距离，根据估算接收方与多个信号源之间的距离，就可以计算出接收方的位置。

（a）主要功能。

Ⅰ. 人员信息管理。定位终端可与姓名、手机号码、WiFi MAC 地址关联，系统也可与第三方系统对接（如图 13-11 所示），获取人员信息。

Ⅱ. 权限管理。系统可分权、分域管理。

Ⅲ. 人员定位。人员位置实时监控，并且可以在电子地图上查看各个位置的人员信息。

Ⅳ. 电子围栏功能。可在区内设置危险区域，当有人员进入该区域，系统可发出报警信息，通知监控中心和越界本人。

Ⅴ. 轨迹查询。系统可记录人员的活动轨迹，可进行查询和回放。

（b）系统配置。系统充分利用隧道内的 AP 实现定位（如图 13-12 所示），在定位精度较高的位置，加倍设置 AP 数量。建议一台 AC 管理不超过 300 台 AP。

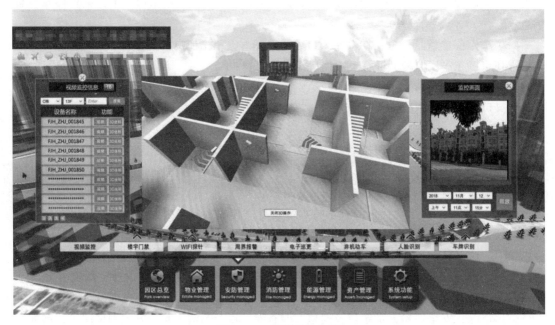

图 13-11　视频监控查看

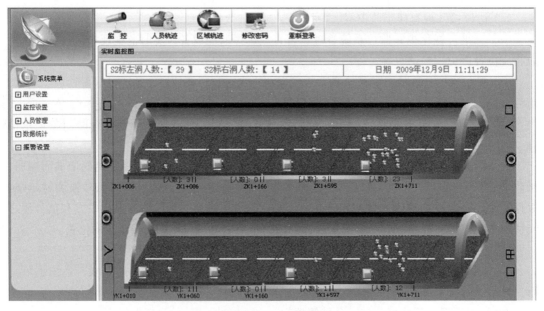

图 13-12　人员定位

（c）人员考勤功能。人员考勤系统可记录每个人的进出时间和位置，通过人员定位系统，可对人员信息进行复核，而且可实时了解每个人员的位置及运行轨迹。

Ⅰ. 部门考勤查询：可按部门及各种指定条件进行部门人员的出勤情况查询（如图 13-13 所示），如编号、姓名、班次、工种、部门等，可按任意条件自动排序。

图 13-13　按部门查询出勤情况

Ⅱ. 员工考勤查询：可按各种指定条件进行人员的出勤情况查询（如图 13-14 所示），如编号、姓名、班次、工种、部门等，可以按任意条件自动排序。

Ⅲ. 可以根据日期对进出隧道的施工人员数量进行统计，显示某个区域人员及设备的身份、数量和分布情况。

图 13-14　人员查询出勤情况

Ⅳ. 查询一个或多个人员及设备现在的实际位置、活动轨迹。

Ⅴ. 记录有关人员及设备在任意地点的到、离时间和总工作时间等一系列信息，可以督促和落实重要巡查人员（如安全检测人员）是否按时、到点地进行实地查看，或进行各项数据的检测和处理，从根本上尽量杜绝因人为因素而造成的相关事故。

d. 人员定位及流量监控。

（a）可疑人员的定位。利用视频识别及跟踪系统，对不良人员、非法人员，甚至恐怖分子等进行标识，利用视频识别软件使摄像头自动跟踪及互相切换，对目标进行锁定。

在夜间设防时段还可利用双鉴、红外、门禁、门磁等各种信号一并传入 BIM 模型的大屏中。当然这一系统不但要求 BIM 模型的配合，更要有多种联动软件及相当高的系统集成才能完成。

（b）人流量监控（含车流量）。利用视频系统及模糊计算，可以得到人流（人群）、车流的大概数量，这就使我们可在 BIM 模型上了解建筑物各区域出入口、电梯厅、餐厅及展厅等区域以及人多的步梯、电梯间的人流量（单位为人/m^2）、车流量。当每平方米大于 5 人时，发出预警信号；大于 7 人时发出警报。从而作出是否要开放备用出入口、投入备用电梯及人为疏导人流和车流的应急安排。这对安全工作是非常有用的。

e. 电子巡更。可制定巡更人员计划、时间班次、路线安排、人员实时定位、应急措施、实时对讲调度、巡更记录等。对于保安人员，通过将无线射频芯片植入工卡，利用无线终端来定位保安的具体方位（楼、层、房间等）。

f. 人脸识别。人脸识别技术是基于人的脸部特征，对输入的人脸图像或者视频流，首先判断其是否存在人脸，如果存在人脸，则进一步给出每个脸的位置、大小和各个主要面部器官的位置信息。并依据这些信息，进一步提取每个人脸中所蕴涵的身份特征，并将其与已知的人脸进行对比，从而识别每个人脸的身份。

④ 消防管理。消防系统主要由三大部分构成：感应装置，即火灾自动报警系统；执行机构，即灭火自动控制系统；避难诱导系统（消防联动系统）。

在日常消防中，消防管网水压是否正常是决定火灾能否及时被扑灭的重要因素。通过 NB-IoT 压力传感器实时监控网络的供水压力并完成自动报警。当压力太低时，能发现网络关闭、管道破裂等异常，可及时采取措施以减少火灾造成的损失。

火灾发生时，探测器将火灾信号传输到报警控制器，报警控制器将信号传输到 BIM 公共平台，可以在地理信息系统上面显示火灾发生部位，并提供应急预案，提供火灾源附近的疏散通道的示意图或动画。

针对 B 端客户（物业管理方、租户方），可通过火灾自动报警系统进行建筑空间定位，在三维空间地理信息系统中，围绕火灾自动报警（烟感）等进行实时定位，第一时间获得精准部位。消防应急管理中可进行火灾模拟演练，录屏后放在电梯轿厢循环播放，有利于平时火灾疏散逃生知识的普及。

a. 火灾自动报警。消防系统信息查询、构件定位及压力检测：

（a）可三维显示楼宇、楼层消防设施安装位置。

（b）可选择并调取、查阅设施可用状态信息及其他记录信息。

（c）可联动查阅相关监控设备信息。

（d）可通过 NB-IoT 压力传感器实时检测消防管网供水压力并上传数据至云端（如图 13-15 所示）。消防管网压力检测系统是检测消防管供水状态的重要途径，利用 NB-IoT 压力传感器（如图 13-16 所示）可以实时监控网络的供水压力并完成自动报警。

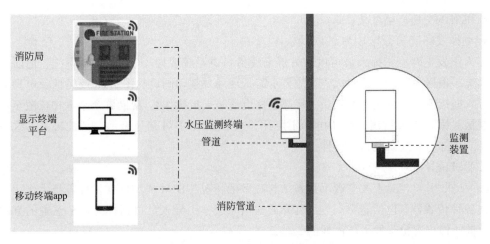

图 13-15　压力传感器运作示意图

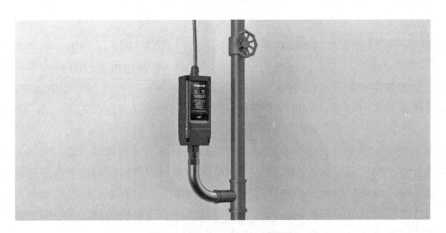

图 13-16　NB-IoT 压力传感器

（e）提高火灾应急处置水平。

b. 消防应急管理。对于火灾应急处置恐怕是 BIM 模型可以成为最具优势的典型应用：

以消防电梯为例，按目前规范，普通电梯及消防电梯不能作为消防疏散用（其中消防梯仅可供消防队员使用）。而有了 BIM 模型及 BIM 具有了前述的动态功能，就有可能使电梯在消防应急救援，尤其是超高层建筑消防救援中发挥重要作用。

要达到这一目的所需条件包括：

- 具有防火功能的电梯机房、有防火功能的轿厢、双路电源（采用阻燃电缆）或更多如柴发或 UPS（EPS）电源；
- 具有可靠的电梯监控，含音频、视频、数据信号及电梯机房的视频信号、烟感、温感信号；
- 在电梯厅及电梯周边房间具有烟感传感器及视频摄像头；
- 可靠的无线对讲系统（包括基站的防火、电源的保障等条件）或大型项目驻地消防队专用对讲系统；
- 在中控室或应急指挥大厅、数据中心 ECC 大厅等处的大屏幕；

- 可靠的全楼广播系统；
- 电梯及环境状态与 BIM 的联动软件。

当火灾发生时，指挥人员可以在大屏前凭借对讲系统或楼（全区）广播系统、消防专用电话系统，根据大屏显示的起火点（此显示需是现场视频动画后的图示）、蔓延区及电梯的各种运行数据指挥消防救援专业人员（每部电梯由消防人员操作），帮助群众乘电梯疏散至首层或避难层。哪些电梯可用，哪些电梯不可用，在 BIM 图上可充分显示，帮助决策。这一方案正与消防部门共同研究其可行性。

c. 避难诱导管理。

（a）疏散引导。对于大多数不具备乘梯疏散的情况，BIM 模型同样发挥着很大作用。凭借上述各种传感器（包括卷帘门）及可靠的通信系统，引导人员可指挥人们从正确的方向由步梯疏散，使火灾抢险发生革命性的变革。

（b）疏散预习。在大型的办公室区域可为每个办公人员的个人电脑安装不同地址的 3D 疏散图，标示出模拟的火源点，以及最短距离的通道、步梯疏散的路线，平时对办公人员进行常规的训练和预习。

⑤ 能源管理。针对 B 端客户（物业管理方），就建筑园区用水、用电、用气等进行能源统一上报，模块根据客户需要，就照明、动力、电梯、空调用电进行分析，平台可就中央空调区域控制器和主机进行自动启停及巡检启停，以此来节约自持型物业用电管理的需要。可实现每天数据的实时更新，并进行阶段性能耗管理的数据（可以是每周、季、年）比选和分析。

a. 用电统计。能耗统计管理模块可以实时统计每一块电表的实时读数、每一栋楼的电表实时读数以及整个园区的电表实时读数。实时监测管理模块可以实时监测每个配电箱的功率因数、电流、漏电电流、温度、相电压以及总有功功率，并且每一个配电箱数据都可以打开生成统计图。告警信息管理模块可以统计告警设备名称、告警的类型以及告警的信息。告警设置管理模块可以设置告警类型、告警最小值、告警最大值。

b. 能耗分析。通过远抄用电数据并生成统计图，实现用电情况纵向和横向对比，及时发现用电异常情况，并可以提醒租户或客户及时缴纳电费，省去物业管理工程维修人员抄表时间、客服人员接听客户请求送电的电话时间，提高工作效率、节省人力成本。

c. 设备自控。企业对比住宅、商场来说，具有朝九晚五的规律性，偶尔有加班情况出现。根据企业上下班周历，在电脑或 APP 上设置非必须用电设备的使用时段，如热水器、打印机、电视、音响的使用时间（上午9：00～12：00，下午13：30～17：30），时间段内用电设备处于允许使用状态，时间段外禁止使用或进入加班状态。加班状态时用电设备每2小时会自动关闭一次，杜绝了员工离开忘关用电设备而造成浪费。最重要的是，以前这个只能由用户自己手动进行操作，有时会忘记，现在有了云开关和云插座，只需要通过在手机上设置即可规律性自动执行，如有加班的情况出现，只要通过手机 APP 就可以完成改变，无须过多的干预，非常方便。

手机 APP 及管理软件提供了多达二十个情景模式可供编辑和使用，可根据习惯和需求特点，对用电设备进行"一键管理"。

d. 节电分析。

（a）经济效益。

时段管理节能:云开关和云插座具有分时段使用功能。按照企业的上班习惯,每天从早9点到晚5点长达8个小时左右所有电器全部开启,但是通过设置使用时间段,可以在中午下班、下午下班(这些非上班时间)自动关闭热水器、打印机等非必要大功率用电设备,按照企业上下班的规律可以让用电设备运行减少1个半小时,平均节能可达15%。

杜绝待机能耗:安装使用云开关和云插座,可设置到下班时间系统自动关闭办公室内各区域的灯、热水器、打印机等电器的电源,并自动开启安防报警系统。忘记点下班键时也可用手机远程执行下班操作,办公室内电器全部关闭,有效杜绝待机能耗。

电量统计节能:云开关和云插座提供多种智能节能管理方式,还可记录每台用电设备的实时、日、月、年的使用情况和耗电数值,为实现精细化管理,减少用电设备使用环节的浪费提供数据支撑,或用于单位内不同部门进行耗电考核评比,奖优惩劣,有效促进行为节能,培养主动节能习惯。

(b)社会效益。采用云插座对企业空调进行智能节能管理,不仅为企业减小能源消耗,节省费用支出,还可提高节约意识,为建设节约型、环保型社会做出贡献。

e.能源报告。系统可根据设定时段自动生成阶段能源报告,方便管理人员对数据的必选和分析。

(3)C端(小业主、客户)。针对C端客户,可就客户进行增值服务,如车位出租收益、远程查询办公室空气环境、远程启动智慧办公家具、餐饮好评、共享打印机、会议室提前预订、人脸打卡、人脸识别、来访车辆进入服务等围绕客户感知的一系列服务,让办公园区更加智能、科技、便捷。

① 重要接待的模拟。利用BIM模型,可以和安保部门(或上级公安、安全、警卫等部门)联合模拟重要贵宾的接待方案,确定行车路线、中转路线、电梯运行等方案。同时可确定各安防值守点的布局,这对重要项目、会展中心等具有实用价值。

② 会议室、展厅预定。对于较重要的会议,人们大多要到现场查看会场。对于一个集中会议区、大型的会展中心,预定会场就变成了一个很繁重的工作,且由于对会场布局的不同要求,使这一工作的效率变得很低。

BIM模型的建立提供了可视空间的3D模型,人们在电脑画面上(或手持平板电脑上)就可方便地了解会场的布局、空间感觉和气氛,同时可以模拟调整布局会场,改变桌子摆放、增减椅子数量,并立即得到调整后的空间效果。通过网络又可实现远程会场预定,大大提高了效率。这种预定方式同样非常适合展场展位的预定。

对于出租类写字楼或同一单位的办公室调整也有很大帮助。

③ 区域及室内定位(ULS)。目前多用手机增强天线、WiFi天线、VLAN(内部通信)天线等组成定位系统,精度可做到3~5m,也有更精确的微波专用定位系统,定位精度可达到零点几米。笔者认为对一般办公楼、园区、大型商场的管理,定位3~5m的精度应该足够。

人们通过智能手机、平板电脑等移动设备利用APP即可了解区域内的各种空间信息(地图功能)并可按引导寻找到目的地。这对一个大型物业项目、大型商场及大型会展中心来说都具有非常实用的价值。

④ 车库定位及寻车。建议在停车位边上(柱、墙上)安装二维码,用智能手机扫描后,既记录了停车位置信息,又可利用区域定位,找到所存的车,这一方法简单、投资低。但没

有智能手机,这一方法就不能起作用。

当然依靠摄像识别系统或者每个车发一个定位用的停车卡(RFID 卡),依赖精度更高的定位系统寻回停车也是可行的,但要考虑领卡所需的时间对大流量车库入库速度的影响。

⑤ 费用提醒。系统可以根据设定,在租户租金、物业费、车位费等各项费用即将到期时智能提醒租户缴纳。可在三维界面显示不同出租房屋、车位的详细信息,包括公司名称、租用面积、租金、到期时间等,并可以不同颜色显示租赁是否到期。

⑥ 智能控制。走进办公室时,在手机上轻点上班场景,系统自动执行一系列场景动作(空调自动打开并将温度调至最舒适,窗帘、打印机、计算机、净化器、饮水机、打印机全部自动打开),需要开会时只需在手机 APP 上点开会议场景,会议室的灯光、笔记本、投影、话筒依次自动打开,窗户、窗帘自动关闭。

13.1.2.4 数据库设计

综合管理平台的运行效率体现在有效数据的操作上,一个良好的数据库设计,大大提升了整个平台的运行效率,同时对于异构系统的兼容,起决定性作用。BIM 公共平台的优势在于可视性、集成联动能力、5D(三维空间 + 时间 + 内容)数据库,体现强大的兼容性,可以承载丰富的平台数据、跨系统数据、实时生成数据等。

(1)设计依据。

① 结构性。系统中所拥有的数据非常广,还涉及多源的数据,需要有合理的数据结构。数据的结构性强,有利于提升高并发、多用户的数据读写操作效率。

② 现势性。地理信息数据,必须有很强的现势性,BIM 模型数据如果更新不及时,会严重冲击用户的价值、用户的体验。

③ 关联性。BIM 公共平台的价值在于信息的协同、集成共享,平台上面的数据如果都是孤立的,不发挥整体价值的,与单独的子系统就无区别,也体现不了 BIM 公共平台的优势。所以必须支持跨异构系统的多源数据,归一化为平台的结构性数据,同时将多源的数据产生互动,达到智能联动的作用。比如一个监控视频的数据,可以触发门禁系统的状态使之发现变化。

④ 一致性。当提交事务完成时,必须使所有数据都具有一致的状态。特别涉及分布式数据库时,保证主数据跟备份数据的一致性原则。

(2)数据库安全措施。数据库安全采用以下三个方案:

① 所有相关密码字段都采用 MD5 加密,即使数据库泄露也无法非法登录;

② 程序采用防止 SQL 注入的框架,让数据库应对 Web 应用无懈可击;

③ 数据库采用每天自动备份,让数据持久更有保障。

13.1.2.5 性能指标

为了满足快速浏览、无延迟的需求,有关 BIM 模型解析、数据传输、存储、管理系统必须构建在带宽稳定的 IP 传输网络上,采用全 IP 传输的网络架构,同时对运行 IE 浏览器的 PC 存在一定要求,具体可参考软硬件配置。

不同视角下有不同的性能标准,针对 BIM 综合管理平台,性能指标主要考虑有响应时间、并发数、吞吐量、性能计数器等。

(1)响应时间。指应用执行一个操作需要的时间,包括从发出请求开始到收到最后响应数据所需要的时间。响应时间是系统最重要的性能指标，直观地反映了系统的"快慢"。

测试程序通过模拟应用程序，记录收到响应和发出请求之间的时间差来计算系统响应时间。但是记录及获取系统时间这个操作也需要花费一定的时间，如果测试目标操作本身需要花费的时间极少，比如几微秒，那么测试程序就无法测试得到系统的响应时间。实践中通常采用的办法是重复请求，比如一个请求操作重复执行一万次，测试一万次执行需要的总响应时间之和，然后除以一万，得到单次请求的响应时间。目前系统响应时间控制在 200 ms 以内。

（2）并发数。指系统能够同时处理请求的数目，这个数字也反映了系统的负载特性。对于网站而言，并发数即网站并发用户数，指同时提交请求的用户数目。

与网站并发用户数相对应的还有网站在线用户数（当前登录网站的用户总数）和网站系统用户数（可能访问系统的总用户数，对多数网站而言就是注册用户数）。其数量比较关系为：网站系统用户数 > 网站在线用户数 > 网站并发用户数。

测试程序通过多线程模拟并发用户的办法来测试系统的并发处理能力，为了真实模拟用户行为，测试程序并不是启动多线程然后不停地发送请求，而是在两次请求之间加入一个随机等待时间，这个时间被称作思考时间。

系统支持最大并发数为 100 个用户。

（3）吞吐量。指单位时间内系统处理的请求数量，体现系统的整体处理能力。对于网站，可以用"请求数 / 秒"或是"页面数 / 秒"来衡量，也可以用"访问人数 / 天"或是"处理的业务数 / 小时"等来衡量。TPS（每秒事务数）是吞吐量的一个常用量化指标，此外还有 HPS（每秒 HTTP 请求数）、QPS（每秒查询数）等。网站性能优化的目的，除了改善用户体验的响应时间，还要尽量提高系统吞吐量，最大限度利用服务器资源。

（4）性能计数器。它是描述服务器或操作系统性能的一些数据指标。包括 System Load、对象与线程数、内存使用、CPU 使用、磁盘与网络 I/O 等指标。这些指标也是系统监控的重要参数，对这些指标设置报警阈值，当监控系统发现性能计数器超过阈值时，就向运维和开发人员报警，及时发现并处理系统异常。

13.1.2.6 系统软硬件配置

（1）软件配置。

① 操作系统：采用 Windows Server 2008 作为服务器的操作系统。Windows Server 2008 是专为强化下一代网络、应用程序和 Web 服务的功能而设计的，是有史以来最先进的 Windows Server 操作系统。Windows Server 2008 在企业开发中，提供丰富的用户体验及管理应用程序，提供高度安全的网络基础架构，提高和增加技术效率与价值。

② 数据库：SQL Server 2008 是企业级数据库产品。它在企业级支持、商业智能应用、管理开发效率等诸多方面，较 SQL Server 2000、SQL Server 2005 均有质的飞跃，是集数据管理与商业智能分析于一体的、极具前瞻性的下一代数据管理与分析平台。

③ Z-BIM 平台：近年来，地理空间信息技术飞速发展，经历了纸质地图、电子地图、地理信息系统（GIS）、空间信息系统（SIS）等阶段，本项目拟采用具有国内外先进水平的"三维空间信息系统"作为 Z-BIM 平台。

（2）硬件配置。表 13-1 所示为系统的硬件配置。

表 13-1 硬件配置

项目	处理器（CPU）	内存（RAM）	硬盘（HD）	显卡
数据库服务器	至强四核（1.6 G）+	4 G+	1 T+（依据遥感数据而定）	—
Web 服务器	至强双核（1.6 G）+	4 G+	1 T+	—
客户机	PIII 1 G+	—	40 G+	独立 3D 加速显卡

（3）网络配置。Web 服务器、数据库服务器都需要放在硬件防火墙内，依靠企业的硬件防火墙可以提供 Internet 到 Web 服务器之间的第一级安全保证。

本系统涉及大量的遥感数据、时空构件数据，这些数据的传输，在环境初始化阶段，会占用大量带宽，等系统稳定后，占用的带宽处于稳定，需求不大。所以必须保证网络带宽在 10 M 以上，同时所运行的网卡在 100 M 以上。

13.1.3 数据建设

基础地理信息数据集是智慧建筑的地理信息服务应用的前提，是智慧建筑地理信息公共服务平台建设的基础。

数据建设包括基础信息数据和三维模型数据两部分的建设。大区域范围数据建设主要采用高分辨率卫星（航空）遥感影像数据；项目范围的建筑及场景采用三维精度模型；建筑楼及大门采用建筑信息 BIM 模型。对该项目的建筑物等基础信息经过信息普查、信息采集、统一编码、加工处理后建立相关基础信息数据库。

13.1.3.1 地理信息数据处理

本项目地理信息数据包括遥感影像、矢量地图数据及相关地理信息。参照数据处理标准，根据该公司项目实际情况，采集并处理平台的地理信息。本平台的地理信息主要包括以下三类：

（1）多分辨率卫星遥感影像；

（2）数字高程模型（DEM）；

（3）楷林中心周边环境信息，如道路、地名、重点建筑名称等。

对遥感影像数据、矢量地图数据进行分层分级处理，以便数据的高效高清晰度调用。

（1）遥感影像数据：整个项目以 0.15 m 高分辨率航空遥感图像和大比例尺矢量地图及 DEM 高程数据为基础，利用实时三维生成技术，建立项目区域形象直观的真实地形地貌。

（2）矢量地图修测：对项目整个区域矢量地图进行全面修测，矢量地图数据主要要素包括道路、建筑名称及所属单位等，使其具有较好现势性。

13.1.3.2 三维模型数据建设

（1）三维模型建立：对项目采用虚拟现实技术，建立建筑、场景的三维模型。

（2）BIM 信息模型建立：对项目楼宇及大门，建立 BIM 三维信息模型，以利于楼宇基于 BIM 模型的 FM 管理和智慧建筑的可视化应用。

（3）倾斜摄影的引入：对项目进行无人机倾斜摄影航拍，生成相关三维数据，再做成智慧建筑。

（4）考虑地下室停车的便捷性，就地下室停车场进行系统的停车标识导视设计并改造，使地下室成为干净、整洁、导视性强的化身，给公司及外来客户提供一个好的印象。

13.1.4 开发周期

13.1.4.1 项目开发任务

该项目根据系统设计要求需要完成以下主要开发任务：

（1）地理信息获取与处理。创建项目的三维地形，需要多分辨率的遥感数据、数字高程模型（DEM）等地理信息，并在获取地理信息后进行几何校正、地理编码、坐标转换和数据融合处理。同时，根据需要进行地图修测，道路、建筑名称、地标性建筑物名称添加等。

如果提供的数据精度不能满足应用需要，则需要正式采购或采用航空遥感数据和高精度的数字高程模型（DEM）。

（2）三维模型数据组织与优化。本项目将根据现有平面图纸等建筑物数据信息完成项目的建模工作。建模对象包含区间地下管线、地面部分附属建筑物。

在本项目的研发过程中，需要对区域内建筑物模型（含属性）进行转换和优化处理，将结果导入系统"BIM 数据库"，目的是确保系统高效、流畅地运行。在项目开发中，还可根据项目需要创建新的自定义模型。

（3）系统数据库设计与开发。为满足基于模块操作的用户角色管理和动态、静态的数据发布，模拟仿真，动态监测与报警，以及监测数据的大数据分析等应用，在业务逻辑上采用关系型数据库，采用 Oracle 或 SQL Server 2008 商业数据库软件系统。

针对本项目的特点进行多种类数据表的设计。数据库的设计开发应严格规范，综合考虑数据的完整一致与便于操作和检索，减少数据冗余的同时便于拓展。在数据组织方面采取压缩、分层等措施，确保通过网络传输数据的效率和渲染显示三维场景的效率等。

（4）在三维空间平台上加载三维模型。将本项目数据库中涉及的区域内的地下管线、地面建筑物等，通过空间匹配，确认地理位置属性，并加载到三维空间平台上，为实现三维浏览漫游和后续的应用开发奠定基础。

（5）系统管理及各业务功能模块的开发。在业务平台层将完成 5 大功能模块开发，如：三维浏览、服务中心、安全管理等。

（6）平台公共操作功能开发。结合本项目需要开发的平台操作功能有：

a. 用户自定义空间定位：允许用户设定多个观测点，点击观测点标志，三维场景自动定位到该点，方便场景调度。

b. 用户自定义路径浏览：支持用户预设三维浏览的路径，实现地面建筑环境、盾构作业面和操作室环境的预设路径浏览漫游。

c. 二维/三维状态切换：在三维场景浏览漫游的过程中，支持打开或关闭显示二维图形的窗口。

13.1.4.2 项目开发周期

该项目预期开发周期约 4 个月。根据工程项目需要可以采取"边开发、边应用"的方式，即将本项目分为三个阶段开发交付。

第一阶段（大约 1 个月）：开发完成项目的三维平台，并在该平台上加载静态数据，满足项目的地面建筑环境、地图浏览漫游、加载倾斜摄影数据、地面道路、建筑等环境信息的查询等。根据实际应用需要，提供距离测量、坐标和标高输出等辅助功能。

第二阶段（大约 1 个月）：项目的智能化方案提出，主要包括了以下几个方面。

（1）车辆进出，采用车牌识别模式，加装摄像机和 LED 显示屏。可实现员工车辆无障碍通行、访客车辆的管控、出入车辆的记录统计。

（2）大门设立访客机，针对预约/非预约的访客进行管理，现场取证及统计。

（3）大门设人脸识别系统，对比、统计人数及性别等。

（4）设立项目占道报警摄像机，对占道的车辆进行抓拍。

（5）设立制高点鹰眼监控，可对项目的人员进行跟踪报警。

（6）设立巡更系统，对保安或值班经理每日的巡查进行监督管理。

第三阶段（大约 2 个月）：以开发完成动态数据、周边异构系统数据为主；针对安防系统、消防系统、电梯控制系统和车库控制系统等子系统，进行单独适配开发，同时接入三维平台。第三阶段可以和第二阶段同时进行。

13.1.5 项目经费初步估算

表 13-2 所示为项目经费估算表。

表 13-2　项目经费估算表　　　　　　　　　　　　　　　　　　　　　　　　　单位：万元

分类	产品/服务内容	功能/性能	单价	数量	小计
平台软件	Z-BIM 集成平台	Z-BIM 集成开发平台软件			
地理信息	三维航空遥感影像	科技园区/0.05m			
	卫星遥感影像	高新西区/0.5m			
	数字高程模型 DEM	基于 30m 间隔数据修测			
	数字线划地图 DLG	基于 1:2000 地图修测			
模型数据	BIM 建模	LOD400/建模深度			
	周边地下管网建模	建模			
园区总览	园区简介	楼栋、楼号、楼层企业等			
	室外环境	室外温度、湿度、PM$_{2.5}$			
	地下管网	含水泵接合器			
	园区资料	竣工图纸、报建资料等			
	园区喷泉	自动控制			
	夜景照明	自动控制			
	滴管微灌	含湿度传感器			
物业管理	房屋与业主管理	房屋信息			
	房屋租赁管理	房屋租赁信息			
	停车位管理	停车位信息			
	道闸管理	道闸人脸识别			
		道闸记录			
		道闸远程			
	异常报警管理	异常报警信息			
	物业公告管理	物业公告列表			
	客户服务管理（业主）				
	收费管理	收费管理信息			

续表

分类	产品/服务内容	功能/性能	单价	数量	小计
安防管理	视频监控	摄像头设备信息			
	楼宇门禁	楼宇门禁			
		门禁设备信息			
		门禁卡信息			
		门禁刷卡记录			
	WiFi探针	WiFi设备信息			
		WiFi采集记录			
	周界报警	报警记录			
	电子巡更	巡更人员信息			
		巡更点位信息			
		巡更记录信息			
	非机动车	非机动车信息			
	人脸识别	人脸监控			
		关注对象			
		人脸统计分析			
		人脸抓拍记录			
		人脸检索服务			
	车牌识别	车流量统计			
		车牌出入记录			
		车牌识别设备			
消防管理	火灾自动报警	报警详细信息			
	灭火自动控制	灭火指南			
	避难诱导	避难诱导详图			
	消防设备	设备基本信息			
能源管理	能源管理	报表分析			
		能耗报告			
		全局报警			
		能耗分析			
		数据查询			
	冷站群控	冷站运行实时检测与显示监控			
		能效评估			
		能耗统计与分析			
		系统报警			
	设备监控	变配电室电能信息实时检测			
		电能数据分析			
		报警推送提醒			
	环境与健康检测	报警管理			
		环境场分析 $PM_{2.5}$ 等			
		数据分析			

续表

分类	产品/服务内容	功能/性能	单价	数量	小计
运维管理	设备维护信息提示	开发基于 Z-BIM+ 设备信息的运维子系统			
	故障预警				
	故障快速定位修理				
	运维工作日志				
客户体验	租户费用告知、周边服务挂接、云打印、云引导、云出租、一机通、云消费				
小计					
税金	一般纳税人	6.50%			
合计					

13.2 某电子产业园 BIM+GIS 平台介绍

13.2.1 项目概述

13.2.1.1 项目背景

本项目园区总建筑面积 54433.33 m^2。建筑分为地上六层与地下一层,高 22.8 m。科技园建筑一层作为局部库房,其他为生产车间,主要作为某公司科研及生产办公场所。其中分为办公区、研发区、生产区、仓储区、生活区等五个区域,现该项目已经投入生产使用。

该公司是国内最早从事气体传感器研究、生产的厂家之一,是国内领先的气体传感器、气体检测仪器仪表的专业生产企业。具备较为完善的气体传感器、探测报警产品生产工艺技术,每年生产 60 万台气体监测仪器,形成了系列化的近 50 个品种规格的气体传感探测仪器产品。现在其通过传感器感知技术采集供水、供气等方面的行业信息,并与互联网技术紧密结合形成物联网,致力为智慧城市、安全生产、环境保护、民生健康提供完善的解决方案。

该项目具有人口密度小、资产较多等特点,在资产管理及运营管理方面有着显著的示范作用。随着基于 BIM 三维可视化管理优势的逐步展现,园区对于现资产管理、提高信息资源的使用效率,以及园区管网维护等方面有高的要求,需要与时俱进,在综合智能化管理能力及效率上再提升一个新的台阶。综合多种因素,决定使用 3D GIS+BIM 的三维模型技术实施新项目的开发。

13.2.1.2 应用需求

根据科技园的需求调研,可以从功能维度来分析整个综合管理平台。综合管理平台分为四个系统:安防系统、消防系统、资产管理系统及运维管理系统。可再细分为以下几个功能模块:三维浏览、服务中心、资产管理、安全管理、资料管理和平台管理,见图 13-17。本项目建成后可以将平台部署到一楼展示大厅,可作为智慧园区、智慧建筑、智慧消防和智慧社区四位一体的项目进行展示。

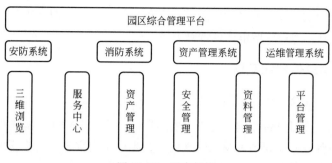

图 13-17 平台架构

（1）安防系统。安防系统是利用现代化的科学技术来建立完善的区域安全保卫体系，通过对区域的重要部位、场所安置摄像头，对这些重点部位进行监视、控制和记录。目前科技园生产楼设置有监控中心。

通过结合 BIM 模型，可以快速定位具体的监控点，对每个监控点实时查看。对于每个监控点，可以显示当前的视角范围、死角区域，需人为重点排查。并且可以依据路线，显示指定路线的视频回放情况。

（2）消防系统。消防系统主要由三大部分构成：感应装置，即火灾自动报警系统；执行机构，即灭火自动控制系统；避难诱导系统（消防联动系统）。

火灾发生时，探测器将火灾信号传输到报警控制器，报警控制器将信号传输到 BIM 公共平台，可以在地理信息系统上面显示火灾发生部位，并提供应急预案，提供火灾源附近的疏散通道的示意图或动画。

（3）资产管理系统。园区期待通过 3D GIS+BIM 模型+设备信息，实现资产管理水平的提升，即通过设备信息在三维模型图上的展示，以及设备信息后台数据库的支撑，打造一套园区资产管理方面的最佳实践软件。

（4）运维管理系统。在设备等维护方面，园区期待依托资产管理数据库为基础，通过建立智能化信息传输、资产管理子系统等自动化流程，实现更高的故障报告和处理速度，如故障预警等模块（资产管理子系统在临近设备维护日期的时间向管理人员进行提示或依据设备实时温度等远传信息进行故障隐情检测并发送短信到管理人员手机），来提升园区运维管理水平。

13.2.1.3 建设目标

按照项目的建设思路，整合园区的各类信息资源，突出"精细、智能、直观"的特点，建设一个集园区资产管理、设施运维、安防/消防、大数据分析等系统于一体的三维空间可视化综合服务管理平台。

建设目标包括以下几个方面：

（1）建设园区 5D（空间+时间+内容）基础信息数据库，实现数据集中统一管理。

（2）建设外包园区三维空间可视化综合服务管理平台。实现传统二维、分散运行的管理方式的根本改变，为园区管理提供强有力的三维空间信息和应用服务支撑。

（3）实现多个异构系统的有效信息集成，并展现三维空间的管理和数据分析功能。

（4）支持 SOA 服务体系架构，开放平台 API，方便第三方系统的应用集成。

（5）借助项目成功开发，有效提升园区综合管理能力和对外服务水平，使科技园区综合效益水平迈上新台阶，为智慧城市建设贡献力量。

13.2.2 系统总体方案策划

13.2.2.1 指导思想、标准规范

（1）指导思想。项目以智慧园区建设为最终目标，依托 3D GIS+BIM 先进技术，集成已有专项设施管理平台，开发新的可视化管理模式，先期实现智慧的物业管理、资产管理、运维管理等目标，再逐步深化探索智慧园区标准的最佳实践。

（2）标准规范。国家、行业规范包括：

①《信息技术 软件生存周期过程》（GB/T 8566—2007）；

②《计算机软件文档编制规范》（GB/T 8567—2006）；

③《计算机软件测试规范》（GB/T 15532—2008）；

④《国家基本比例尺地图图式 第 1 部分：1∶500 1∶1000 1∶2000 地形图图式》（GB/T 20257.1—2017）；

⑤《国家基本比例尺地图图式 第 2 部分：1∶5000 1∶10000 地形图图式》（GB/T 20257.2—2017）；

⑥《信息技术 维护指南》（GB/T 20157—2006）；

⑦《城市地理信息系统设计规范》（GB/T 18578—2008）；

⑧《地理信息 数据》（GB/T 19710—2005）；

⑨《基础地理信息要素分类与代码》（GB/T 13923—2006）；

⑩《地理空间数据交换格式》（GB/T 17798—2007）。

13.2.2.2 系统总体架构

（1）系统架构设计。本系统为科技园智慧管理体系的重要基础 IT 设施建设，无论是系统涵盖的管理功能范围（设施、资产、安全等）、应用的层次，还是三维空间直观的管理模式，都会使园区的智慧管理登上一个新台阶。这也同时对系统总体架构的设计提出了较高的要求，要求系统架构具有更好的稳定性、先进性和开放性。综合考虑以上各种因素，本系统在架构设计上采用了成熟的 B/S 为基础服务模式，以先进的 3D GIS+BIM、RDBMS 为核心服务和数据平台，网络集成外部已有 IT 应用系统，同时支持 SOA 外部服务架构等理念，对系统总体架构进行了设计。

数据采集平台层主要包括人工录入和数据采集系统两部分。其中"外部系统数据接口"支持动态监测系统通过网络接入本系统；BIM 模型数据通过平台工具转换处理后导入系统，3D GIS 模型可直接添加到系统。

数据库平台层主要包括应用业务数据库、地理空间数据库、动态监测数据库等。其中应用业务数据库包含系统管理和业务应用产生的各类数据。地理空间数据库包含构建整个数字地球三维场景的各类基础数据，如：遥感影像数据、矢量地图数据、数字高程模型数据、BIM 模型数据库、建筑三维数据库等。

3D GIS+BIM 平台层包含对整个系统的三维地理空间及综合业务信息支撑部分。包含：空间数据构建引擎、空间数据服务引擎和空间数据承载应用等。平台层通过各类地理空间数

据的融合处理以及业务员数据的组织调用,为各类三维空间的应用提供支持。同时提供了强大的二次开发接口,可以支持对已有信息化建设投资的保护和继承;支持异构系统的接入、功能子模块的增加,以及其他特殊应用的扩展。

(2)系统部署结构。系统的结构设计充分考虑各项功能需求,网络部署需要充分考虑灵活性和扩展性,同时要充分利用和共享现有的硬件和网络资源,本系统数据和应用服务可以采用图13-18所示的网络拓扑部署方案:

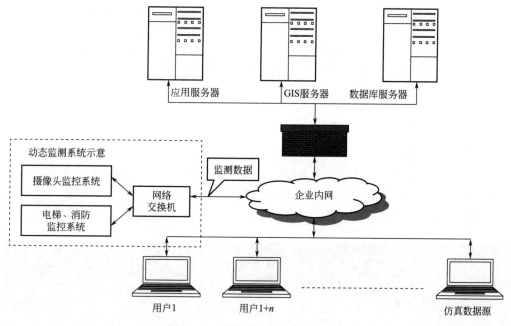

图 13-18　系统网络拓扑部署示意图

本系统采用 B/S 为主应用模式,系统各部分之间通过企业内部网络互连。园区原有应用系统(包括摄像头监控系统、电梯消防监控系统等)通过数据交换协议实施连接。为方便安全管控,保障系统和数据安全,建议园区企业网实施虚拟子网划分网络,将数据与服务部分、原有应用系统、相关用户群区分管控。

(3)系统工作流与数据流。系统主要的工作流与数据流同图 13-4,本处不过多赘述。

(4)系统技术路线。本项目综合管理项目的开发,将为园区建立全新的三维空间信息管理模式,内容涉及资产、设施、安全等管理的多个方面。考虑到系统功能众多、数据量庞大、需与多种已有监控系统实现数据互联,管理对象分布在园区等情况,系统将在 3D GIS+BIM 技术的基础上,综合应用多项技术构建系统,以保障系统具备良好的可用性、稳定可靠性、可拓展、易集成等性质。

本项目采取的技术路线是:

① 运用 3D GIS+BIM 软件系列产品创建项目的三维平台,以及系统数据库的设计开发。

② 系统采用 COM 技术构架系统,保障开放性和可拓展性。

③ 系统采用成熟的数据传输协议,建立与园区已有各监控系统的数据连接,实现设施数据的动态监测与分析,原则上不完成对设备的控制功能。

④ 采用高精度的三维模型信息和地理信息，保证三维可视化效果。
⑤ 系统采用 B/S 模式，方便部署和应用。

13.2.2.3 系统主要功能

依据用户需求分析，本系统主要用户功能组成结构设计如图 13-19 所示。

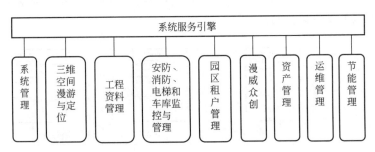

图 13-19 系统功能组成结构图

各功能模块简要说明如下。

（1）BIM 的动态化。让 BA 走进 BIM，让 BIM 动起来，只有形成一个动态 BIM 环境，如图 13-20 所示，才能使 BIM 在运维上发挥作用。目的不是要一个动画三维图，而是要让 BIM 中涵盖动态化数据。

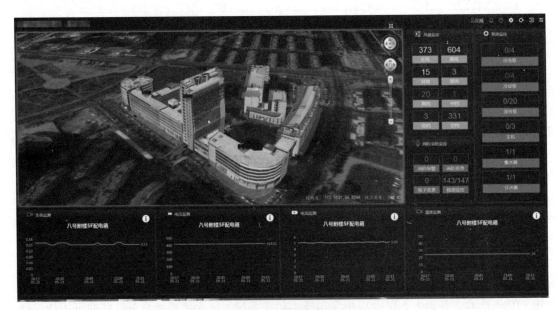

图 13-20 鸟瞰园区

① 全楼空调的管理。如对于一个复杂而庞大建筑的空调系统，要随时了解它的运行状态，利用 BIM 模型就非常直观，对整体研究空调运行策略、气流、水流、能源分布意义很大。

② 智能照明。现在大多数项目都具有智能照明功能，利用 BIM 模型可对现场管理，尤其是大堂、中庭、夜景、庭院的照明再现，为物业人员提供了直观方便的手段。

③ 动态 BIM 的软、硬件条件。为了得到动态 BIM 的应用，在软件上 BA（楼宇自控）所得到所有监测信息中的重要信息，必须接进 BIM 模型中。

（2）工程应急处置。

① 建筑漏水应急处理实例。在管理的项目中，市政自来水外管线破裂，水从未完全封堵的穿管进入楼内地下层，尽管有的房间有漏水报警，但水势较大，且从管线、电缆桥架、未做防水的地面向地下多层漏水，虽然有 CAD 图纸，但地下层结构复杂，上下对应关系不直观，从而要动用大量人力，对配电室电缆夹层、仓库、辅助用房等进行逐一开门检查。如果能将漏水报警与 BIM 模型相结合，就可在大屏上非常直观地看到浸水的平面和三维图像，从而制定抢救措施，减少损失。

② 重要阀门位置的显示。标准楼层水管及阀门的设计和安装都有相应的规律，可方便找到水管开裂部位并关断阀门。但是在大堂、中庭等处，由于空间变化大，水管阀门在施工时常有存在哪方便就安装在哪的现象。如某项目因极端冷天致使大门入口风幕水管冷裂，经反复寻找阀门，最后在二层某个角落才找到。这里虽存在基础管理的缺陷，但如有 BIM 模型显示，阀门位置一目了然，处理会快很多。

③ 入户管线的验收。一个大项目市政有电力、光纤、自来水、中水、热力、燃气等几十个进楼接口，在封堵不良且验收不到位时，一旦外部有水（如市政自来水爆裂，雨水倒灌），水就会进入楼内。利用 BIM 模型可对地下层入口精准定位、验收，方便封堵，质量也可易于检查，减少事故概率。

（3）火灾应急处置水平的提高。对于火灾应急处置恐怕是 BIM 模型可以成为最具优势的典型应用。

① 消防电梯。按目前规范，普通电梯及消防电梯不能作为消防疏散用（其中消防梯仅可供消防队员使用）。而有了 BIM 模型及 BIM 具有了前述的动态功能，就有可能使电梯在消防应急救援，尤其是超高层建筑消防救援中发挥重要作用。

② 疏散引导。对于大多数不具备乘梯疏散的情况，BIM 模型同样发挥着很大作用。凭借各种传感器（包括卷帘门）及可靠的通信系统，引导人员可指挥人们从正确的方向由步梯疏散，使火灾抢险发生革命性的变革。

③ 疏散预习。另外，在大型的办公室区域可为每个办公人员的个人电脑安装不同地址的 3D 疏散图，标示出模拟的火源点，以及最短距离的通道、步梯疏散的路线，平时对办公人员进行常规的训练和预习。

（4）安防能力的提高。

① 可疑人员的定位。利用视频识别及跟踪系统，对不良人员、非法人员，甚至恐怖分子等进行标识，利用视频识别软件使摄像头自动跟踪及互相切换，对目标进行锁定。

② 人流量监控（含车流量）。利用视频系统＋模糊计算，可以得到人流（人群）、车流的大概数量，这就可在 BIM 模型上了解建筑物各区域出入口、电梯厅、餐厅及展厅等区域以及人多的步梯、楼梯间的人流量、车流量。

③ 重要接待的模拟。利用 BIM 模型，可以和安保部门（或上级公安、安全、警卫等部门）联合模拟重要贵宾的接待方案，确定行车路线、中转路线、电梯运行等方案。

（5）空间管理与导引系统。

① 空间管理——会议室、展厅预定。BIM 模型的建立提供了可视空间的 3D 模型，人

们在电脑画面上（或手持平板电脑上）就可方便地了解会场的布局、空间感觉和气氛，同时可以模拟调整布局会场，改变桌子摆放、增减椅子数量，并立即得到调整后的空间效果。通过网络又可实现远程会场预定，大大提高了效率。这种预定方式同样非常适合展场展位的预定。

② 3D引导显示屏。利用智能手机在楼内、区内进行信息引导已开始应用。建议在大型项目、大型会展园区设立多处3D引导显示系统，方便顾客。例如：中国某大厦设计了双层空中大堂及双层电梯，如找不好路径，要到目的层就会很麻烦，因此可设多块3D导引牌，指示乘梯路径。

③ 区域及室内定位（ULS）。人们通过智能手机、平板电脑等移动设备利用APP即可了解区域内的各种空间信息（地图功能）并可按引导寻找到目的地。这对一个大型物业项目、大型商场及大型会展中心来说都具有非常实用的价值。

（6）在物业管理上的应用。

① 预留维修更换设备条件。利用BIM模型很容易模拟设备的搬运路线，对今后10年甚至20年需更换的大型设备，如制冷机组、柴发、锅炉等，作出管道可拆装、封堵、移位的预留条件。

② 基于BIM的建筑数据统计。BIM模型中的建筑数据比传统的CAD软件要求更严、更准，利用这一点在物业管理中可对大量材料和零配件进行精准的定位统计。结合物业行业中已较成熟的ERP管理，可使物业管理工作上一个台阶。

③ 大型清洁维修设备的模型。利用BIM模型可对较小空间中要使用大型清洁设备如蜘蛛车、液压升降车等进行模拟，为采购提供依据。

④ BIM-ERP的连接。在物业管理企业中，ERP系统已开始广泛应用，多种版本的软件紧紧围绕物业管理需求，系统内容逐渐丰富，适用性逐渐落地。BIM模型要在物业运维方面发挥作用，延续生命，与物管ERP连接是最有效的方法。ERP的大量数据、统计方式、显示界面都将使BIM应用更快成熟，因此在设计BIM应用时，就要提前预留与ERP的接口条件。

⑤ RFID卡和二维码。在机电设备运维管理中，利用RFID卡（射频卡）或二维码作设备标签已开始普及。用智能手机、平板电脑扫描二维码可得到设备的相关信息及上下游系统构成，也可将巡视资料通过WiFi（或3G、4G）送回后台。

⑥ 去天花功能。在现场拿着平板电脑，调出房间BIM模型，做去天花功能处理（涂层透明化），这时整个天花从图像中去掉，甚至连四壁墙的装修也去掉，天花内、装修内的设备、管线、电线一清二楚，为改造、检修提供了极大方便。

⑦ 人员定位。在BIM模型中，在晚间对入室的保洁服务员、巡视保安人员及运维的技工进行定位，就可了解每个人的移动轨迹，这无疑对内部可能发生的偷盗、泄密等事件起到监视和威慑作用，从而提高敏感区域的安全性，使物业整体保卫、保密工作的水平进一步提高。

⑧ BIM模型与运维人员的培训。BIM模型直观、准确，各种机电设备、管线、风道、建筑布局一目了然，加上动态信息、人流、车流、设备运行参数，又以动画方式演绎出来。这些信息正是培训运维技工、安保人员以及各类服务人员的极好教材。

（7）系统管理。本模块将设计针对项目的综合数据处理功能，包括：

① 用户管理：系统以角色管理为基础，利用综合身份认证等数字化安全技术，为系统用户的管理提供支撑。

② 角色管理：增、删、改、查用户角色，配置用户角色相关的模块权限。用户角色管理支持模块化、权限化自定义分配，系统将根据需求提供默认的用户角色，如普通用户、平台维护管理员等。

③ 配置管理：系统提供一个模块运行参数配置管理，包括数据库、网络、存储设备、功能模块、安全控制等。

④ 日志管理：记录用户从登录系统到退出系统期间完整的用户操作。

（8）三维空间漫游与定位。本模块将设计三维空间漫游与定位处理功能，包括：

① 三维浏览漫游：该功能支持用鼠标的拖拽和键盘按键等对三维场景（包括地面建筑环境）进行自由浏览，同时支持预设视点定位、轨迹浏览、二/三维状态切换、按信息树进行空间定位、按关键字定位、区域查询。

② 空间定位：对所有自定义三维模型和BIM模型进行树形结构管理，点选构件列表里的构件可以实现构件的定位。

③ 按关键字定位：可以直接检索构件信息中的特定字段，列出符合条件的所有构件。

④ 区域查询：在地图上选择任意区域，查询出鼠标框选范围内所有符合筛选条件的模型构件。

⑤ 选择构件查属性：在三维场景中对构件进行点选之后可以直接查看构件的BIM字段。

⑥ 静态数据展示：通过模型标注和点选模型可以显示预设好的模型静态数据。

⑦ 动态数据展示：可以录入指定模型的动态数据，模型将自动按照动态数据的报警级别切换不同的颜色，通过模型标注和点选模型可以显示动态数据。

⑧ 三维对象测量：利用平台提供的测量工具实现地上、地下、室内、室外的距离、标高、面积的测量。

（9）访问对象信息。本模块将设计针对访问对象的数据处理功能，包括：

① 支持在三维浏览漫游的过程中，点击任意信息点，显示其属性信息，如电梯、消防设备信息，地下管线信息，地面道路、建筑等环境信息。

② 可通过条件筛选直接列出符合条件的所有静态数据标题，点击标题后可直接对模型进行定位并弹出详细信息。

③ 鼠标点选BIM模型可直接弹出该模型所包含的属性信息。

④ 鼠标框选三维场景可直接高亮范围内的所有含有属性信息的模型并列入查询结果列表。

（10）安防、消防、电梯和车库监控与管理。本模块将设计安防、消防、电梯和车库监控与管理功能，主要内容包括：

① 协议接入现有楼宇监控室、中控室控制系统数据信息。

② 三维可视化视频监控系统管理：可直观选择监控设备，实时监视现场信息，并可调取相应位置历史视频信息等。

③ 视频监控与其他报警系统联动：可识别特定视频特征信息，并通过报警铃声、短信、邮件报警。

④ 门禁系统管理：可三维显示楼宇、楼层门禁安装位置，可选择并调取、查阅门禁记录信息、门禁配置管理信息等。

⑤ 安保人员位置管理：对于保安人员，通过将无线射频芯片植入工卡，利用无线终端来定位保安的具体方位（楼、层、房间等）。

⑥ 消防系统信息查询与构件定位：可三维显示楼宇、楼层消防设施安装位置，可选择并调取、查阅设施可用状态信息及其他记录信息，还可联动查阅相关监控设备信息。

⑦ 车库停车定位：应用 RFID 将定位标识标记在车位卡上，采集停车位置信息。

⑧ 车库位置信息服务：在车库入口处通过屏幕显示出所有已占车位和空闲车位；通过车位卡还可以在车库监控大屏幕上查询车的位置。

⑨ 巡更系统管理：可制定巡更人员计划、时间班次、路线安排、人员实时定位、应急措施、实时对讲调度、巡更记录等。

（11）资产管理。本模块将设计资产管理功能，主要内容包括：

① 建立各类资产的 5D 数据库，并与楼宇 BIM 模型数据相关联；

② 依据指定资产 ID，三维空间展示相关资产的位置（楼、层、房间、通道、楼梯）；

③ 分类查询资产：可列表查询并链接空间位置展示；可三维空间部署查询，点击具体资产标识，可显示资产相关详细信息；

④ 分类统计资产：可分类统计资产信息，并可链接显示三维空间分布情况；

⑤ 支持 9 类以上资产信息查询和统计，包括房屋和建筑资产、办公设备、专用设备、文物和陈列品、图书资料、运输设备、机械设备；

⑥ 支持资产项信息维护管理，包括修改、增加、删除、移动等。

（12）运维管理。本模块将设计设备运维管理功能，主要内容包括：

① 建立设备、设施维护数据库，包含设备规格信息、指标信息、维修记录、质保信息、厂家信息、维修电话等；

② 三维空间展示设备位置全局部署情况（楼、层的设备分布情况）；

③ 快速定位指定设备（ID）空间位置（楼、层、房间、通道、楼梯等）；

④ 上下游关联设备信息展示，便于事件源分析及对下游设备可能造成的影响进行判断；

⑤ 制定设备维修保障计划，并提前警示计划的执行；

⑥ 实时协议接入设备监测信息；

⑦ 对可实时动态监测的设备对象，可依据设定阈值实时远程报警通知（铃声、短信、邮件等）；

⑧ 历史运行记载数据查询。

（13）节能管理。根据项目提出的实际需求，现场的能耗主要是电和水，以电的能耗为主。电耗主要分为几个方面，一是空调，二是照明，三是打印机、饮水机及各类办公设备，四就是一向被忽视的待机能耗。

① 企业用电管理存在的问题。

a. 在公司经营管理中，照明及各类办公设备是公司用电的两大主力，并且办公室内人员进出比较频繁，经常出现人走之后灯、饮水机、打印机等电器因忘记关闭而出现的"零效能"工作状态，既耗费大量的电能又损害电器的寿命，甚至会产生对人体有伤害的物质。因而设置图 13-21 所示的电力监测可视化功能对防范此类问题出现具有一定作用。

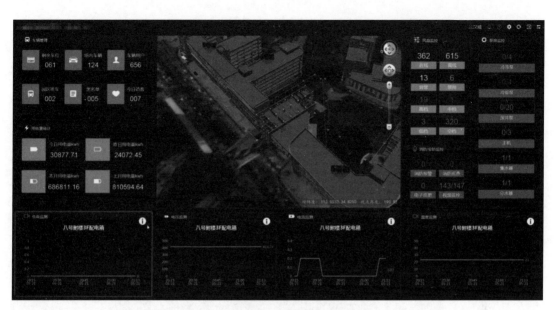

图 13-21 园区电力监测可视化

b. 待机能耗。待机能耗是指具有待机功能的电器设备在不使用的时候,没有断开电源所发生的电能消耗,如表 13-3 所示。为了避免频繁插拔插头的麻烦,基本上公司所有电器均常年处于待机状态。待机状态在为员工提供便利的同时,也造成了大量的能源浪费,甚至还可能会引起灾难性事件。据消防部门统计,我国近 10 年发生的火灾中,约 30% 是由插座引起的,居诸种失火原因之首,给人们的生命和财产安全造成了巨大的破坏。

表 13-3 待机能耗功率

序号	电器	待机功耗 /W	月损耗电量 /(kW·h)	年损耗电量 /(kW·h)
1	电脑主机 + 显示器	6.2	4.5	54
2	打印机	9.08	6.5	78
3	传真机	5.71	4.1	49.2
4	空调	3.47	2.5	30.0
5	饮水机	20	14.4	172.8
6	电视机	2.5	1.8	21.6
7	音响	7.25	5.2	62.4

c. 用电计量管理体系不健全。用电计算量的信息化水平较低,既不知道电量浪费在哪里,也不知道如何节能,不能适应建立资源节约型社会的需求。建立科学的计量体系,是企业用电节能的客观需要。虽然管理制度在一定程度上可以起到低成本节能的效果,但制度的设计和员工的行为之间往往存在严重的信息不对称,因此实施效果往往与制度设计的初衷相去甚远。作为一种降低信息不对称的有效手段,云开关和云插座可广泛应用于企业管理节能过程中,解决企业面临的节能困境。智能节能的云开关和云插座以低成本的方式切入,开启企业用电节能管理的新篇章。

② 云开关、云插座功能介绍。云开关、云插座是节能公司基于多项专利技术研制的高

科技自主创新产品，如图13-22、图13-23所示。基于移动互联技术，实现普通开关和插座的云端操作，采用无线 ZigBee 通信方式，结合手机 APP，实现对接入企业照明及各类用电设备的智能节能管理，适用于住宅、企事业单位、公共建筑、办公楼等，可直接替代普通开关和插座。

图 13-22　云开关

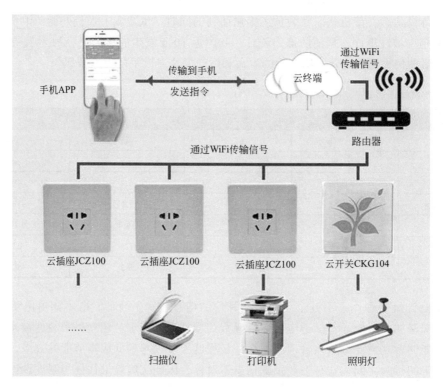

图 13-23　云插座

针对企业用电智能节能管理，云开关和云插座具有以下功能。

a. 时段管理：企业对比住宅、商场来说，具有朝九晚五的规律性，偶尔有加班情况出现。根据企业上下班周历，在电脑或 APP 上设置非必须用电设备的使用时段，时间段内用电设备处于允许使用状态，时间段外禁止使用或进入加班状态。加班状态时用电设备每 2 小时会自动关闭一次，杜绝了员工离开忘关用电设备而造成的浪费。

b. 情景模式：手机 APP 及管理软件提供了多达二十个情景模式可供编辑及使用，可根据习惯和需求特点，对用电设备进行"一键管理"。

c. 电量统计：可记录每台用电设备的实时、日、月、年的使用情况和耗电数值，为用电设备的节能管理提供了客观真实的数据，为节能改造提供数据支撑，如图 13-24 所示。

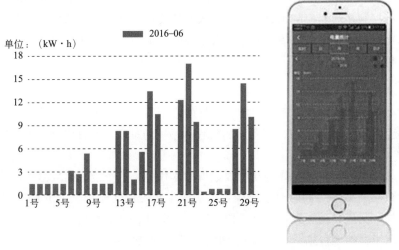

图 13-24　电量统计

d. 定时开关：云产品提供了多个定时开关时点，可根据公共办公区域、会议室、领导办公室特点设置定时（比如下班）关机时间，到设置时间云插座会自动关闭非必要用电的设备，杜绝待机能耗。

e. 云端遥控：通过手机 APP，所有的电器状态都能通过手机端呈现，并且随时关闭，方便、省心又安全。

f. 权限管理：系统权限是分级管理，不同人员具有不同的管理权限。可设置总经理办公室管理人员具有最高权限，总经理办公室根据其他部门的实际情况分配其他人员的使用权限。

g. 安全管理：云插座作为公司的必需品，充当连接用电设备与电源的角色。出厂之前经过 5000 次安全测试，保证插座性能稳定，自身拥有安全保护机制，不会导致用户触电；并且可以实时监测用电设备的用电情况，为用电设备提供保护、监测和控制，一旦发现用电设备出现问题，用户可及时通过手机远程切断电源，保护家电设备，杜绝安全隐患。

h. 扩展兼容：可与云遥控器、云温控器、云电暖温控器组成一个完整的能源管理网络。

③ 节能效益分析。

a. 经济效益。

（a）时段管理节能。云开关和云插座具有分时段使用功能。按照企业的上班习惯，每天从早 9 点到晚 5 点长达 8 个小时左右所有电器全部开启，但是通过设置使用时间段，可以在中午下班、下午下班（这些非上班时间）自动关闭热水器、打印机等非必要大功率用电设备。

（b）杜绝待机能耗。安装使用云开关和云插座，可设置到下班时间系统自动关闭办公室内各区域的灯、热水器、打印机等电器的电源，并自动开启安防报警系统。

（c）电量统计节能。云开关和云插座提供多种智能节能管理方式，还可记录每台用电设备的实时、日、月、年的使用情况和耗电数值，为实现精细化管理，减少用电设备使用环节的浪费提供数据支撑。

b. 社会效益。采用云插座对企业用电设备进行智能节能管理，不仅为企业减小能源消耗，节省费用支出，还可提高节约意识，为建设节约型、环保型社会做出贡献。

④ 云开关和云插座的应用。云开关和云插座可采用无线 ZigBee 通信方式，结合手机 APP，实现对照明和接入插座电器的智能节能管理。ZigBee 是一种低功耗局域网协议，主要适合用于自动控制和远程控制领域，可以嵌入各种设备，其最主要的特点是可以自动组成网络，网络的每个节点可以借力传输数据，有足够的安全性、稳定性、操作流畅性、较强的设备承载能力和较低的功耗。

13.2.2.4 数据库设计

一个好的数据库产品，不等于就有一个好的应用系统，如果不能设计一个合理的数据库模型，不仅会增加 Web 端和服务器程序的编程和维护的难度，而且将会严重影响系统的实际运行性能。

综合管理平台的运行效率体现在有效数据的操作上，一个良好的数据库设计，可大大提升整个平台的运行效率，同时对于异构系统的兼容起决定性作用。由于 BIM 公共平台的优势在于可视性、集成联动能力、5D（三维空间＋时间＋内容）数据库，体现了其强大的兼容性，可以承载丰富的平台数据、跨系统数据、实时生成数据等。

（1）设计依据。

① 结构性。系统中所拥有的数据非常广，还涉及多源的数据，需要有合理的数据结构，数据的结构性强，有利于提升高并发、多用户的数据读写操作效率。

② 现势性。地理信息数据，必须有很强的现势性。3D GIS 地图或者 BIM 模型数据，如果更新不及时，将严重影响用户的体验。

③ 关联性。BIM 公共平台的价值在于信息的协同、集成共享，平台上面的数据如果都是孤立的，不发挥整体价值，与单独的子系统无区别，也体现不了 BIM 公共平台的优势。必须支持跨异构系统的多源数据，归一化为平台的结构性数据，同时将多源的数据产生互动，达到智能联动的作用。比如一个监控视频的数据，可以触发到门禁系统的状态变化。

④ 一致性。当提交事务完成时，必须使所有数据都具有一致的状态。特别涉及分布式数据库时，保证主数据跟备份数据的一致性原则。

（2）数据库安全措施。数据库安全采用以下三个方案：

① 所有相关密码字段都采用 MD5 加密，即使数据库泄露也无法非法登录；

② 程序采用防止 SQL 注入的框架，让数据库应对 Web 应用无懈可击；

③ 数据库采用每天自动备份，让数据持久更有保障。

13.2.2.5 性能指标

本系统为了满足快速浏览、无延迟的需求，有关 BIM 模型解析、数据传输、存储、管理系统必须构建在带宽稳定的 IP 传输网络上，采用全 IP 传输的网络架构，同时对运行 IE 浏览器的 PC 存在一定要求，具体可参考软硬件配置。

不同视角下有不同的性能标准，针对 BIM 综合管理平台，性能指标主要考虑有响应时间、并发数、吞吐量、性能计数器等。

（1）响应时间。指应用执行一个操作需要的时间，包括从发出请求开始到收到最后响应数据所需要的时间。响应时间是系统最重要的性能指标，直观地反映了系统的"快慢"。

测试程序通过模拟应用程序，记录收到响应和发出请求之间的时间差来计算系统响应时间。但是记录及获取系统时间这个操作也需要花费一定的时间，如果测试目标操作本身需要花费的时间极少，比如几微秒，那么测试程序就无法测试得到系统的响应时间。实践中通常采用的办法是重复请求，比如一个请求操作重复执行一万次，测试一万次执行需要的总响应时间之和，然后除以一万，得到单次请求的响应时间。

目前系统响应时间控制在 200 ms 以内。

（2）并发数。指系统能够同时处理请求的数目，这个数字也反映了系统的负载特性。对于网站而言，并发数即网站并发用户数，指同时提交请求的用户数目。

（3）吞吐量。指单位时间内系统处理的请求数量，体现系统的整体处理能力。对于网站，可以用"请求数/秒"或是"页面数/秒"来衡量，也可以用"访问人数/天"或是"处理的业务数/小时"等来衡量。

（4）性能计数器。它是描述服务器或操作系统性能的一些数据指标，包括 System Load、对象与线程数、内存使用、CPU 使用、磁盘与网络 I/O 等指标。

13.2.2.6 系统软硬件配置

（1）软件配置。

① 操作系统：采用 Windows Server 2008 作为服务器的操作系统。

② 数据库：SQL Server 2008 是企业级数据库产品。它在企业级支持、商业智能应用、管理开发效率等诸多方面，较 SQL Server 2000、SQL Server 2005 均有质的飞跃。

③ WebGIS 平台：近年来，地理空间信息技术飞速发展，经历了纸质地图、电子地图、地理信息系统（GIS）、空间信息系统（SIS）等阶段，本项目拟采用具有国内外先进水平，由该公司开发的"三维空间信息系统"作为 WebGIS 平台。

（2）硬件配置，见表 13-1。

（3）网络配置。Web 服务器、数据库服务器都需要放在硬件防火墙内，依靠企业的硬件防火墙可以提供 Internet 到 Web 服务器之间的第一级安全保证。

本系统由于涉及大量的遥感数据、时空构件数据，这些数据的传输，在环境初始化阶段，会占用大量带宽，等系统稳定后，占用的带宽处于稳定，需求不大。所以必须保证网络带宽在 10 M 以上，同时所运行的网卡在 100 M 以上。

13.2.3 数据建设

基础地理信息数据集是智慧园区的地理信息服务应用的前提，是智慧园区地理信息公共服务平台建设的基础。数据建设包括基础信息数据和三维模型数据两部分的建设。

13.2.3.1 地理信息数据处理

本项目地理信息数据包括遥感影像和矢量地图数据，以及相关地理信息。参照数据处理标准，根据本项目实际情况，采集并处理平台的地理信息。本平台的地理信息主要包括以下三类：

（1）多分辨率卫星遥感影像；
（2）数字高程模型（DEM）；
（3）项目周边环境信息，如道路、地名、重点建筑名称等。

对遥感影像数据、矢量地图数据进行分层分级处理，以便于数据高效高清晰度调用。

（1）遥感影像数据：整个项目以 0.15 m 高分辨率航空遥感图像和大比例尺矢量地图及 DEM 高程数据为基础，利用实时三维生成技术，建立形象直观的园区区域真实地形地貌。

（2）矢量地图修测：对项目整个区域矢量地图进行全面修测，矢量地图数据主要要素包括道路、园区、建筑名称及所属单位等，使其具有较好现势性。

13.2.3.2　三维模型数据建设

（1）三维模型建立：对项目采用虚拟现实技术，建立园区建筑、园区场景的三维模型。

（2）BIM 信息模型建立：对项目生产楼及大门（总建筑面积 54433.33 平方米）建立 BIM 三维信息模型，以利于楼宇基于 BIM 模型的 FM 管理和智慧园区的可视化应用。

（3）倾斜摄影的引入：对园区进行无人机倾斜摄影航拍，生成相关三维数据，与 GIS 平台对接后做成智慧建筑，园区可作为智慧建筑、智慧园区、智慧消防项目对外展示的窗口。

（4）考虑地下停车的便捷性，就地下停车场进行系统的停车标识导视设计并改造，使地下室变得干净、整洁、导视性强，给公司及外来客户提供一个好的印象。

13.2.4　开发周期

13.2.4.1　项目开发任务

本项目根据系统设计要求需要完成以下主要开发任务。

（1）地理信息获取与处理。创建项目的三维地形，需要多分辨率的遥感数据、数字高程模型（DEM）等地理信息，并在获取地理信息后进行几何校正、地理编码、坐标转换和数据融合处理，在该公司集成开发平台上创建三维地形。同时，根据需要进行地图修测、道路、建筑名称、地标性建筑物名称添加等。

（2）三维模型数据组织与优化。本项目将根据现有平面图纸等建筑物数据信息完成科技园园区的建模工作。建模对象包含区间地下管线、地面部分附属建筑物。

在本项目的研发过程中，需要对区域内建筑物模型（含属性）进行转换和优化处理，将结果导入系统"BIM 数据库"，目的是确保系统高效、流畅运行。在项目开发中，还可根据项目需要创建新的自定义模型。

（3）系统数据库设计与开发。为满足基于模块操作的用户角色管理、动态及静态的数据发布、模拟仿真、动态监测与报警以及监测数据的大数据分析等应用，在业务逻辑上采用关系型数据库，采用 Oracle 或 SQL Server 2008 商业数据库软件系统。

针对本项目的特点进行多种类数据表的设计。数据库的设计开发应严格规范，综合考虑数据的完整一致性与便于操作和检索性，在减少数据冗余的同时便于拓展。在数据组织方面采取压缩、分层等措施，确保通过网络传输数据的效率和渲染显示三维场景的效率等。

（4）在三维空间平台上加载三维模型。将本项目数据库中涉及的园区区域内的地下管线、地面建筑物等，通过空间匹配，确认地理位置属性，并加载到蓝色星球三维空间平台上，为实现三维浏览漫游和后续的应用开发奠定基础。

（5）系统管理及各业务功能模块的开发。在业务平台层将完成 6 大功能模块开发，如三维浏览、服务中心、资产管理、安全管理等。

（6）平台公共操作功能开发。结合本项目需要开发的平台操作功能有：

① 用户自定义空间定位：允许用户设定多个观测点，点击观测点标志，三维场景自动定位到该点，方便场景调度；

② 用户自定义路径浏览：支持用户预设三维浏览的路径，实现地面建筑环境、盾构作业面和操作室环境的预设路径浏览漫游；

③ 二维/三维状态切换：在三维场景浏览漫游的过程中，支持打开或关闭显示二维图形窗口。

13.2.4.2　项目开发周期

本项目预期开发周期约 4~6 个月。根据工程项目需要可以采取"边开发、边应用"的方式，即将本项目分为三个阶段开发交付。

第一阶段（大约 2 个月）：开发完成项目的三维平台，并在该平台上加载静态数据，满足项目的地面建筑环境、地图浏览漫游、加载倾斜摄影数据、地面道路、建筑等环境信息的查询等。根据实际应用需要，提供距离测量、坐标和标高输出等辅助功能。

第二阶段（大约 2 个月）：项目智能化方案提出，主要包括了以下几个方面。

（1）园区大门的车辆进出，采用车牌识别模式，加装摄像机和 LED 显示屏。可实现员工车辆无障碍通行、访客车辆的管控、出入车辆的记录统计。

（2）大门设立访客机，针对预约或非预约的访客进行管理，现场取证及统计。

（3）大门设人脸识别装置，对比、统计人数及性别等。

（4）设立园区占道报警摄像机，对占道的车辆进行抓拍。

（5）设立制高点鹰眼监控，可对园区的人员进行跟踪报警。

（6）设立巡更系统，对保安或值班经理每日的巡查进行监督管理。

第三阶段（大约 2 个月）：以开发完成动态数据、周边异构系统数据为主；针对安防系统、消防系统、电梯控制系统和车库控制系统等子系统，进行单独适配开发，同时接入三维平台。第三阶段可以和第二阶段同时进行。

13.2.5　项目经费初步估算

表 13-4、表 13-5 为经费初步估算的相关内容。项目初步估算经费为表 13-4 与表 13-5 造价之和。

表 13-4　硬件设备　　　　　　　　　　　　　　　　　　　　　　　　　　　　　单位：万元

项目	名称	规格型号	数量	单位	价格	合计	详细描述
一卡通综合管理平台	金融交易平台	eCard-T5.0	1	套			
	身份识别平台	eCard-T5.0	1	套			
	制卡中心模块	eCard-T5.0	1	套			
	结算中心模块	eCard-T5.0	1	套			
	管理中心模块	eCard-T5.0	1	套			
	集控中心模块	eCard-T5.0	1	套			

续表

项目	名称	规格型号	数量	单位	价格	合计	详细描述
一卡通中心	服务器		2	台			
	数据加密KEY	U-key	1	个			
	智能卡读写器	E711500	2	台			
餐饮消费系统	商务消费系统软件	eCard-T5.0	1	套			
	射频卡支付终端（出纳机）	A701	1	台			
	射频卡支付终端（营业机）	A701	6	台			
访客管理系统	访客机		1	台			
会议签到系统	会议签到管理系统	eCard-T5.0	1	套			
	会议签到机	C901	2	台			
	会议签到一体机（可选）	K301	1	台			
考勤管理系统	考勤管理系统	eCard-T5.0	1	套			
	考勤机	c921100	4	台			
车牌识别系统	自动挡道闸	FJC-D528	3	套			
	车辆检测器	FJC-D621	5	个			
	车道控制器	FJC-T23A	4	套			
	车牌识别装置	FJC-CPA1201A	4	套			
	大照度补光灯	FJC-SC1000	4	个			
	加密狗	FJC-Z613	1	个			
	地感线圈	专用	9	个			
通道管理系统	不锈钢岗亭	定制	1	个			
	单机芯天翼摆闸	FJC-Z2218-I	4	台			
	单机芯天翼翼闸	FJC-Z1118-I	4	台			
	双机芯天翼翼闸	FJC-Z1118-II	2	台			
	语音模块	专用	6	套			
车库电动门系统	自动门机组	G120	4	套			
	自动门	定制	4	套			
	读卡机箱	定制	4	台			
	门禁控制器	I220100	4	台			
	门禁控制器	F201400	4	台			
宿管管理系统	宿管平台	eCard-T5.0	1	套			
宿舍综合水电管理系统	综合水电管理系统	eCard-T5.0	1	套			
	电控计量模块	N400	120	块			
	电控柜	国产	11	台			
	电控集中器	国产	2	台			
	LED显示屏	N600	2	台			
	自助购水购电机	C211	2	台			
	智能卡节水控制器	H611	50	台			

续表

项目	名称	规格型号	数量	单位	价格	合计	详细描述
宿舍综合水电管理系统	水控器电源箱	Z000	6	台			
	数据网关	P101200	2	台			
	智能卡控制电器	G301200	16	台			
无线联网门锁管理系统	无线联网门锁管理软件	eCard-T5.0	1	套			
	无线联网门锁	I304	120	把			
	数据采集器	P311	12	台			
员工卡	M1卡		1000	张			
	线路器材		3000	米			
	设备小计						
	系统实施集成费	含实施集成等	1	批			
	系统总造价						

表 13-5 项目经费估算　　　　　　　　　　　　　　　　　　　　　　　　　　单位：万元

分类	产品/服务内容	功能/性能	单价	数量	小计
平台软件	3D GIS 集成平台	3D GIS 集成开发平台软件			
地理信息	三维航空遥感影像	科技园区 /0.05 m			
	卫星遥感影像	高新西区 /0.5 m			
	数字高程模型 DEM	基于 30 m 间隔数据修测			
	数字线划地图 DLG	基于 1∶2000 地图修测			
模型数据	BIM 建模	LOD400/ 建模深度			
	周边地下管网建模	简模			
系统集成管理	水系统表类接入	多系统一体化的管理平台			
	电表单体楼宇接入				
	空调单体楼宇接入				
	室内空气质量接入				
	展示 RFID 资产管理				
	室外微灌或滴灌接入				
	门禁系统集成管理				
	访客系统集成管理				
	周界报警				
	人脸识别集成				
	高清车牌				
	电子巡更				
	WiFi 探针				
	安防监控集成管理				
	消防系统集成管理				
	电梯运行监控				
	车辆出入管理				
	电动汽车充电桩				
	地下车库管理（含地坪漆）				

续表

分类	产品/服务内容	功能/性能	单价	数量	小计
资产管理	二次开发	将设备、办公家具与空间位置、使用及维护人员综合管理，重点是设备资产			
运维管理	设备维护信息提示	开发基于3D GIS+BIM+设备信息的运维子系统			
	故障预警				
	故障快速定位修理				
	运维工作日志				
合计					

13.3 某综合管廊运维管理平台介绍

13.3.1 产品概述

13.3.1.1 平台条件

城市地下管线是指在城市规划区范围内，埋设在城市规划道路下的给水、排水、燃气、热力、工业等各种管道、电力、电信电缆等。

地下管线担负着城市的信息传递、能源输送、排涝减灾、废物排弃的功能，是城市规划、建设、管理的重要基础信息。城市地下管线就像人体内的"血管"和"神经"，是城市的"生命线"。城市地下管线是一个有机的综合系统，也是城市内部一个相对独立的子系统。

已有企业基于"BIM+GIS公共平台"开发研制了"智慧管廊BIM运维管理应用系统"，该系统提升了BIM应用价值，拓展了BIM应用范围，提高了项目各参与方之间的沟通效率和深度，实现了项目全生命周期的资源共享和交换。

（1）建设与运营阶段实现无缝连接，使得设备设施运转能真正适应智能化管理需求。

（2）智能化策略运行替代日常人工管理。

（3）梳理信息，提高效率。

（4）与ERP、MIS、资产管理等进行有机的整合。

（5）人性化、绿色、节能、降低成本、延长使用寿命。

13.3.1.2 解决方向

主要实现以下几方面的开发目标：

（1）建设5D（空间+时间+内容）基础信息数据库，实现建筑全生命周期数据的集中统一管理。

（2）建设三维可视化综合运维管理系统平台。实现传统二维、分散运行的管理方式的根本改变，为管理提供强有力的三维空间信息和应用服务支撑。

（3）实现现有异构系统的有效信息集成，并展现三维空间的管理和数据分析功能。

（4）解决多年来电子图档移交的问题，实现智慧管廊建设BIM数据全生命期共享。

（5）系统采用COM技术构架系统，保障开放性和可拓展性。

13.3.1.3 BIM 建模标准及要求

BIM 在各阶段的应用主要包括：建立信息模型并进行审核，从模型中提取相关信息，生成工程量清单、零件汇总表、施工图等技术文件。在主流 BIM 软件平台中，选择适合本工程的 BIM 软件平台。通过设计阶段数据模型的沿用，可将上述过程中建立的 BIM 应用于施工过程模拟与管理，从而充分利用已有的设计阶段的结果，将设计阶段的信息进行与施工阶段的信息进行有效的结合，同时运维单位对工程数据信息的录入，能充分发挥 BIM 带给综合管廊工程建设及运维阶段的技术变革。表 13-6 所示为 BIM 在施工及运维阶段的应用。

表 13-6 BIM 在施工及运维阶段的应用

序号	实施方	BIM 应用点
1	施工单位	BIM 建模
2		施工图复核与碰撞检查
3		工程整体效果展示
4		施工进度模拟
5		施工冲突分析
6		施工方案模拟
7	运维单位	工程智能化管养
8		资产设施管理

（1）BIM 技术应用策划方案。针对国内综合管廊行业 BIM 技术应用的管理，提出主要的前期策划的重点是两部分，第一是制定文件标准，即是如何构建本工程的建筑信息模型；第二是制定服务标准，即是如何使用本工程建筑信息模型为业主展开各项必要的服务。

（2）制定文件标准。制定文件标准需要关注的重点工作有明确建模范围、建模对象、建模要求、数据规则、交付标准。

（3）建模范围。本项目 BIM 工作范围包括：

① 管廊结构：依据设计资料，建立管廊结构区间模型。

② 建构筑物：包括分支口、吊装口、进排风口、人员出入口、管线廊交叉口等构筑物模型。

③ 管线：依据现状及设计资料，将综合管廊管线（包括电力、通信、给水、中水、热力、燃气、污水等）的管位及图示标高，以及井位反映在模型中。

④ 环境与景观：结合地理信息，建立现状环境模型，包括道路、周边建筑物等，并结合设计资料创建改造后的环境模型。

在开展工作前期，需要在建模范围明确后，进一步梳理主要建模对象。

（4）模型深度。模型（modeling）作为 BIM 的基础，必须要保证其完整性、精确性，同时，模型的等级也会随着工程所处阶段的不同而逐步深化，在 BIM 技术中，通常采用 LOD（level of details）来表示模型的等级（表 13-7）。

表 13-7 模型等级

等级	细致程度	备注
LOD 100（L1）	概念化	表现结构为整体类型的建筑体量
LOD 200（L2）	近似构件（方案及扩初）	表现结构为主要结构尺寸

续表

等级	细致程度	备注
LOD 300（L3）	精确构件（施工图及深化施工图）	表现结构为精确尺寸和细节
LOD 400（L4）	加工	按照施工和制造方式，进一步细化模型
LOD 500（L5）	竣工	竣工模型，用于运维管理

本项目模型主要对象构件建模深度如表13-8所示。

表13-8 本项目模型主要对象构件建模深度

序号	分类	对象	建模深度				
			L1	L2	L3	L4	L5
1	环境（场地整平工程）	周边建筑物	√	√			
2		周边道路	√	√			
3	标准段及节点	围护结构	√	√			
		支撑结构	√	√			
		基坑加固	√	√			
		管廊结构（顶板、中板、底板、侧墙、隔墙）			√	√	√
		管廊建筑（门、楼梯、盖板、出入口、面层及找坡）			√	√	√
4	道路工程	新建车行道			√	√	√
		新建人行道			√	√	√
		新建侧平石			√	√	√
5	控制中心	室内布置			√	√	√
	吊装口	管廊内布置			√	√	√
	进排风口	管廊内布置			√	√	√
	人员出入口	管廊内布置			√	√	√
	逃生口	管廊内布置			√	√	√
6	给排水及入廊管线	集水坑			√	√	√
		消防			√	√	√
		电力排管			√	√	√
		通信排管			√	√	√
		给水排管			√	√	√
		热力排管			√	√	√
		燃气排管			√	√	√
		污水管			√	√	√
		提升装置			√	√	√
		排水接管			√	√	√
		给水接管			√	√	√
7	支架工程	支架			√	√	√
8	暖通工程	设备			√	√	√
		管道及附件			√	√	√

续表

序号	分类	对象	建模深度				
			L1	L2	L3	L4	L5
9	强电工程	电气设备		√	√	√	√
10	弱电工程	监控中心		√	√	√	√
		设备监控		√	√	√	√
		电话系统		√	√	√	√
		程控电话		√	√	√	√
		无线通话		√	√	√	√
		安防系统		√	√	√	√
		综合管廊内CCTV		√	√	√	√
		门禁		√	√	√	√
		火灾报警系统		√	√	√	√
		机器人巡检设备		√	√	√	√
		接入上级监控中心（监控中心）		√	√	√	√
		接入上级电话系统（电话系统）		√	√	√	√
		接入上级监控中心（安防系统）		√	√	√	√
		和上级消防主机通信（火灾报警系统）		√	√	√	√

（5）软件要求。根据国内BIM软件应用现状，推荐BIM三维建模软件统一采用Autodesk Revit。如有某些分部分项工程确有不便，经协商可以采用其他软件建模的，在提交模型前，必须将其他软件的模型转换以rvt格式提交，并补充构件信息至完善，保证该模型能够被Revit及Navisworks软件正确读取。

（6）BIM模型交付标准、要求。设计阶段提交的BIM模型通过审查后将完成首次交付，为保证BIM工作质量，要严格按照本规划的建模要求完成模型建造。

严格保证BIM模型与二维CAD图纸包含信息一致。机电管线系统建模采用Revit MEP。提交模型时必须同时提供nwc格式模型，用于Navisworks下的模型整合。为限制文件大小，所有模型在提交时必须清除未使用项，删除所有导入文件和外部参照链接，同时模型中的所有视图必须经过整理，只保留默认的视图和视点，其他都删除。与模型文件一同提交的说明文档中必须包括模型的原点坐标描述、模型建立所参照的CAD图纸情况。

针对设计阶段的BIM应用点，每个应用点分别建立一个文件夹。对于3D漫游和设计方案比选等应用，提供avi格式的视频文件和相关说明；对于工程量统计、日照和采光分析、能耗分析、声环境分析、通风情况分析等应用，提供成果文件和相关说明。

施工阶段提交的BIM模型即为竣工模型，通过运营接收单位审查后将交付到运营方，作为在运营阶段BIM实施的模型资料。为保证BIM工作质量，对竣工模型质量要求如下：

① 所提交的模型，必须都已经经过碰撞检查，各专业内部及专业之间无构件碰撞问题存在。

② 严格按照本规划的建模要求，在施工图模型深度的基础上添加施工信息和产品信息，将模型深化到竣工图模型深度。

③严格保证BIM模型与二维CAD竣工图纸包含信息一致。施工进度模拟，严格按照施工计划和施工实际进度分别建立avi格式的视频，并将相关文件提交；施工方案演示，遵循施工工序安排，真实反映实际施工方案，建立avi格式的视频，并有相关文档说明；竣工模型在施工图模型深度的基础上添加以下信息：生产信息（生产厂家、生产日期等）、运输信息（进场信息、存储信息）、安装信息（浇筑、安装日期，操作单位）和产品信息（技术参数、供应商、产品合格证等）。

（7）制定服务标准。

①建模服务程序，如图13-25所示。

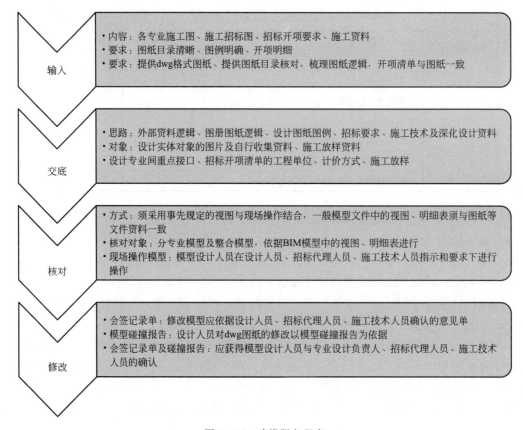

图13-25　建模服务程序

②BIM技术应用点标准流程。信息化工作需要对流程进行标准化处理，以便梳理管理逻辑关系，开展信息化管理工作，图13-26、图13-27为一些BIM技术应用点的标准流程。

（8）使用BIM技术的工程协调机制。为保证BIM技术的实施质量，建议成立BIM工作小组，由业主指派专人作为组长，BIM技术团队指派专人作为副组长，参建各方（总体设计、分项设计、施工总包）指派一人作为组员。小组所有成员作为本参与方BIM的总负责人和协调人，对内管理、协调本方的BIM工作，在BIM小组内部参加所有BIM所需的活动。小组成员是本参与方在项目中的BIM联络人。实施标准、应用标准等管理标准，服务模式及办法，含管理平台搭建、各个阶段的应用流程、工作流程与协调机制、BIM实施的保证措施，给出各种管理表格（包括联系单、提资单、会签单、审查单、交付单等需要使用的表格）样式。

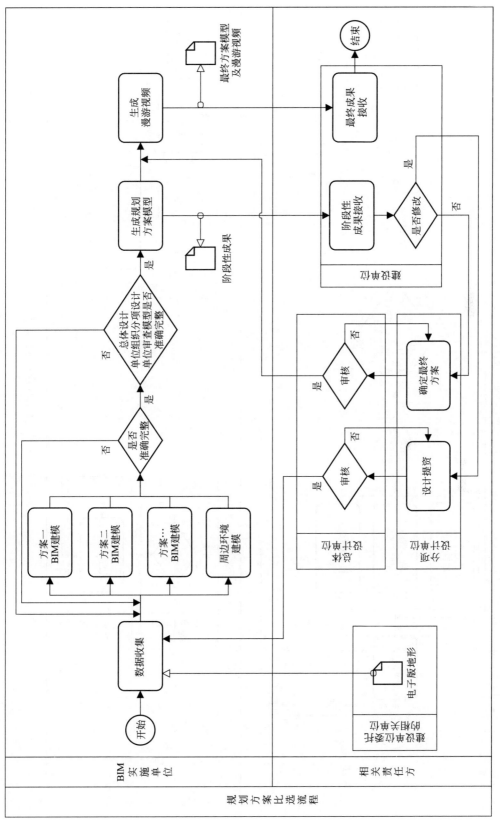

图 13-26 方案比选流程图

全过程工程咨询运维阶段

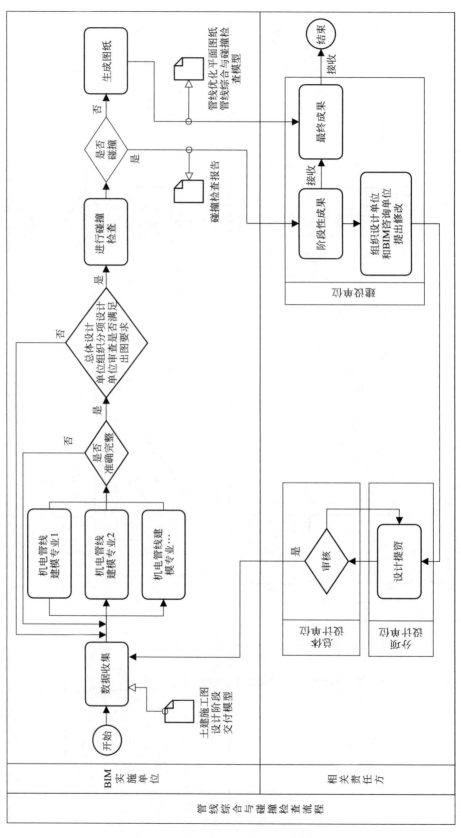

图 13-27 管线综合与碰撞检查流程图

（9）模型质量保证措施。在 BIM 工作的全部过程中，必须进行质量控制，如设计审查、协调会议等。每个模型和应用成果在提交前，BIM 质量负责人应参照审查验收的要求标准，对模型进行质量检查确认，确保其符合要求。

在 BIM 设计的各个阶段，同样需要审查 – 确认等过程，同时也需要相关记录表单。建议纳入总体总包单位管理体系。

（10）建设 BIM 运维平台。BIM 运维平台应能快速导出构件模型、施工数据和运维数据，在相关政府部门需提取 BIM 模型和数据时，中标单位应及时无偿提供。另外，BIM 运维平台应能满足如下要求：集竣工交付 BIM 模型数据、监测监控数据、巡查维修养护数据于一体的综合管廊数据库；集地理信息系统、智能监测监控报警、维护管理业务于一体的智慧管理平台；集成 BIM 技术、移动互联、物联网等新技术提高综合管廊维护管理水平，保障运行安全，充分发挥综合管廊的效益。

① 实现综合管廊 BIM 模型轻量化与数据集成技术。实现 BIM 模型轻量化，通过解析重复数据、冗余描述和联动关系，针对各种几何表达方式制定优化算法并开发自动处理模块，设计手动处理策略，确保大场景精细化模型的流畅加载、运行和展示。开展环境与设备监控系统、安全防范系统、通信系统及各类报警系统的监控数据与模型数据集成研究。

② 基于 BIM 的三维可视化运维信息展现与交互模式。通过基于 BIM 的三维可视化运维信息展现与交互模式，规避传统三维可视化交互中的一些缺陷（如定位困难、视线遮挡、视角位置难以精确控制等），提高用户舒适度。在运维阶段，在三维可视化 BIM 场景中，集成展现全管廊的信息，以及用户和 BIM 场景交互信息。

③ 智慧管理平台功能框架设计与开发。设计智慧管理平台的功能框架，并开发相应模块，构建集监控报警、地理信息系统和管理业务于一体的统一管理平台，促进综合管廊维护管理的信息化水平提升。

④ 基础数据管理。以综合管廊竣工 BIM 模型数据为基础，集成环境与设备监控系统的环境检测数据、设备状态监测数据、安全防范系统监控数据等采集数据，以及日常维修养护数据，形成核心数据库，应实现管线拓扑维护、数据离线维护、基础数据共享等功能。

⑤ 在线实时监控中心。充分发挥 BIM 模型三维可视化的优点，集成各类监测和监控数据，建设在线的可视化实时监控中心，辅助远程监控、协调和决策。

⑥ 报警与应急管理。依托平台核心数据库的可视化、管线拓扑关系、实时性等优点，及时定位报警位置及设备，提供可视化的事故信息及应急资源信息，根据应急预案规划应急处置动作，辅助应急决策。

⑦ 计划管理。导入各专业管线单位的维护维修计划，与 BIM 模型关联，并基于平台实现计划的协调与优化，最终确定计划后及时推送维护维修提醒。

⑧ 管线入廊管理。各专业管线入廊前，根据 BIM 模型模拟管线入廊后的管线状态，计算管线的工程量，生成预制构件尺寸，复核操作维修空间，模拟入廊施工过程，避免产生各管线碰撞等问题。

⑨ 巡查和维修养护管理。结合移动 APP，实现现场级的巡查和维修养护的数据采集、作业指导、作业记录，并实时更新至后台数据库。

⑩ 资料管理。根据综合管廊运营维护档案资料的管理规定，实现相关资料的收集、整理和归档，确保档案资料的准确和完整。

13.3.1.4 产品简介

"智慧管廊 BIM 运维管理应用系统"运用 3D GIS+BIM 技术把智慧管廊竣工的 BIM 模型引入资产与设施运维管理阶段，将城市管廊内燃气、热力、给水、电力、通信等城市管道与空间位置及维护维修人员等有机地结合在一起进行管理，追踪设施设备的更新、人员和资产的调整、搬迁及变更，以及设施设备的抢修、正常维修、维护记录。同时采用异构系统集成技术，集成管控系统、视频监控系统、周界报警系统等安防系统，实现安防系统与空间位置的三维可视化管理。帮政府或城投公司提高管理能力和工作效率，降低运营成本。

"智慧管廊 BIM 运维管理应用系统"主要包括以下功能模块：服务中心、三维浏览、资料管理、信息查询、运行监测、设施管理、安全管理、隐蔽工程管理、资产管理、应急管理、培训管理。本系统主要用户功能组成结构设计如图 13-28 所示。

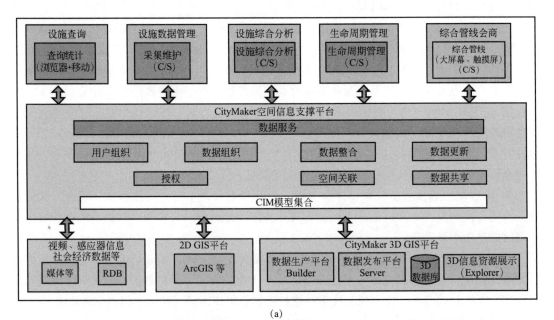

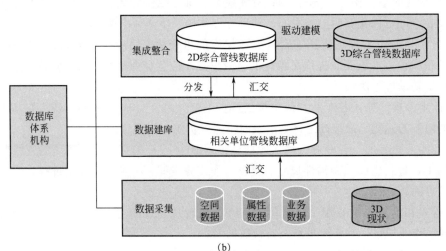

图 13-28 系统功能模块

智慧管廊运维监测的特点：

（1）开创性。由于综合管廊的建设在国内尚属起步阶段，运行养护工作的法律依据、管理规范和工作标准也处于探索阶段，依据和经验较为缺乏。

（2）复杂性。包括：建设工程尚未完工就开始布置；公用管线将大规模敷设；作业条件差；交叉施工多；进度配合度高。

（3）系统性。管廊内设置了电气、通风、排水、火灾报警、监控、通信、支架等多种设备（设施）系统及水、电、通信、热力等公用管线，专业跨度大、设备设施结合度高。

（4）综合性。除做好项目实施以外，尚有制度设计、流程规划、方案策划等前期工作需要组织开展。并且在实施过程中，还要做好与业主、用户、工程承包商、设备供应商、管线权属单位以及属地公安、消防、城管、市政、公用事业等政府主管部门的联络协调。

（5）公共属性。综合管廊服务对象为纳入其中的水、电、热力、信息等公共管线，事关政府机关、企事业单位、公共设施的正常运转和人们的日常生活，涉及面广、影响范围大。

13.3.2 架构说明

13.3.2.1 系统设计

根据平台总体框架，以面向服务的设计为理念，以基于三维地理空间信息平台的信息分析与应用思想和技术进行架构为核心，对平台总体架构进行设计。系统的总体架构如图 13-29 所示：

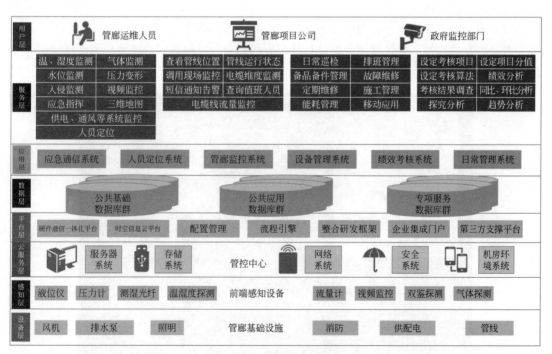

图 13-29 系统架构设计图

平台采用四层架构，由数据采集层（设备层、感知层）、核心数据层（云服务层、数据层）、平台层、应用层以及表现层（服务层、用户层）等组成。

数据采集层：主要包括人工录入和数据采集系统，包含了地理空间信息、BIM 模型与属性信息、各类传感器、二维码等外部采集系统获取的信息等；

核心数据层：5D（3D模型+时间+内容）数据库设计，采用时间和空间组合的方式实现项目全程所有数据信息按时间（包括了版本信息）管理；

平台层：包含了底层核心数据引擎、网络服务引擎、基础地理空间信息以及面向服务的二次开发接口和控件等；

应用层：是在数据采集、5D数据库、系统平台与二次开发接口的支持下，根据项目的需要，完成各种应用开发。

13.3.2.2 网络环境搭建

通过搭建BIM应用网络环境，支撑项目的业主方、物业方、维护人员、维修人员、服务中心等各方，基于BIM的交流沟通和模型数据、资料信息的共享与交换。BIM应用网络环境包含了地理信息服务、数据库服务、Web服务，以及配备给各用户的桌面终端。

13.3.3 数据库建设

13.3.3.1 地理信息数据处理

地理信息数据包括遥感影像、矢量地图数据及相关地理信息。参照数据处理标准，根据项目实际情况，采集并处理平台的地理信息。本平台的地理信息主要包括以下三类：

（1）多分辨率卫星遥感影像；

（2）数字高程模型（DEM）；

（3）项目周边环境信息，如道路、地名、重点建筑名称等。

对遥感影像数据、矢量地图数据进行分层分级处理，以便数据的高效高清晰度调用，如图13-30所示。

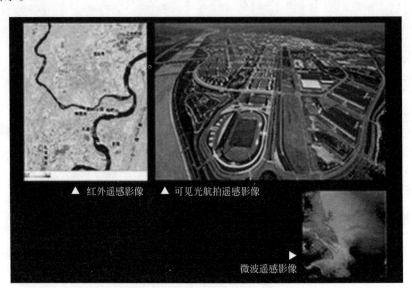

图13-30 地理信息数据建设

13.3.3.2 三维模型数据建设

平台基于三维地理信息系统（3D GIS）与建筑信息模型（BIM）之间无缝和信息无损集

成技术,是真正意义上的一个平台整合了各类数据(GIS 数据和 BIM 数据都在同一个系统、窗口和操作界面之中;不会有系统跳转、打开新窗口等结合),除了支持繁杂的各类基础地理数据和模型格式外,系统支持现在市面上的主流 BIM 软件数据格式:

(1) Revit——市场占有率最高的 BIM 建模软件,从三维形体到构件属性、族属性、工作集、用户自定义参数都做到了无损集成,并且数据入库管理,支持运维应用时基于 BIM 构件的条件查询、统计、筛选、报表导出等。

(2) IFC——国际标准。

(3) TEKLA——广泛用于钢结构设计。

(4) CATIA——三维建模软件。

(5) Bentley dgn v8i——钢铁和混凝土结构设计软件。

城市综合管廊设计标准高、施工体量大、周期长。将 BIM 技术全面应用于综合管廊的设计、施工全过程,通过方案模拟、深化设计、管线综合、资源配置、进度优化等应用,避免设计错误及施工返工,能够取得良好的经济、工期效益。

(1) 利用 BIM 技术对管廊节点、监控中心结构、装饰等进行建模、仿真分析,提前模拟设计效果,对比分析,优化设计方案,如图 13-31 所示。

(2) 利用 BIM 的 3D 比例模型进行管线碰撞检查,如图 13-32 所示。

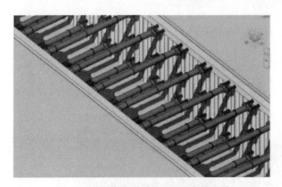

图 13-31 综合管廊深基坑支护方案

图 13-32 管线碰撞检查

(3) 将模型导入 Navisworks 软件,采用第三人行走模式,进行净空检查,如图 13-33 所示。

图 13-33 第三人综合管廊内虚拟漫游

（4）结合勘察资料、设计图纸，利用BIM技术建模（图13-34），厘清桩端持力层、岩面等关键隐蔽节点，提前制定施工管控措施。

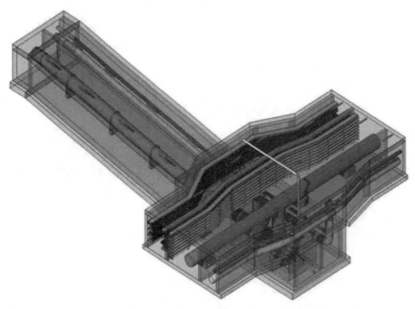

图 13-34　管廊交叉节点三维透视图

（5）利用建筑、结构、管线的综合3D模型及Navisworks软件虚拟漫游，进行可视化交底（图13-35），并在管线安装过程中实时对安装工况及效果进行评估，及时纠偏。

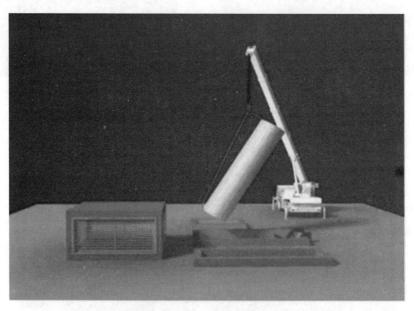

图 13-35　大口径管道安装模拟

（6）利用BIM的参数化、可视化模型等特点，集中物资、价格、形象进度等信息，方便施工资源调配及进度优化控制，如图13-36所示。

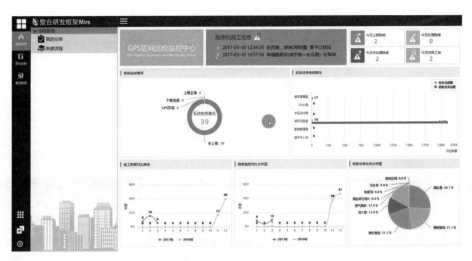

图 13-36　BIM 5D 应用界面

13.3.4　功能简介

13.3.4.1　平台中心

服务中心是"智慧管廊 BIM 运维管理应用系统"的服务窗口，考虑到使用的便捷、灵活和适用范围等因素，将服务中心按基于 Web 的应用设计，用户可以通过该窗口从计算机桌面、移动终端和智能手机上提交服务请求，以及年度维护和维修计划发起的请求、物联网传感器触发的请求等。

服务中心功能模块主要完成请求处理、任务分配、工单编制、满意度调查、维护计划、维修计划、日历表、统计分析等。

请求处理：受理关于建筑、给排水、用电、用气、避雷、电梯、电视、网络、电话等系统的维护和维修服务请求，并快速定位维护和维修服务位置（如图 13-37 所示）；

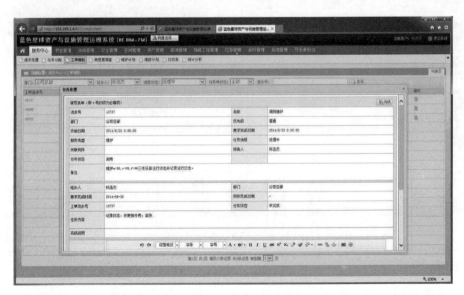

图 13-37　服务中心任务处理

任务分配：当接收到维护和维修请求时，服务中心有权限将任务分配给相关责任人；

工单编制：维护计划工单生成；维修计划工单生成；传感器告警处置工单生成；物业服务请求处置工单生成；突发事件请求处置（报告领导、启动应急抢修）；

满意度调查：回访维护和维修服务请求；回访质检部门；

维护计划：根据设备设施的保养周期制定维护计划；

维修计划：根据设备设施的保修情况制定维修计划；

日历表：将服务中心所有的维护计划和维修计划以日历的形式显示，如图 13-38 所示；

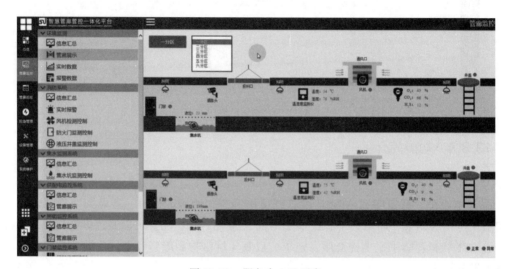

图 13-38　服务中心日历表

统计分析：对各部门工作量、工作效率进行统计，如图 13-39 所示。

图 13-39　服务中心统计分析

13.3.4.2　三维浏览

"智慧管廊 BIM 运维管理应用系统"基于 3D GIS 导入建筑各专业 BIM 模型，将三维

BIM 模型和空间地理位置无缝及属性信息无损集成，实现了从室外到室内、从地上到地下的浏览。用户通过鼠标中键可以从任意角度和高度对项目周边道路管线、建筑环境、站内布置、设施设备等，进行流畅的三维地形、三维模型、管线和设施设备的浏览和漫游。用户也可以通过键盘"W""A""S""D""↑""↓""←""→""R""F"等按键对三维场景进行模拟地面浏览。

（1）地形浏览。"智慧管廊 BIM 运维管理应用系统"支持三维浏览功能。用户可以从空中俯瞰整个区域，做到对项目的周边环境、建筑情况、道路情况等一目了然。也可以以第一人称的视角在建筑物模型中漫游，如图 13-40 所示。

图 13-40 三维地形浏览

（2）管线浏览。用户可以通过三维漫游的方式进入室内或地下，对室内和地下管线进行浏览，也可以选择"露顶模式"，隐藏土建结构，对显示的管线进行浏览，如图 13-41 所示。

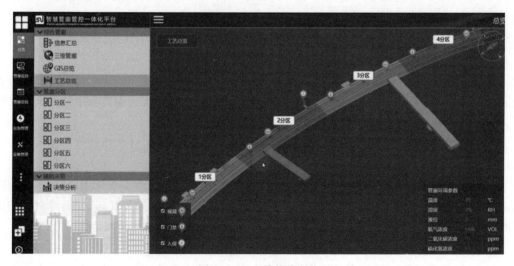

图 13-41 三维管线浏览

（3）设备浏览。用户可以通过三维漫游的方式进入室内，对室内设施设备进行浏览，也可以选择"露顶模式"，隐藏土建结构，对显示的设施设备进行浏览，如图13-42所示。

图 13-42　三维设备浏览

13.3.4.3　信息查询

综合管线信息化最基础的问题和核心问题就是管线数据问题，要把综合管线数据的建库工作放到重中之重的位置。综合管线具有很强的现势性，建立综合管线数据的动态更新机制，将更新责任落实到职能部门和工作岗位，通过专职维护，确保数据的准确和安全。

"智慧管廊BIM运维管理应用系统"提供多种查询方式供用户查找对象信息，包括目录查询、关键字查询、模糊查询、关联信息查询等。不仅可在三维空间中定位显示查找到的对象，而且用户还可一并观察获取其周边相关信息，有效提高用户快速形成各种方案的能力。

（1）目录查询。"智慧管廊BIM运维管理应用系统"将项目中的BIM模型以树状列表分类模式展示给用户，用户在点击该模型内某构件名称以后，系统将会自动定位到该三维模型，并以闪动的亮色提示用户。

（2）关键字查询。在查询输入框中键入关键字，"智慧管廊BIM运维管理应用系统"自动定位显示该关键字代表的对象。

（3）模糊查询。在查询输入框中键入对象构件名称模糊字，"智慧管廊BIM运维管理应用系统"以列表形式展现所有名称符合这个关键字的模型。如键入"蝶阀"，系统自动列出所有的蝶阀设备，用户点击选定对象后，将会在三维空间定位到对应蝶阀位置。

（4）构件关联信息查询。基于BIM的设施管理过程中，支持选中BIM构件（假定为故障构件），能够快速定位、查询与该构件直接连接的上下游构件信息，以及在逻辑上的关节点构件（如开关、控制阀门等），称为 BIM 构件关联技术。

该技术包含了将 BIM 构件按应用系统（如照明系统）重新组织，以及创建 BIM 构件重组后的拓扑关系等内容，如图 13-43 所示。

图 13-43　BIM 构件关联技术

在 BIM 构件关联技术的支撑下，有利于快速、高效地确定故障影响范围、排除设施（备）故障，以及支持备品质量、数量、采购预算、成本分析等应用。

（5）历史监测数据查询与统计。"智慧管廊 BIM 运维管理应用系统"提供协议接口，可实时与各种 PLC 设备进行通信以获取设备的状态信息，如图 13-44 所示，不仅会实时在系统对应的 BIM 模型构件上显示这些数据，也会存储在数据库中，用户在需要的时候可以随时查询这些信息，并生成统计报表。

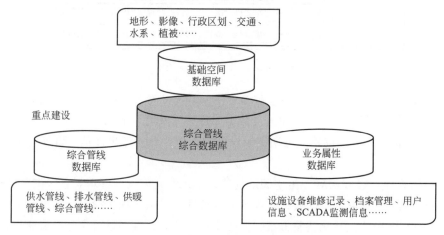

图 13-44　智慧管廊数据查询与统计

13.3.4.4 设施管理

设施管理是以保持业务空间高品质的生活和提高投资效益为目的，以最新的技术对生活环境进行规划、整备和维护管理的工作。它综合利用管理科学、建筑科学、行为科学和工程技术等多种学科理论，将人、空间与流程相结合，对人们工作和生活环境进行有效的规划和控制，保持高品质的活动空间，提高投资效益，满足各类企事业单位、政府部门战略目标和业务计划的要求。

"智慧管廊 BIM 运维管理应用系统"为设施管理提供了真实的三维空间模拟，为各类设施的空间与流程的规划与控制提供了良好的平台基础，相比二维系统有着显著的优势。它涉及电气设施管理、自控设施管理、工艺设施管理、消防设施管理等。系统设施管理主要包括图 13-45 所示内容。

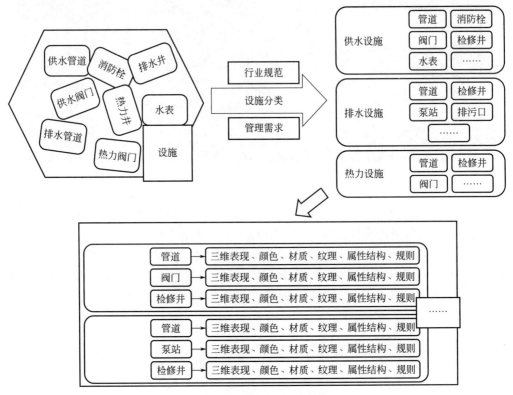

图 13-45　设施管理系统集成

（1）责任管理。设施/设备管理应明确责任，系统可为每一台设施设备设立操作人、维护人、主管等相关责任人，并与工作人员数据库连接，及时调取相关信息（联系方式、住址等）。设施相关责任人员应按要求定期记录设施的工作状况并作出评估，譬如每个交接班前完成。

（2）空间管理。基于 BIM 三维空间的优势，本系统允许设施管理者直接浏览已有设施/设备的空间布局，观察它们及配套设备部署的合理性，并根据现实情况制定出业务空间合理又有利于发挥设备效率的优化调整方案，同时支持对新调整方案进行实际部署模拟，以供观察、分析和调整。也可直接在三维空间中模拟部署新的设备，并为其建立设施档案以供管理，如图 13-46 所示。

图 13-46　应急处置管理

（3）能效管理。系统将建立针对各分类设施 / 设备的有关监测数据、指标数据、能耗数据、效果数据的数据库，用于对设施 / 设备的工作状态参数进行存储记录，以供分析设施、设备工作效率，评估生产效果，提供运维建议等。系统以统计图、表的方式展示指定设施、设备特定时段的效率状况，并可在三维空间中直观展示某类设施的效能分布情况，叠加设施工作效果分布图，可发现和分析可能存在的问题。数据来源可取自自动监测数据（水压、流量等）、人工统计数据（能耗）等。也应该时常通过特定的比较、使用者的反馈以及管理来判断其效率，并且过一段时间进行一次有规律的比较。

（4）设施基础管理。对于资产设备的租赁（或出售）、维修保养等日常运营工作，建立资产设备管理标准体系，编制动态的维修计划与维修保养作业管理体系，同时指定规范的财务费用体系，可以自动生成相应的财务费用表格。系统将为设施 / 设备的维修、维护提供工作流机制，譬如设备维修申报、人员组织、计划安排、具体实施、结果测试、验收等。系统可为设定的设施 / 设备维修计划、应急计划提供三维空间的模拟（譬如消防设施的应急处置计划）。系统支持维修终端设备现场扫描二维码查询详细设备属性信息（包括品牌、型号、生产厂商、维护记录、维修记录、厂商联系方式等）、技术说明、操作规程等信息，还可查询上下游关联设备信息，以利于故障设备排查。

（5）设施事件管理。"智慧管廊 BIM 运维管理应用系统"对设施设备在运行期间发生的保养、警报、故障、维修等事件进行记录，监控设备设施的整个生命周期，在设施设备损耗达到报废前发出报警信息，提醒用户更新设备，如图 13-47 所示。

13.3.4.5　安全管理

（1）系统集成。"智慧管廊 BIM 运维管理应用系统"对项目每个门进行每日人流统计，并且记录访客的信息。查询每个门的不同时段流量和最近访客，查看门的属性可以详细显示近 24 小时时间流量统计曲线，以及访客姓名和具体时间列表。通过平台控件可以轻松控制每个门的开关。

图 13-47 事件管理

（2）视频监控系统集成。"智慧管廊 BIM 运维管理应用系统"将所有的安保整合到一个平台，在总控室可同时管理整个区域，实现无死角、无遮拦，实现目标追踪。

① 视频监控系统可以使用双屏的方式进行显示：一个屏幕将摄像头、3D GIS 和 BIM 三者相结合，集成摄像头的三维空间属性，用户可以方便地找到需要查询的摄像头位置；另一个屏幕显示用户查询的摄像头实时监控画面和摄像头的属性（包括摄像头品牌、型号、生产厂商、维护记录、维修记录、厂商联系方式等）。

② 当特殊车辆或人员进入整个区域时，用户在系统上设置车辆或人员行进路线和速度，该路线上所有的摄像头会根据设置依次打开对应的监控画面，实现无死角全程监控。

③ 当发生紧急情况时，用户在系统上设置紧急情况位置和监控距离，系统会以紧急位置为圆心，监控距离为半径画圆，并自动打开在这个监控圆形内的所有摄像头的监控画面，如图 13-48 所示。

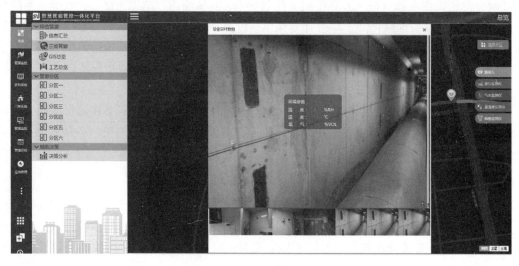

图 13-48 视频监控系统集成

（3）周界报警系统集成。周界报警系统是在围墙上方设置脉冲型周界电子围栏装置进行防护，监控设备中心通过"智慧管廊 BIM 运维管理应用系统"接收信息，共同构成周界报警系统。

电子围栏装置能主动对入侵企图做出反击，击退入侵者，延迟入侵时间，电子围栏报警系统信号同时也传输至"智慧管廊 BIM 运维管理应用系统"，使值班室工作人员可以对现场电子围栏报警进行报警状态监控，并查看相关监控设备。

13.3.4.6 交付工程

从建筑物外表无法看到的构件、管线等成为隐蔽工程，包括地下管道、结构内管线等。"智慧管廊 BIM 运维管理应用系统"提供多种查看方式，其中"楼层露顶"可以将楼板、地面等进行半透明处理，用户可以进行隐蔽工程管线的浏览和属性查询，如图 13-49、图 13-50 所示。

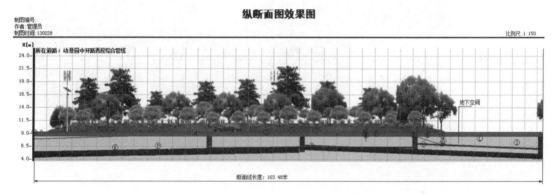

图 13-49　管廊断面图工程浏览

图 13-50　与数据采集与监视控制系统集成

13.3.4.7 电子资料

可以将资料与相关的 BIM 模型相关联,当点击 BIM 模型时列出相关的资料,如厂商、型号、联系方式、维护维修记录等,为设施管理提供强大的资料库,如图 13-51 所示。

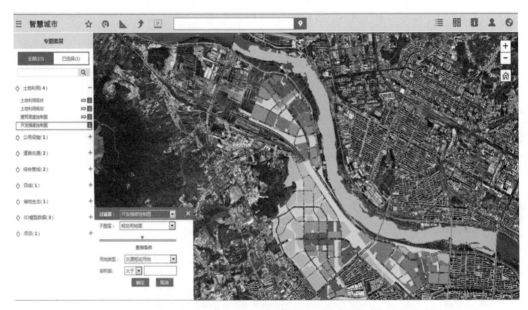

图 13-51 智慧管廊协同工作平台

13.3.4.8 工艺模拟

"智慧管廊 BIM 运维管理应用系统"根据运维阶段工艺流程和设施设备运行情况,基于设施设备的 BIM 模型,录制工艺模拟和设施设备运行模拟,对运维工作人员进行智能培训。该系统集成了 BIM 模型和属性,用户在观看模拟培训的同时,可以查看每个构件的属性、状态以及详细的资料明细,如图 13-52 所示。

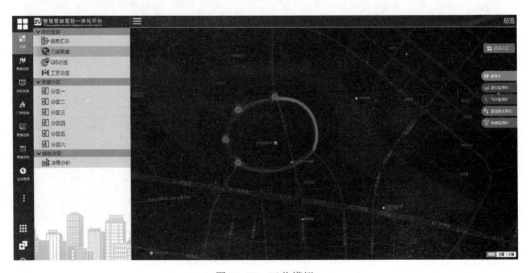

图 13-52 工艺模拟

13.3.4.9 系统管理

系统管理是为满足"智慧管廊施工协同与管理应用系统"的日常管理和维护所开发的，主要包含下面几个子模块：用户管理、应用信息管理、角色管理、权限管理、密钥管理、密码管理和日志管理。系统管理的结构图如图 13-53 所示。

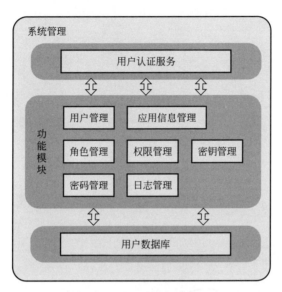

图 13-53 系统结构管理图

（1）用户管理。用户管理提供统一的用户管理服务，包括用户的查询、添加、编辑、删除和详细信息查看及用户状态修改，如图 13-54 所示。

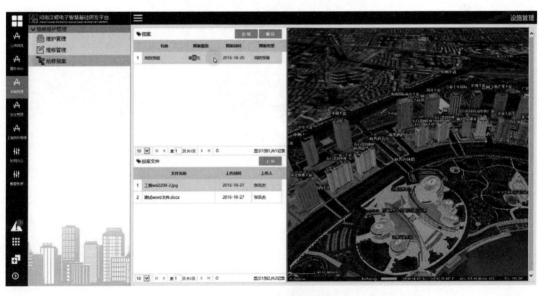

图 13-54 用户管理界面

（2）应用信息管理。应用信息管理主要提供平台的应用服务参数管理功能，如图 13-55

所示。将应用模块化，可以权限化控制。

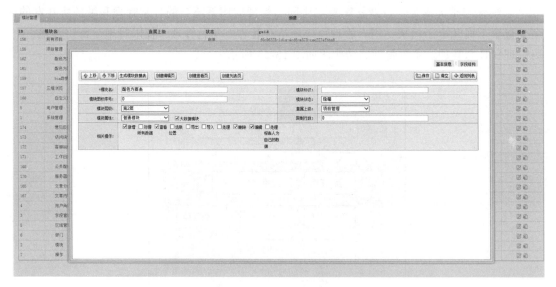

图 13-55　信息管理界面

（3）角色管理。如图 13-56 所示。

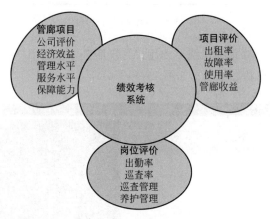

图 13-56　角色管理评价

第14章

国内外咨询及认证机构介绍

14.1 世界五大行介绍

世界五大行通常指物业全过程管理的知名单位,它们是仲量联行、第一太平戴维斯、世邦魏理仕、戴德梁行、高力国际。这些国际知名的物业和资产管理机构在中国有着非常大的市场占有率。

14.1.1 仲量联行

仲量联行专注于房地产领域的专业服务和投资管理,是唯一一家连续三年入选福布斯白金400强企业的房地产投资管理及服务公司,其致力于为客户持有、租用或投资房地产的决策实现增值。仲量联行业务遍及全球80多个国家,拥有逾300个分公司,2013年度业务营收约40亿美元。2013年仲量联行代表客户管理或提供外包服务的物业总面积逾30亿平方英尺(1平方英尺=0.092903平方米),并协助客户完成了价值990亿美元的物业出售、并购和融资交易。仲量联行旗下投资管理业务分支"领盛投资管理(LaSalle Investment Management)"管理资产总值达480亿美元。

仲量联行在亚太地区开展业务超过50年。公司目前在亚太地区的10多个国家拥有90多个分公司,员工总数超过27500人。在大中华区,仲量联行目前拥有超过1900名的专业人员,所提供的专业房地产顾问及服务遍及中国的80多个城市。

2014年在马来西亚吉隆坡香格里拉大酒店举行的"国际物业奖"亚太区颁奖典礼上,仲量联行再度荣膺"中国最佳房地产咨询公司"称号。此次,除中国市场外,仲量联行还摘取了亚太地区其他6个国家的五星级"最佳房地产咨询公司"奖项，以及5个类别的"最佳推荐奖"。

自2011年RCA开始发布此类数据以来，仲量联行在亚太地区房地产投资咨询顾问公司总体排名中一直位居第一，同时在亚太地区的办公楼、工业地产、酒店和零售地产等细分市场中也位居榜首。2013年，仲量联行资本市场团队在亚太地区为总额超过215亿美元的商业地产投资交易提供了咨询服务，占该地区市场份额的36%。

14.1.2 第一太平戴维斯

第一太平戴维斯是一家在伦敦股票交易所上市的房地产服务提供商，创立于1855年，目前已在美洲、欧洲、亚洲、非洲各地设立了600多家办事处及联营机构。

第一太平戴维斯为客户提供优质、广泛的房地产专业建议，是一家创新思想机构。其专注于特定客户群，与客户同心同德，致力于为这些机构与个人提供最优质的服务，始终以长远眼光投资于房地产及战略关系。

自20世纪80年代后期进入中国内地市场，第一太平戴维斯通过为客户提供创新的解决方案迅速成为房地产行业中的领先者。第一太平戴维斯在中国内地十三个重点城市建立有办事网络，包括上海、北京、深圳、广州等地。公司现有3000多名知识、经验丰富的员工，为开发商、业主、租户和投资商提供综合性的、高质量的顾问服务及地产服务。服务范围涉及写字楼、商铺及地产投资领域的顾问服务、设施管理、空间规划、公司房地产服务、物业管理、资产管理、租赁、评估及销售。

第一太平戴维斯在中国市场可提供地产服务领域的全程咨询服务。公司致力于和各领域具有领先地位的客户建立长期的、有价值的合作关系，并提供有长期价值的、新颖的及一流的服务。

14.1.3 世邦魏理仕

世邦魏理仕总部位于美国加利福尼亚州洛杉矶，是财富500强和标准普尔500强企业，为全球性的商业地产服务和投资公司。公司拥有员工超过90000名（不含联营公司），通过全球480多家办事处（不含联营公司）为地产投资者及承租者提供服务，具体包括：设施、交易及项目管理、不动产管理、投资管理、评估与估值、物业租赁、战略顾问、物业买卖、按揭融资和开发服务等。

自2008年以来，世邦魏理仕连续十一年入选财富500强企业，2018年排名攀升至第207位。此外，世邦魏理仕连续十八年被Lipsey公司评为业内顶尖品牌，连续七年位列《财富》房地产行业"最受尊敬企业"名单。

世邦魏理仕在中国大陆的业务始于1988年，最初为北京国贸中心一期提供租赁顾问服务。此后足迹拓展至全国，目前已在北京、上海、广州、武汉和成都设有区域分公司，业务遍及中国的100多个城市。

世邦魏理仕在中国的首要目标是帮助客户实现资产增值，助力其缔造卓越优势。凭借丰富的本地市场知识以及强大的全球平台优势，为客户交付切实可观的业务结果。

14.1.4 戴德梁行

戴德梁行于1784年在英国伯明翰创立。截至2017年，戴德梁行在全球60个国家共有

43000 余名员工为客户提供跨国房地产服务。凭借其驻各地专业人员组成的跨国网络及其对当地市场的透彻认识，戴德梁行为客户提供一贯高水平的一站式房地产咨询及顾问服务。

戴德梁行于 1993 年成立上海分公司，是最早进入中国大陆市场的国际物业顾问公司之一。其全球总部位于伦敦，公司拥有一支逾 10000 名物业专业人才的综合团队，在 60 多个国家 148 个城市为客户提供服务，旗下房地产专才超过 10000 人。在大中华区，戴德梁行是最大、历史最悠久的房地产顾问公司，是第一家、也是唯一一家获得我国"国家 A 级估价执业资格证"的公司，业务网络覆盖超过 120 个城市，大中华地区业务网络覆盖 20 多个城市，成为大中华地区最具规模的国际房地产顾问公司。

戴德梁行的全球地产专业服务范围包括：环球企业服务、研究及顾问、物业管理、酒店管理和顾问服务、设施管理、估价及顾问、物业投资、写字楼代理、商铺顾问及代理服务、工业房地产投资服务、住宅服务、建筑顾问。

14.1.5 高力国际

高力国际总部位于美国华盛顿州西雅图市，致力为客户提供最优质的服务。透过卓越服务的企业文化和主动服务的企业精神，高力国际中国整合国内外房地产行业专家资源，加速客户成功的步伐。

高力国际是全球领先的商业房地产服务公司，在 60 多个国家的 400 多个办事处雇有 14000 多名专业人员。作为 FirstService 旗下公司，高力国际向世界各地的房地产用户、业主和投资者，提供全方位卓越服务，包括全球企业咨询顾问服务，经纪、物业和资产管理，酒店投资的销售和咨询，估值、咨询和评估服务，银行按揭业务及研究。根据 Lipsey 公司的最新年度调查，在全球最著名商业房地产公司的排行榜中，高力国际高居第二位。

高力国际在 2012 年国际物业奖（亚太区）评选中，横扫 11 个奖项，包括中国香港地区及印度尼西亚最佳物业顾问奖、亚太区最佳物业顾问营销奖及最佳房地产代理网站奖。同时，在 2012 年及 2013 年，连续两年均荣获国际财经杂志《欧洲货币》颁发的"中国区最佳房地产咨询公司奖"。

自 1989 年进入中国内地房地产市场，高力国际一直立于前沿，先后在北京、上海、广州、成都、南京、杭州、天津、佛山及深圳设立分公司，并在全国超过 40 多个城市设有驻场办事处，为跨国与本地企业提供全方位的专业物业服务。

14.2 国内外商业运营认证介绍

14.2.1 LEED 认证的简介及发展

14.2.1.1 LEED 认证简介

LEED（Leadership in Energy and Environmental Design）由美国绿色建筑委员会建立并于 2000 年开始推行，是国际认可的评价绿色建筑体系，对多种类型建筑均适用、提供实用且可量化评估的绿色建筑解决方案。其宗旨是在设计中有效地减少环境和住户的负面影响；目的是规范一个完整、准确的绿色建筑概念，防止建筑的滥绿色化。LEED 在美国部分州和一些国家已被列为法定强制标准。图 14-1 所示为 LEED 认证的级别。

图 14-1 LEED 认证的级别

14.2.1.2 LEED 认证的发展

（1）初期发展

美国早期"绿色建筑"始于 1973 年阿以战争爆发而引起的阿拉伯石油禁运能源危机。在这次能源危机当中，能源成本受到了越来越多的关注，开始出现一些采取可持续发展措施的办公楼。其采取的绿色设计包括调整建筑物朝向以避免东西向的太阳辐射、双层反射玻璃，以及节能的内部灯光系统等。而美国许多私人建筑业务并没有太多受到 20 世纪 70 年代环保运动的影响，而是在 20 世纪 80 年代开始起步的。20 世纪 80 年代初期，整个建筑行业才开始向建筑节能转型。20 世纪 90 年代，许多民间组织兴起，尤其是 1993 年美国绿色建筑协会（USGBC）的成立，开始把绿色建筑带向了一个更复杂的层面，以及更重要的是，清晰地指出房地产行业应该推行绿色建筑。

从 1993 年成立至今，美国绿色建筑协会就一直扮演着一个非常重要的角色，为美国建筑行业提供一个可以充分交流及讨论的平台和论坛，从而逐渐集合了整个行业的力量。USGBC 的会员都是来自于行业中各种类型公司的领袖企业，包括建筑设计事务所、开发商、物业公司、房屋中介、施工承包单位、环保团体、工程公司、财务和保险公司、政府部门、市政公司、设备制造商、规划师、专业团体、大学和技术研究机构、出版机构等。USGBC 的会员们共同开发出行业标准、设计规范、方针政策，以及各种研讨会和教育工具，以支持整个行业采用各种可持续发展的设计和建造方法。作为全美国唯一一个在环保建筑方面代表整个建筑行业的全国性机构，USGBC 独特的视角和集体的力量改变了各种传统的建筑设计、施工和保养方法。

美国绿色建筑协会成立之后不久，就意识到对于可持续发展建筑这个行业，首要问题就是要有一个可以定义并度量"绿色建筑"各种指标的体系。于是，USGBC 开始研究当时的各种绿色建筑度量和分级体系，最终决定美国的建筑市场非常需要一个有针对性的绿色建筑度量工具。1994 年秋，USGBC 起草了名为"能源与环境设计领袖"（Leadership in Energy and Environmental Design，简称 LEED）的绿色建筑分级评估体系。经过进一步的深化之后，1998 年 8 月份 LEED 1.0 版本的试验性计划（Pilot Program）正式推出。到 2000 年 3 月，共有 12 个项目完成了申请过程并被认可为"LEED 认证试验性项目"。在 LEED 1.0 版本成功的基础上，1999 年 USGBC 在纽约的 Pocantico 召开了一次专家审查会议，在这次会议上讨论并形成了 LEED 2.0 版本。经过广泛而全面的修正之后，USGBC 的成员们对 LEED 2.0 版本的草稿进行了全面审阅和最后的批准投票。2000 年 3 月，LEED 2.0 版本正式发布。此时，美国能源部建筑科技办公室向 USGBC 提供了启动资金，资助 LEED 2.0 试验性计划、LEED 参考指南的编写，以及最初的 LEED 培训课程。在这项资助下，LEED 巩固了实施的基础，并得以进一步全面发展。

（2）发展成果

2003 年正式推出 2.1 版。从最初的只针对公共建筑，发展到可用于既有建筑的绿色改造标准 LEED-EB、商业建筑绿色装修标准 LEED-CI，目前正在致力于开发专用于住宅建筑的 LEED-RB。LEED 是自愿采用的评估体系标准，主要目的是规范一个完整、准确的绿色建筑概念，防止建筑的滥绿色化，推动建筑的绿色集成技术发展，为建造绿色建筑提供一套可实施的技术路线。LEED 是性能性标准（Performance Standard），主要强调建筑在整体、综合性能方面达到建筑的绿色化要求，很少设置硬性指标，各指标间可通过相关调整形成相互补充，以方便使用者根据本地区的技术经济条件建造绿色建筑。

虽然 LEED 为自然采用的标准，但自从其发布以来，已被美国 48 个州和国际上 7 个国家所采用，在部分州和国家已被列为当地的法定强制标准加以实行，如俄勒冈州、加利福尼亚州，加拿大政府正在讨论将 LEED 作为政府建筑的法定标准。而美国国务院、环保署、能源部，美国空军、海军等部门都已将 LEED 列为所属部门建筑的标准，在北京规划建造的美国驻中国大使馆新馆也采用了该标准。国际上，已有澳大利亚、中国、日本、西班牙、法国、印度对 LEED 进行了深入的研究，并结合在本国的建筑绿色相关标准中。

在美国和世界各地已有 10735 个工程被 LEED 评估认定为绿色建筑，另有 43063 个工程已注册申请进行绿色建筑评估。每年的新增注册申请建筑都在 60% 以上。凡通过 LEED 评估为绿色建筑的工程都可获得由美国绿色建筑协会颁发的绿色建筑标识。

14.2.2 WELL 认证的简介及内容

14.2.2.1 WELL 认证简介

WELL 是基于性能的建筑标准，将设计和施工的最佳时间与健康和福祉的循证干预措施相结合。要遵循 WELL，需提交要求的设计文档并成功执行特定的可测量标准。

WELL 建筑标准分为七大福祉类别"概念"，分别为：空气、水、营养、光线、健身、舒适性和精神。每个概念包括多个特性，旨在解决住户健康、舒适性或知识的特定方面问题。每个特性分为若干部分，这些部分通常根据特定建筑类型而定制。每个部分有一个或多个要求，用于指明必须满足的特定参数。

14.2.2.2 WELL 认证内容

建筑工程项目的主要空间类型可确定建筑工程项目应使用 WELL 建筑标准 v1，还是使用针对不同空间类型的试点标准之一，还可确定制定特性是否适用于建筑工程项目。

WELL 建筑标准 v1 适用于商业和机构办公区域，包括：新的和现有建筑物（以前称为"新建建筑和重大改造"）；新的和现有室内设计（以前称为"租户改善"）；核心与外壳合规。WELL 试点标准适用于：零售店、多户住宅、教育、餐馆、商用厨房。

考虑上述类型的范围时，停车库（场）和物业场地不包括在面积计算中，也不需要经过性能验证。

（1）新的和现有建筑物。在整个建筑中可以实施最多数量的 WELL 特性。此建筑工程项目类型适用于新的和现有建筑物，全方位关注建筑工程项目设计和施工以及建筑运营的各个方面。它适用于办公建筑，其中总建筑面积至少有 90% 由建筑业主使用并由相同管理人员运营（即建筑中最多有 10% 的面积由其他租户使用或由不同管理人员运营）。例如，一座大型办公建筑可能将一楼租给零售店或餐馆；在这种情况下，这一非办公区域不符合 WELL 建筑标准的要求，也不能包括在面积计算中。

（2）新的和现有室内设计。此建筑工程项目类型针对仅使用一部分建筑空间的办公建筑工程项目，或者使用未经过重大改造的整个现有建筑的办公建筑工程项目。取得 WELL Core and Shell Compliant 的建筑可能已具备新的和现有室内设计认证中的一些 WELL 特性，因此更容易通过认证。没有事先取得 WELL 核心与外壳合规的建筑也可以通过 WELL 认证。

（3）核心与外壳合规。WELL 核心与外壳合规适用于想要在整个基本建筑中实施基本特性以益于将来租户的办公建筑工程项目。核心与外壳类型关注建筑结构、窗户位置和玻璃、建筑比例以及供暖、散热和通风系统及基本水质。此类型还鼓励在场址中考虑有关福祉的便利设施和可能性。要取得核心与外壳建筑工程项目资格，建筑工程项目面积中必须至少有 30% 专门用作商业或机构办公区域。无论建筑中的哪一部分将用于办公空间，建筑的所有部分必须遵循核心与外壳合规的要求。

建筑工程项目若要取得 WELL Core and Shell Compliant，需要符合所有先决条件，并且每个概念至少完成一项优化。如果尚未在建筑的各个部分建立核心与外壳建筑工程项目的内部环境质量与建筑政策，则 WELL 认证不适用于此类建筑工程项目。核心与外壳合规不属于认证，它是一种验证的途径，有助于简化对于新的和现有室内设计 WELL 认证的申请。WELL 核心与外壳合规将基于授予之日的建筑状况一次性确定。

14.2.3 BOMA 认证的简介及内容

14.2.3.1 BOMA 认证简介

国际建筑业主与管理者协会（Building Owners and Managers Association International，BOMA）成立于 1907 年，它的使命是通过倡导、研究、信息、标准和教育来改善商业地产行业的人力资产、智力资产和物理资产。

BOMA 中国是国际建筑业主与管理者协会（BOMA 国际）中国分盟的简称，其在国际上是 BOMA 国际 15 个分盟之一，其他分盟包括美国、加拿大、澳大利亚、英国、俄罗斯、日本、韩国、巴西、芬兰、印度尼西亚、菲律宾、墨西哥、新西兰、南非。

14.2.3.2 BOMA 认证内容

BOMA 中国在国内开展如下几项业务：

（1）写字楼运营管理卓越证书（Certificate of Excellence，COE）。BOMA 写字楼运营管理卓越认证旨在奖励表现杰出的写字楼，并提供一个可以用来借鉴与学习的最佳范例，它代表了写字楼卓越经营的最高标准，帮助写字楼业主及物业管理公司更好地保持现有租户和吸引新租户，提升写字楼价值。BOMA 写字楼运营管理卓越认证由众多专家成员组成评审团，对写字楼项目进行多达 80 多项的审核条款的严格评审。主要涉及奖项包括：全球写字楼运营管理卓越证书、全球写字楼 TOBY 奖。

（2）教育与培训。BOMA 拥有业界最受尊敬的和全面的教育资源，BOMA 大学提供的课程旨在加强和推进房地产专业人员的职业生涯规划。课程采取传统的讲座和课程、网上教育、音频研讨会（电话会议）等各种形式，以适应不同的计划和预算。开设的课程主要包括：房地产新兴领袖课程、BOMA 写字楼能源效率管理、BOMA 写字楼危机处理、写字楼建筑设计运营与维护、写字楼法律与风险管理、写字楼预算与成本管理、房地产投资与金融等近 20 项。

（3）BOMA 国际年会及商业地产展。作为全球最大型、最成功的专业商业地产运营管理平台，BOMA 国际年会及商业地产展在短短三天的时间内，汇聚全球顶尖的地产投资公司的决策层，与全球各国政府招商开发机构、跨国集团公司租户、跨国商业地产供应商、商业地产开发商、专业地产服务机构的精英们一起通过高层论坛的机会了解最新的市场信息和各国政策动向。同时，BOMA 国际年会还举办系列商业地产培训课程，邀请全球顶级写字楼专家及执行者讲授相关课程。

（4）商业地产评估。国际资深专家根据 BOMA 国际运营管理标准从建筑物运营、能源管理、环境管理、营销与沟通、培训等五个方面全面评估商业地产运营管理水平，提交运营管理状况的评估报告。详细阐述项目前的运营管理水平、与国际标准的差距以及改进的方向和目标。目前已有远洋大厦、复星国际中心等项目完成了评估。

14.3　物业全过程服务内容参考表

表 14-1 所示为某项目物业顾问拟定工作进程。

表 14-1　某项目物业顾问拟定工作进程

序号	项目里程碑进程			项目内容		计划节点	
	分项	任务名称	完成时间	事项	内容	启动时间	完成时间
1	1.地下室	主楼区域地下室结构施工至+0.0	2020.1.9	1. 从后期物业运营、服务定位角度了解整体图纸幕墙、装饰、各项结构功能及评议景观设计方案，完善配套设施管理之顾问建议	施工前：以甲方提供的施工图纸，从业主或使用人的角度，从物业管理的角度，全面细致地反映物业管理能得以顺利实施的各种需要，以及在以往管理实践中发现的规划设计上的种种问题或缺陷，对不当之处提出修改方案，可优化设计，完善设计中的细节，尽量避免或减少在接管楼盘后出现的难以解决的问题。对地下配套功能提供建议（出入口数量位置、机动车流线、卫生间、货运通道及卸货平台、清洁间等）施工阶段：1. 地下室的标高、地下室的集水井是否符合设计标准 2. 地下室蓄水池的标高（深度） 3. 基础结构的垫层、电梯基坑的排水、基础地面及墙面的厚度、防水材料等	确定顾问进场日	1 个月内
2				2.1 物业管理用房和机房之顾问建议 2.2 交通组织布局和停车场设施之管理建议 2.3 导向标识系统之顾问建议 2.4 保安设施及管控方案之顾问建议		相关项初稿图纸确定后	15 天内
3				3. 机电专业设计优化之顾问建议（包括但不限于空调系统、电梯系统、给排水系统、强电系统、弱电系统、消防系统等）		相关项初稿图纸确定后	15 天内
4				4. 机电设备选型之顾问建议		相关项初稿图纸确定后	15 天内
5				5. 评议能源收缴及计量分割之顾问建议		相关项初稿图纸确定后	15 天内
6				6. 评议能耗计量系统方案（包括水、电、气配置，表计、阀门、节能降耗技术应用方案、BA 系统管控等）		相关项初稿图纸确定后	15 天内
7				7. 评议弱电方案（机电设备的选型及优化建议）		相关项初稿图纸确定后	15 天内
8				8. 混凝土及材料和各类管线预埋的现场跟位、垫层施工跟位，并提供顾问建议		开工日期	2020.1.9
9				9. 预埋设备机房及地下室排水管线的跟位，提供顾问建议		开工日期	2020.1.9
10				10. 施工、安装阶段顾问建议采纳落实情况跟踪		开工日期	2020.1.9

续表

序号	项目里程碑进程			项目内容		计划节点	
	分项	任务名称	完成时间	事项	内容	启动时间	完成时间
11	1.地下室	东侧地下室结构施工至+0.0（其他区域）	2020.6.7	1.机电专业设计优化之顾问建议（包括但不限于中央空调系统、电梯系统、给排水系统、强电系统、弱电系统、消防系统等）	4.沉降缝的施工商品混凝土的浇筑等 5.地下室机动车库、非机动车库的出入口位置及坡度，消防通道 6.电缆线、供水、排水管道预留洞口位置等 7.设备房间布置标准建议 8.机电专业设计优化之顾问建议（包括但不限于中央空调系统、电梯系统、给排水系统、强电系统、弱电系统、消防系统等） 9.机电设备选型之顾问建议 10.评议能源收缴及计量分割之顾问建议	相关项初稿图纸确定后	15天内
12				2.机电设备选型之顾问建议		相关项初稿图纸确定后	15天内
13				3.评议能源收缴及计量分割之顾问建议		相关项初稿图纸确定后	15天内
14				4.评议能耗计量系统方案（包括水、电、气配置，表计、阀门、节能降耗技术应用方案，BA系统管控等）		相关项初稿图纸确定后	15天内
15				5.评议弱电方案（机电设备的选型及优化建议）		相关项初稿图纸确定后	15天内
16				6.混凝土及材料和各类管线预埋的现场跟位、垫层施工跟位，并提供顾问建议		开工日期	2020.6.7
17				7.设备机房及地下室排水管线预埋跟位，提供顾问建议		开工日期	2020.6.7
18				8.施工、安装阶段顾问建议采纳落实情况跟踪		开工日期	2020.6.7
19		西侧地下室结构施工至+0.0	2021.6.2	1.机电专业设计优化之顾问建议（包括但不限于中央空调系统、电梯系统、给排水系统、强电系统、弱电系统、消防系统等）	11.评议能耗计量系统方案（包括水、电、气配置，表计、阀门、节能降耗技术应用方案，BA系统管控等） 12.评议弱电方案（机电设备的选型及优化建议） 13.混凝土及材料和各类管线预埋的现场跟位、垫层施工跟位，并提供顾问建议 14.预埋设备机房及地下室排水管线的跟位，提供顾问建议 15.物业管理用房和机房之顾问建议、交通组织布局和停车场设施之管理建议、导向标识系统之顾问建议、保安设施及管控方案之顾问建议	相关项初稿图纸确定后	15天内
20				2.机电设备选型之顾问建议		相关项初稿图纸确定后	15天内
21				3.评议能源收缴及计量分割之顾问建议		相关项初稿图纸确定后	15天内
22				4.评议能耗计量系统方案（包括水、电、气配置，表计、阀门、节能降耗技术应用方案，BA系统管控等）		相关项初稿图纸确定后	15天内
23				5.评议弱电方案（机电设备的选型及优化建议）		相关项初稿图纸确定后	15天内
24				6.混凝土及材料和各类管线预埋的现场跟位、垫层施工跟位，并提供顾问建议		开工日期	2021.6.2
25				7.设备机房及地下室排水管线预埋跟位，提供顾问建议		开工日期	2021.6.2
26				8.施工、安装阶段顾问建议采纳落实情况跟踪		开工日期	2021.6.2

续表

序号	项目里程碑进程			项目内容		计划节点	
	分项	任务名称	完成时间	事项	内容	启动时间	完成时间
27	2.主楼	主塔楼结构封顶	2021.5.13	1.土建主体工程、防水工程、砌体工程、设备及功能用房跟位，提出顾问建议	参与施工监理，及时发现施工过程中出现的质量问题，并适当地向开发公司、建设等部门反映，必要时以公司名义发函，促使施工单位尽快改正。熟悉管线走向、设备安装及设备调试等情况，并对图纸的改动作出记录，便于后期管理，也为接管验收（竣工验收）打下基础，可提高验收质量，对验收中发现的仍需改进之处，也比较清楚，容易交涉和协调 1.土建主体工程、防水工程、砌体工程、设备及功能用房跟位，提出顾问建议 2.外立面、吊顶、地面瓷砖或石材粘贴工程、饰面板或石材墙面工程等装饰工程跟位，提出顾问建议 3.变配电、照明系统、动力系统等弱电工程跟位，提出顾问建议 4.电梯、电梯机房等工程跟位，提出顾问建议 5.自动报警、水系统等工程跟位，提出顾问建议 6.综合布线、BA系统、一卡通系统、监控、安全防范系统、集抄计量系统、WiFi覆盖等弱电系统工程跟位，提出顾问建议 7.空调工程跟位，提出顾问建议 8.外网工程、室内给水、室内排水、设备机房等给排水工程跟位，提出顾问建议 9.针对顾问期间的问题、共识、结论性内容等，进行巡查，采用拍照、记录等方式，并汇总、分析、上报，为甲方优化管控措施，提供依据 10.施工、安装阶段顾问建议采纳落实情况跟踪等	开工日期	2021.5.13
28				2.外立面、吊顶、地面瓷砖或石材粘贴工程、饰面板或石材墙面工程等装饰工程跟位，提出顾问建议		各项初稿装饰图纸确定后	15天内
29				3.变配电、照明系统、动力系统等弱电工程跟位，提出顾问建议		开工日期	2021.5.13
30				4.电梯、电梯机房等工程跟位，提出顾问建议		开工日期	2021.5.13
31				5.自动报警、水系统等工程跟位，提出顾问建议		开工日期	2021.5.13
32				6.综合布线、BA系统、一卡通系统、监控、安全防范系统、集抄计量系统、WiFi覆盖等弱电系统工程跟位，提出顾问建议		开工日期	2021.5.13
33				7.空调工程跟位，提出顾问建议		开工日期	2021.5.13
34				8.外网工程、室内给水、室内排水、设备机房等给排水工程跟位，提出顾问建议		开工日期	2021.5.13
35				9.针对顾问期间的问题、共识、结论性内容等，进行巡查，采用拍照、记录等方式，并汇总、分析、上报，为甲方优化管控措施，提供依据		开工日期	2021.5.13
36				10.施工、安装阶段顾问建议采纳落实情况跟踪		开工日期	2021.5.13

续表

序号	项目里程碑进程			项目内容		计划节点	
	分项	任务名称	完成时间	事项	内容	启动时间	完成时间
37	2.主楼	主楼综合调试及验收	2022.6.21	全程参与调试工程，提供顾问建议	设备安装调试期的工作介入要求 1.结合现场实际，通过详细研读各专业设计图样，对照建筑物空间尺寸和设备外形尺寸，熟悉建筑物的全部配套设备设施系统的设计布置情况 2.通过详细查看各个专业设备系统的设计技术和参数，结合设备随机技术文件，掌握各个专业设备的技术性能参数、安装基础、标高、位置、方向以及维修拆卸空间尺寸，动力电缆连接等技术问题 3.在详细研读设计图样和现场检查建筑物空间位置及外形尺寸的基础上，从设备运行维护的角度上认真考虑设备及系统的可操作性、可维修性、是否满足管理的要求等。在符合设计规范、设计技术要求的前提下，应使设备及系统的巡视操作便利，易于维修保养，设备系统容易调节搭配，系统管线布置和流程控制更合理，各系统的功能、流量输出应便于计量管理、便于经济核算，并就这些问题提出改进意见或建议 4.参见设备安装工程的分部分项工程的验收、隐蔽工程的验收和设备安装工程的综合验收。熟悉物业各设备系统安全经济运行状态参数，掌握设备系统的调节控制方法、紧急情况的处理措施，提出设备系统运行管理方面的整改意见和建议 5.建立比较完整的设备前期技术资料档案，要求收集整理的文件资料主要有：a.设备选型报告及技术经济论证；b.设备购置合同；c.设备安装合同；d.设备随机文件（说明书、合格证、装箱单）；e.设备安装调试记录；f.设备安装现场更改单和设计更改单。文件资料连同设备安装工程竣工验收图样资料一起归入设备前期技术资料档案。 验收阶段：依据公司承接查验办法进行，进行分项、综合验收及设备设施的联合试运行等	结合调试及验收进度	2022.6.21

续表

序号	项目里程碑进程			项目内容		计划节点	
	分项	任务名称	完成时间	事项	内容	启动时间	完成时间
38	3. 多媒体中心	多媒体中心结构封顶	2020.8.6	1. 土建主体工程、防水工程、砌体工程、设备及功能用房跟位，提出顾问建议	多媒体中心	开工日期	2020.8.6
39				2. 吊顶、地面瓷砖或石材粘贴工程、饰面板或石材墙面工程等装饰工程跟位，提出顾问建议		开工日期	2020.8.6
40				3. 变配电、照明系统、动力系统等弱电工程跟位，提出顾问建议		开工日期	2020.8.6
41				4. 电梯、电梯机房等工程跟位，提出顾问建议		开工日期	2020.8.6
42				5. 自动报警、水系统等工程跟位，提出顾问建议	多媒体中心施工阶段与综合调试验收阶段，除与主楼参与问题相同之外，还要对多媒体中心进行设计、平面布置、设备选型。调试验收阶段指派专业人员进行现场跟踪，了解其设备性能及后期的管理操作等问题	开工日期	2020.8.6
43				6. 综合布线、BA系统、一卡通系统、监控、安全防范系统、集抄计量系统、WiFi覆盖等弱电系统工程跟位，提出顾问建议		开工日期	2020.8.6
44				7. 空调工程跟位，提出顾问建议		开工日期	2020.8.6
45				8. 外网工程、室内给水、室内排水、设备机房等给排水工程跟位，提出顾问建议		开工日期	2020.8.6
46				9. 防火、成品保护等文明施工巡查，对于发现的问题，采取拍照、记录汇总，及时上报甲方采取应急措施		开工日期	2020.8.6
47				10. 施工、安装阶段顾问建议采纳落实情况跟踪		开工日期	2020.8.6
48		多媒体中心综合调试及验收	2022.3.29	全程参与调试工程，提供顾问建议		结合调试及验收进度	2022.3.29
49	4. 酒店	酒店结构封顶	2020.9.5				
50		酒店综合调试及验收	2022.4.28				
51	5. 竣工验收备案	项目整体竣工验收完成	2022.9.27				
52		项目整体竣工备案完成	2022.12.28				

续表

序号	项目里程碑进程			项目内容		计划节点	
	分项	任务名称	完成时间	事项	内容	启动时间	完成时间
53	6.竣工交付			签订"物业服务合同"	1.拟定可行性服务方案（服务界限、内容、能耗、组织架构等） 2.市调（片区以及属地环保、消防，物业管理市场状况、行标、从业薪酬、专业技能，物业管理费标准及收缴率等） 3.拟定服务费用测算和定价 4.确定具体服务内容和合同条款 5.进行招投标，签订"物业服务合同"以及备案		2019年
54				物业用房以及开办费	1.确认面积、位置等。具备基本的物业用途（基本窗口、综合办公、仓储、厨房/用餐、住宿等） 2.确定装修方案以及费用报批，施工和使用 3.物业用房所附功能物品采购以及开办费申报	入伙前7个月	入伙前3个月
55				人事模块	1.确定现场物业管理各部组织架构 2.拟定各部人员进编计划，并展开招聘、培训等岗前培训工作	入伙前4个月	入伙前2个月
56				财务模块	1.确定收费单价、收费渠道（吧台/收银室、停车场等），以及微信、支付宝、现金等支付方式和工具等），应急处理机制 2.财务人员培训，并筹集财务模块物资 3.具备实操条件等	入伙前2个月	入伙前1个月
57				物的"招、采、选、购、管"	1.针对办公物品、陈列/休闲物资、保洁物料（如垃圾桶、清运工具、卫生间物料等）、保安物料、工程工具以及物料等，拟定可行性招采方案 2.市调、清单、样品、试用等 3.确定具体服务内容和合同条款 4.进行招采选购管	入伙前6个月	入伙前3个月

续表

序号	项目里程碑进程			项目内容		计划节点	
	分项	任务名称	完成时间	事项	内容	启动时间	完成时间
58				专业服务模块的招投标	1.针对前期开荒、外墙、垃圾清运（生活、建筑、餐饮）、石材养护、清掏等专业模块，拟定可行性招投标方案 2.市调 3.确定具体服务内容和合同条款 4.进行招投标以及入场	入伙前6个月	入伙前3个月
59	6.竣工交付			建章立制、合同协议、体系文件	1.建章立制：涉及人事、行政、财务、工程等模块规章制度的收集、整理、修订、宣贯等 2.合同协议：如"前期物业服务协议""临时管理规约""用户手册""二次装修手册""消防管理协议""门前三包协议"等客户签约资料以及告知材料 3.体系文件：现场管理所用体系文件的拟定、打样、试用、修订、定稿、投用等	入伙前5个月	入伙前3个月
60				承接查验工作	1.确定物业承接查验方案以及查验组织结构 2.移交有关图纸资料 3.查验共用部位、共用设施设备 4.解决查验发现的问题 5.确认现场查验结果 6.签订物业承接查验协议 7.办理物业交接手续	入伙前4个月	入伙前2个月
61				设备设施使用及能耗掌控	1.楼宇设备设施的掌控、使用、初级问题处理，以及维护保养事宜等 2.楼宇能耗计量、梳理、分析以及开闭时控的方案等 3.在调试期为交接期、入伙期、装修期、常规管理周期做好铺垫	入伙前5个月	入伙前3个月

续表

序号	项目里程碑进程			项目内容		计划节点	
	分项	任务名称	完成时间	事项	内容	启动时间	完成时间
62	6.竣工交付			资产管理服务	1. 资产管理部团队组建及驻场 2. 周边写字楼市场信息调研分析 3. 写字楼租金建议、客户定位、招商方案 4. 潜在意向客户挖掘储备	入伙前6个月	入伙前3个月
63				客户体验服务	1. 针对客户的出行、办公、休闲娱乐、开业、生日、客户活动等方面，并结合该楼宇的客户特点（包括自持自用、自持租用），从人的软性服务、物的硬件配置，以及人物之间的事件处理等方面，展开多视角、全维度的客户体验式服务方案设定 2. 评估方案可行性、调研、试行等 3. 涉及固态形式的，设置体验区等	入伙前6个月	入伙前3个月
64				停车场管理服务	1. 停车场手续办理（经营许可证、税务登记证、收费许可证） 2. 拟定、评审停车场（机动、非机动）管理方案 3. 车场相关物料采购、布局，以及停车场使用测试等	入伙前6个月	入伙前3个月
65				装修管理服务	1. "装修管理方案"涉及特殊占用、外立面、改造等方案报审，以及相应流程、表单编制 2. 成品保护方案商榷以及样品区展示 3. 装修监管培训等	入伙前6个月	入伙前3个月
66				入伙过程服务	1. 与开发商做好入伙场地、动线及人员物资配置等工作沟通 2. 入伙前各项资料印刷、物资购买 3. 编制入伙方案 4. 入伙演练 5. 建立承接查验、客户档案	入伙前3个月	入伙前1个月

续表

序号	项目里程碑进程			项目内容		计划节点	
	分项	任务名称	完成时间	事项	内容	启动时间	完成时间
67	7. 运维服务顾问基于BIM+GIS智慧楼宇管控系统	园区总览模块	2020年10月	园区简介、室外环境、地下管网、园区资料、园区绿化、园区微管、园区滴灌	针对BIM+GIS智慧建筑（园区）管理平台，就建筑施工竣工BIM模型与建筑BA系统做物联网的对接，就建筑（园区）地下管网、地上隐蔽工程、管道阀门、地下隐蔽工程等进行实时查看，便于后期物业管理。针对园区绿化护理进行实时数据记录，对园区绿化微管和滴灌进行自动控制，有利于物业管理人员的优化和成本的降低	智能化设计前	智慧建筑软件搭建完成
		物业管理模块	2020年10月	房屋与业主管理、房屋租赁管理、出入口及车牌管理、停车位管理、门禁卡管理、异常报警管理、物业公告管理、客户服务管理、收费管理	针对业主方的物业管理需要，就智慧建筑（园区）项目每天保洁、保安、工程人数进行统计，对园区租户信息进行空间展示，对租户面积、公司类别、租户用电量、物业管理费、租金等与物业软件对接，实现实时租户数据查看，并可实现阶段上报功能	智能化设计前	智慧建筑软件搭建完成
		能源管理模块	2020年10月	能耗报告、能耗分析、用电远抄、设备自控、节电分析、数据查询及比对	针对B端客户（物业管理方），就建筑园区用水、用电、用气等进行能源统一上报，根据客户需要，就照明、动力、电梯、空调用电进行分析，平台可就中央空调区域控制器和主机进行自动启停和巡检启停，以此来节约自持型物业用电管理的需要。可实现每天数据的实时更新，并比选和分析阶段性能耗管理的数据（可是每周、季、年）	智能化设计前	智慧建筑软件搭建完成

续表

序号	项目里程碑进程			项目内容		计划节点	
	分项	任务名称	完成时间	事项	内容	启动时间	完成时间
67	7. 运维服务顾问基于BIM+GIS智慧楼宇管控系统	消防管理模块	2020年10月	火灾自动报警、消防应急管理、避难诱导管理	针对B端客户（物业管理方、租户方），可就火灾自动报警系统进行建筑空间定位，在三维GIS空间地理信息系统中，围绕火灾自动报警（烟感）等进行实时定位，第一时间获得精准部位。消防应急管理中可进行平时火灾模拟演练，录屏后放在电梯轿厢循环播放，有利于平时火灾疏散逃生知识的普及	智能化设计前	智慧建筑软件搭建完成
		安防管理模块	2020年10月	视频监控、楼宇门禁、WiFi探针、周界报警、电子巡更、非机动车、人脸识别管理	针对B端客户（物业管理方），可以在手机移动端随时查看建筑内摄像头数据、门禁人员进出情况，安全巡检人员定位及巡检情况，以及高清人脸公安识别情况等，增加园区安全保卫功能	智能化设计前	智慧建筑软件搭建完成
		客户体验模块	2020年10月	租户费用告知、周边服务挂接、云打印、云引导、云出租、一机通、云消费	针对C端客户（租户自身），可为客户进行增值服务，如车位出租收益、远程查询办公室空气环境、远程启动智慧办公家具、餐饮好评、共享打印机、会议室提前预订、人脸打卡、人脸识别、来访车辆进入服务等围绕客户感知的一系列服务，让办公园区更加智能、科技、便捷	智能化设计前	智慧建筑软件搭建完成
68				临时附加事项			

参考文献

[1] 战晓华. 物业管理实务. 天津：天津大学出版社，2008.
[2] 王跃国. 物业管理法规. 北京：机械工业出版社，2009.
[3] 陈广洲，徐圣友. 环境影响评价. 合肥：合肥工业大学出版社，2015.
[4] 曹吉鸣，缪莉莉. 综合设施管理理论与方法. 上海：同济大学出版社，2017.